경제법총서

알기쉬운

상조업과 할부거래법

김홍석 · 한경수 공저

화산미디어

머 리 말

2010년 9월부터 개정 할부거래법이 시행되어 상조판매, 즉 선불식 할부계약도 할부거래법의 적용대상에 포함되어 동법의 규율대상이 되었다.

개정된 할부거래법에 따르면 상조회사를 운영하고자 하는 자는 특별시장·광역시장·도지사 또는 특별자치도지사에게 등록하여야 하고, 상조업등록을 위하여 최소자본금을 3억원 이상으로 하여야 한다. 상조회사에 대한 등록제가 실시될 경우 소규모 영세 상조회사가 소액의 자본금으로 설립되었다가 단시일 안에 폐업됨으로 인하여 발생하였던 소비자피해사례는 감소할 것으로 예상된다.

이와 함께 개정 할부거래법은 소비자피해보상보험계약제도를 도입하여 상조회사로 하여금 소비자피해보상계약의 체결을 의무화하였으며 할부거래법에서 정하고 있는 소비자피해보상제도는 보험계약, 금융기관과의 채무지급보증계약, 예치계약, 공제조합과의 공제계약이 있다.

그 동안 상조판매업의 경우 소비자피해상담이나 공정거래위원회 심결례에서도 나타나고 있는 것처럼 영세한 상조회사가 영업정지나 폐업, 도산 등으로 가입자의 행사불이행 및 해약환불금액을 지급하지 못하게 될 경우 해당 가입자에 대한 피해뿐만 아니라 상조업 전체에 대한 신뢰하락 및 매출감소로 이어져 결국 상조산업의 안정성에 큰 타격을 입을 수 있었다. 이러한 사태를 방지하기 위하여 상조판매업의 경우에도 다단계판매에서와 같이 소비자피해보상보험제도를 도입하였으며, 이러한 소비자들의 납입기금 및 행사이행을 담보하는 제도를 갖추게 됨에 따라 소비자보호 및 상조산업의 신뢰증진에 기여하고 상조산업의 올바른 성장을 도모할 수 있을 것으로 보인다.

이러한 할부계약 및 선불식 할부거래, 즉 상조업에서의 거래를 공정하게 함으로써 소비자의 권익을 보호하고 상조시장의 신뢰도를 높여 국민경제의 건전한 발전에 이바지하기 위해 제정된 할부거래법을 저자들은 공정거래위원회 특수거래과장으로 재직시 법집행을 통해 얻게 된 경험과 공정거래위원회를 떠나 대학강단에서 할부거래법 등 경제법강의 및 법무법인에서 상조를 포함한 특수거래분야에서의 소송실무경험 및 상조관련단체에서의 고문변호사로서의 할부거래법 자문경험 등을 살려 법과 제도를 쉽게 설명하고, 그 동안 축적된 법원의 판례와 법위반사례 등을 체계적으로 정리하였다.

이 책이 상조관련기업과 소비자 및 대학에서 경제법을 공부하고 있는 학생들에게 많은 도움이 되기를 바라고, 본서의 출간을 쾌히 승낙하여 주신 화산미디어 현근택 사장께 감사를 드린다.

끝으로 이후 할부거래법 관련 공정거래위원회의 고시가 제정되면 이를 반영할 예정이며, 이 책의 내용과 관련하여 독자들의 궁금한 사항을 bookreply@gmail.com으로 문의해 주시면 가능한 한 답변을 해드릴 예정임을 알려드립니다.

2010년 11월 5일

저자들 씀

차 례

제1편 상조업과 할부거래법

제 1 장 할부거래법 개요 (3～13)

제 1 절 할부거래의 의의 및 기능 ······ 3

Ⅰ. 할부거래의 의의 ······ 3

Ⅱ. 할부거래의 연혁 ······ 3

Ⅲ. 할부거래의 특징 ······ 4

Ⅳ. 할부거래의 기능 ······ 4

제 2 절 할부거래법의 목적과 적용범위 ······ 5

Ⅰ. 목 적 ······ 5

Ⅱ. 적용범위 ······ 6

1. 할부거래법은 할부계약과 선불식 할부계약에 적용 6
2. 할부거래법이 적용되는 거래의 대상 7
3. 할부거래법은 소비자에게만 적용 7
4. 할부거래법의 적용이 배제되는 경우 8

제 3 절 불공정한 할부계약의 통제 ······ 8

Ⅰ. 편면적 강행규정 ······ 8

1. 일반적인 할부계약의 경우 9 2. 선불식 할부계약의 경우 9

Ⅱ. 전속관할 ······ 10

제 4 절 사업자단체의 등록 등 ······ 10

Ⅰ. 사업자단체의 등록 ······ 10

Ⅱ. 사업자단체의 등록절차 ······ 11
Ⅲ. 변경사항 통보의무 ······ 11

제 5 절 사무의 위탁 ······ 11

Ⅰ. 위탁대상자 ······ 11
Ⅱ. 위탁사무의 처리 ······ 12
Ⅲ. 공무원의제 ······ 12

제 6 절 독점규제 및 공정거래에 관한 법률의 준용 ······ 12

Ⅰ. 공정거래위원회의 심의 · 의결 ······ 12
Ⅱ. 직권조사 ······ 12
Ⅲ. 행정처분 및 전속관할 ······ 13
Ⅳ. 직무에 관한 규정 ······ 13

제 2 장 일반 할부거래 (14~33)

제 1 절 할부거래의 방식에 대한 규제 ······ 14

Ⅰ. 계약체결 전의 정보제공의무 ······ 14
Ⅱ. 계약서의 작성과 교부의무 ······ 16
1. 계약서에 반드시 포함되어야 할 사항 16
2. 계약서를 작성함에 있어 반드시 준수하여야 할 사항 18
3. 신용제공자에게 해당하는 사항 18
Ⅲ. 할부거래계약서가 약관으로 되어 있는 경우 ······ 18
Ⅳ. 할부계약의 주요내용이 표시 또는 고지되지 않은 경우 ······ 19
Ⅴ. 과태료: 500만원 이하 ······ 19

제 2 절 소비자의 청약철회권리 ······ 20

Ⅰ. 청약철회란 무엇인가? ······ 20
Ⅱ. 청약철회는 언제까지 할 수 있나? ······ 20
Ⅲ. 어떠한 경우에 청약철회가 제한되나? ······ 21

Ⅳ. 청약철회의 요건을 누가 입증하여야 하나? ······ 22
Ⅴ. 소비자의 청약철회시 발생하는 법률관계 ······ 23
1. 소비자의 상품반환의무 23
2. 할부거래업자의 대금환급의무 23
3. 반환비용의 부담 및 위약금 등 금지 23
4. 상품사용시 소비자가 부담하는 비용의 부담범위 24
5. 간접할부계약의 경우 24
6. 휴업기간 등에서의 청약의 철회에 관한 업무처리의무 25
Ⅵ. 청약철회권의 포기약정 ······ 25
Ⅶ. 과태료: 500만원 이하 ······ 26

제 3 절 불공정한 일반 할부계약의 통제 ······ 26

Ⅰ. 할부거래업자의 할부계약해제 ······ 26
1. 계약해제사유 및 절차 26 2. 계약해제의 효과 27
Ⅱ. 할부거래업자 등의 손해배상청구금액제한 ······ 27
1. 취 지 27
2. 손해배상청구금액의 제한 27
3. 손해배상액의 예정 등도 청구금액제한 28
4. 과태료: 500만원 이하 28
Ⅲ. 위험부담 ······ 28
1. 민법상의 원칙 28 2. 할부계약의 경우 29
Ⅳ. 소비자의 기한의 이익상실 ······ 29
1. 취 지 29 2. 기한의 이익이 상실되는 경우 29
3. 효 력 30
Ⅴ. 소비자의 기한 전 지급 ······ 30
1. 취 지 30 2. 기한 전 지급금액 30
Ⅵ. 할부대금채권의 소멸시효 ······ 30
Ⅶ. 소비자의 항변권 ······ 31
1. 취 지 31
2. 항변권의 행사요건 31
3. 항변권행사의 효과 32
4. 할부거래업자 또는 신용제공자의 의무 32
5. 소비자에 대한 불이익금지 33

6. 소비자가 어음이나 수표 등을 발행한 경우의 문제 33
7. 이미 지급한 할부금의 반환을 청구할 수 있는지 여부 33

제 3 장 선불식 할부거래(상조) (34～125)

제 1 절 상조업 현황 ········· 34

Ⅰ. 상조업의 개요 ········· 34

Ⅱ. 상조업체의 일반적 현황 ········· 35

제 2 절 선불식 할부거래(상조)업의 개념 및 적용범위 ········· 36

Ⅰ. 할부거래법의 개정배경 ········· 36

1. 배 경 36
2. 규제취지 37

Ⅱ. 선불식 할부거래의 개념 및 적용범위 ········· 37

1. 개 념 37
2. 적용범위 38
3. 선불식 할부거래와 후불식 할부거래의 구별기준 38
4. 소급적용 39
5. 다른 법률과의 관계 39

제 3 절 선불식 할부거래(상조)업의 등록 ········· 40

Ⅰ. 반드시 시·도지사에 등록하여야 ········· 40

Ⅱ. 선불식 할부거래업을 등록할 수 없는 경우 ········· 42

1. 아래 각호의 어느 하나에 해당하는 사람이 임원인 회사 42
2. 아래 각호의 어느 하나에 해당하는 사람이 지배주주인 회사 42
3. 지배주주의 범위 43

Ⅲ. 등록의 취소사유 등 ········· 44

1. 직권말소 44
2. 직권취소 44
3. 등록취소의 간주 45

Ⅳ. 선불식 할부거래업등록을 하지 않으면 형사처벌 ········· 45

제 4 절 선불식 할부거래(상조)업에 대한 규제 ········· 45

Ⅰ. 선불식 할부거래업자의 신고의무 ········· 45

1. 등록사항에 변경이 있는 경우의 신고의무 45
2. 휴·폐업 또는 그 후 영업재개시 신고의무 47
3. 선불식 할부거래업자의 지위승계시 신고의무 47
4. 신고를 이행하지 않을 경우 받는 불이익 47

Ⅱ. 선불식 할부거래의 방식에 대한 규제 ······ 48
1. 소비자에 대한 설명의무 48
2. 소비자에게 계약서를 교부하여야 할 의무 49
3. 선불식 할부거래계약서가 약관으로 되어 있는 경우 49

Ⅲ. 선불식 할부계약의 청약철회 및 계약해제 ······ 50
1. 청약철회 50
2. 소비자의 계약해제 52
3. 선불식 할부거래업자의 계약해제 54

Ⅳ. 선불식 할부거래업자의 영업상 의무 ······ 56
1. 거래기록 등의 열람의무 56
2. 소비자피해보상보험계약 등의 체결의무 56
3. 금지행위 57

Ⅴ. 소비자피해보상보험계약 등 ······ 65
1. 의의 및 취지 65
2. 종 류 67
3. 체결현황 69
4. 선수금보전의무 70
5. 소비자피해보상보험계약의 내용 71
6. 공제조합 74
7. 상조업에서의 공제조합설립 필요성과 운영방안 77

제 5 절 공정거래위원회 ······ 91

Ⅰ. 소비자권익보호를 위한 조치 ······ 91
1. 선불식 할부거래업자에 대한 정보공개 91
2. 선불식 할부거래업자의 부당행위에 대한 정보공개 93
3. 소비자피해분쟁조정의 요청 94

Ⅱ. 법위반행위의 조사 ······ 95
1. 직권조사 95
2. 공정거래위원회의 우선적 조사권 95
3. 한국소비자원과의 합동조사반 구성 95
4. 직권조사결과의 통지의무 96

5. 시 효 96

Ⅲ. 시정조치 및 과징금 등 부과 ······ 97

1. 시정권고 97
2. 시정조치 98
3. 영업정지명령 99
4. 과 징 금 101
5. 과 태 료 104
6. 공정거래위원회의 처분에 불복절차 106

Ⅳ. 공정거래위원회의 사건처리절차 개요 ······ 108

1. 사건처리절차 흐름도 108
2. 사건조사를 시작할 수 있는 경우 109
3. 소비자피해사건 자율처리 109
4. 심사절차를 개시하지 아니할 수 있는 경우 109
5. 조사의 중지 또는 종결처리를 할 수 있는 경우 110
6. 경고를 할 수 있는 경우 110

제 6 절 형사처벌에 관한 규정 ······ 111

Ⅰ. 미등록 또는 등록취소 후의 선불식 할부거래영업에 대한 형사처벌 ···· 111

1. 규 정 111
2. 취 지 111
3. 구성요건 112
4. 병과규정 112

Ⅱ. 양벌규정 ······ 112

1. 양벌규정 112
2. 양벌규정의 취지 113
3. 구성요건 113
4. 단서규정의 입증책임 114

Ⅲ. 형사처벌 및 과태료부과 규정 ······ 114

제 7 절 일본의 상조산업 ······ 116

Ⅰ. 상조산업의 개념 및 역할 ······ 116

Ⅱ. 발전과정 ······ 117

Ⅲ. 소비자보호제도 ······ 119

1. 할부판매제도와 법률 119
2. 일본 상조회의 소비자보호 요점 123

제 2 편 상조업과 할부거래법 관련사항

◈ 선불식 할부계약(상조)체결시 소비자가 꼭 알아야 할 사항 129
◈ 선불식 할부거래업(상조서비스) 표준약관 131
◈ 상조업의 중요한 표시 · 광고사항 고시 145

제 3 편 할부거래법 · 시행령 · 시행규칙 · 서식

◈ 할부거래에 관한 법률 155
◈ 할부거래에 관한 법률 시행령 155
◈ 할부거래에 관한 법률 시행규칙 155
◈ 서 식 243

- 선불식 할부거래업 등록신청서
- 선불식 할부거래업 등록증
- 선불식 할부거래업 등록변경신고서
- 선불식 할부거래업 휴업 · 폐업 · 영업재개 신고서
- 선불식 할부거래업 지위승계신고서
- 청약의 철회 및 계약해제의 권리행사에 필요한 서식
- 예치금 지급요청서
- 예치금 반환요청서
- 소비자피해보상 증서(선불식 할부거래업자 발급)
- 소비자피해보상 증서(지급의무자 발급)
- 사업자단체등록신청서

사항색인 ······ 261

제 1 편

상조업과 할부거래법

제 1 장 | 할부거래법 개요
제 2 장 | 일반 할부거래
제 3 장 | 선불식 할부거래(상조)

제 1 장 할부거래법 개요

제 1 절 할부거래의 의의 및 기능

Ⅰ. 할부거래의 의의

할부거래에 관한 법률(이하 "할부거래법" 또는 "법"이라 한다) 제1조는 "이 법은 할부계약 및 선불식 할부계약에 의한 거래를 공정하게 함으로써 소비자의 권익을 보호하고 시장의 신뢰도를 높여 국민경제의 건전한 발전에 이바지함을 목적으로 한다"라고 규정하고 있다.

여기서 할부계약[1]이라 함은 계약의 명칭·형식이 어떠하든 재화나 용역(일정한 시설을 이용하거나 용역을 제공받을 수 있는 권리를 포함한다)(이하 "재화등"이라 한다)의 거래와 관련하여 소비자가 사업자에게 재화의 대금(代金)이나 용역의 대가(이하 "재화등의 대금"이라 한다)를 2개월 이상의 기간에 걸쳐 3회 이상 나누어 지급하고, 재화등의 대금을 완납하기 전에 재화의 공급이나 용역의 제공(이하 "재화등의 공급"이라 한다)을 받기로 하는 계약(이하 "직접할부계약"이라 한다)을 말한다(법 제2조 제1호 가목). 즉, 할부계약이란 계약의 명칭·형식에 관계없이 소비자가 재화등의 대금을 2개월 이상의 기간에 걸쳐 3회 이상 나누어 지급하고 재화등의 대금을 완납하기 전에 재화등을 공급받아 사용하기로 하는 계약을 의미한다고 할 것이다.

Ⅱ. 할부거래의 연혁

할부거래는 산업혁명으로 인하여 상품의 대량생산·대량소비가 가능해짐

1) 종래에는 할부매매를 중심으로 할부거래에 관한 규제가 이루어졌으나, 최근에는 거래방식이 다양화되고 유통방식이 발전함에 따라 할부매매뿐만 아니라 리스계약, 팩토링계약 등을 모두 포함하여 규제하는 방식으로 발전하였다.

에 따라 그 때까지 특정한 시장이나 소비자층만을 상대로 하고 있던 기업들이 새로운 수요자층을 개척하기 위하여 일반대중이나 저소득층에게도 판매를 하기 시작하였고, 이에 따라 대금지급에 관하여 수요자의 부담을 덜어줄 수 있는 할부거래라는 방식을 개발하여 사용하게 되었다.

Ⅲ. 할부거래의 특징

할부거래는 매수인이 거래의 목적물을 인도받은 후에 그 대금을 일정한 기간 동안 분할해서 지급하는 특수한 형태의 거래형태이기 때문에 첫째, 재화등에 대한 대금의 전부 또는 일부의 지급을 장래의 특정시점으로 연기한다는 특성을 갖는다. 둘째, 장래의 특정시점으로 연기된 재화등의 대금은 분할해서 지급한다.[2] 셋째, 거래의 목적물은 원칙적으로 계약의 성립과 동시에 매수인에게 인도된다.[3] 넷째, 매도인은 거래의 목적물에 대한 소유권을 대금이 완급될 때까지 자기에게 유보해 두는 경우가 많이 있다. 그러므로 할부거래의 목적물에 대한 소유권은 목적물의 인도시에 매수인에게 이전하는 것이 아니라 매매대금을 최종적으로 완납하였을 때에 비로소 매수인에게 이전되는 경우가 많다.

Ⅳ. 할부거래의 기능

할부거래는 자금부족으로 인하여 필요한 상품이나 서비스를 구입하여 사용하지 못하는 소비자에게는 계약만 체결하고 아직 그 대금을 완납하지 않은 상태에서 목적물을 인도받아 사용·수익할 수 있게 해 주는 이점을 가지고 있으며, 상품을 대량으로 생산해서 창고에 쌓아 놓고 있는 기업에게는 그 상품을 대량으로 판매할 수 있는 기회를 제공해 주는 장점을 가지고 있다. 결국 할부거래는 매수인에게는 구매력증대의 수단이 되고, 매도인에게는 판매

---

2) 이 점에서 장래로 연기된 대금의 전액을 일시에 지급하는 외상매매와 구별된다.

3) 토지나 건물의 매매에 있어서는 매수인이 그 대금을 계약금, 중도금, 잔금 등으로 분할하여 지급하지만, 매도인은 대금의 잔액이 지급될 때까지 그 목적물을 매수인에게 인도해 주지 않는다는 점에서 할부매매와는 다르다.

촉진의 수단이 된다.

그러나 할부거래는 매수인이 할부거래를 이용하면 적은 돈으로 고가의 상품을 즉시 구입하여 사용할 수 있다는 점에 현혹되어, 그 상품의 필요성이나 자신의 지급능력 등을 충분히 고려해 보지도 않고 성급하게 구매결정을 하게 되는 문제점이 있다. 또한, 할부거래는 통상 매도인이 사전에 작성해 놓은 약관을 이용하여 체결하게 되는데, 매도인은 매수인의 할부금지급연체에 대비하기 위하여 약관에 계약해제, 기한이익의 상실, 위약금 등과 같은 엄격한 거래조건을 마련해 두고 있으나, 매수인은 이러한 약관의 존재 그 자체를 알지 못하는 경우도 있고, 또 설사 그 약관의 존재는 안다고 하더라도 그 내용을 제대로 인식하지 못하는 경우가 흔히 있다.[4)]

이와 같은 할부거래의 부정적인 측면을 해결하기 위하여 세계 각국은 할부거래에 관하여 입법적인 규제를 실시하고 있는데, 예를 들면 독일은 민법전을 제정하기 이전인 1894년에 할부매매법을 제정하여 시행하다가 1990년 소비자신용법으로, 현재는 2002년 개정된 민법에 수용하여 규제하고 있고, 일본은 1961년부터 할부매매법으로, 영국은 1977년부터 불공정계약조항법으로, 미국은 1968년부터 소비자신용보호법을 각각 제정하여 시행하고 있다.

제 2 절 할부거래법의 목적과 적용범위

Ⅰ. 목 적

할부거래법은 할부계약 및 선불식 할부계약에 의한 거래를 공정하게 함으로써 소비자의 권익을 보호하고 시장의 신뢰도를 높여 국민경제의 건전한 발전에 이바지함을 목적으로 한다(법 제1조). 그러므로 할부거래법은 '거래질서법적' 성격과 아울러 '소비자보호법적' 성격을 함께 가진다고 할 수 있다.

여기서 '할부계약에 의한 거래'라 함은 단순한 할부매매뿐만 아니라 할부매매와 동일한 경제적 목적을 달성하기 위한 거래도 포함하는 것으로 이해해

4) 우리 법체계는 약관의 규제에 관한 법률을 통해 소비자에게 불공정한 약관을 규제하고 있다.

야 한다. 그 대표적인 예로서는 리스(lease)계약을 들 수 있는데, 리스는 통상 리스이용자와 리스업자간의 '리스계약'과 리스업자와 공급자간의 '공급계약'으로 이루어지지만, 이 계약의 구조는 실질적으로는 공급자와 리스이용자간의 상품매매에 리스업자라고 하는 신용제공자가 개입한 것으로서 그 경제적 목적은 제3자 신용제공형 할부거래와 같다고 할 수 있으므로 리스계약은 할부거래법의 적용을 받게 된다.[5]

Ⅱ. 적용범위

1. 할부거래법은 할부계약과 선불식 할부계약[6]에 적용

할부계약에는 직접할부계약과 간접할부계약 2가지로 구분할 수 있다. 여기서 할부계약에는 직접할부계약이든 간접할부계약이든 계약의 명칭·형식이 어떠하든 재화나 용역[7]에 관하여 체결한 계약을 의미한다.

(1) 직접할부계약

소비자가 사업자에게 재화등의 대금[8]을 2개월 이상의 기간에 걸쳐 3회 이상 나누어 지급하고, 재화등의 대금을 완납하기 전에 재화등의 공급[9]을 받기로 하는 계약을 말한다.

(2) 간접할부계약

소비자가 신용제공자[10]에게 재화등의 대금을 2개월 이상의 기간에 걸쳐 3회 이상 나누어 지급하고, 재화등의 대금을 완납하기 전에 사업자로부터 재화등의 공급을 받기로 하는 계약을 말한다.[11]

---

5) 사법연수원, 약관규제 및 소비자보호연구, 2008년, 137면 참조.

6) 선불식 할부계약은 소위 상조서비스를 의미하는 것으로서 2010년 3월 17일 전부개정시에 입법된 것이며, 선불식 할부계약에 관한 장에서 상세하게 언급하기로 한다.

7) 이하에서 '용역'이라 함은 일정한 시설을 이용하거나 용역을 제공받을 수 있는 권리를 포함한다.

8) 이하에서 '재화등의 대금'이란 재화의 대금이나 용역의 대가를 의미한다.

9) 이하에서 '재화등의 공급'이란 재화의 공급이나 용역의 제공을 의미한다.

10) 이하에서 '신용제공자'란 소비자·할부거래업자와의 약정에 따라 재화등의 대금에 충당하기 위하여 신용을 제공하는 자를 말한다.

11) 일반적으로 신용카드 등을 통해 재화등을 할부로 구입하는 계약을 의미한다.

판 례

대법원은 "할부거래에 관한 법률 제2조 제1항 제2호 소정의 할부계약은 매도인, 매수인, 신용제공자라는 3당사자의 존재를 전제로 하여 매도인과 매수인 사이의 매매계약 이외에 신용제공자와 매도인 사이의 보증이나 채권양도 등의 약정과 신용제공자와 매수인 사이의 할부금의 지급 등에 관한 약정이라는 3면계약에 의하여 이루어진 것을 말하고, 매도인과 신용제공자 사이에서는 아무런 계약관계 없이 매수인이 목적물의 대금을 신용제공자로부터 차용하여 목적물을 구입한 후 나중에 그 차용금을 분할하여 상환하는 방식은 분할변제의 특약이 있는 신용제공자와 매수인 사이의 순수한 소비대차계약으로서 위 법률이 적용되지 않는다"고 판시하고 있다.[12]

2. 할부거래법이 적용되는 거래의 대상

할부거래법에서 규정하고 있는 할부계약의 대상에는 동산과 용역이 해당된다. 부동산에 대하여는 시행령 제4조 제5호에서 적용을 배제하고 있으므로 부동산에 대해서는 할부거래법이 적용되지 않는다.

3. 할부거래법은 소비자에게만 적용

(1) 할부거래법은 소비자의 이익을 보호하기 위하여 마련된 것이기 때문에 매수인이 상행위를 목적으로 할부계약을 체결하는 경우에 대하여는 적용하지 않는다.

(2) 할부거래법에서 소비자의 범위는 아래와 같다.

① 소비생활을 위하여 사용하거나 이용하는 자

② 재화등을 최종적으로 사용하거나 이용하는 자. 다만, 재화등을 원재료(중간재를 포함한다) 및 자본재로 사용하는 자는 제외한다.

③ 사업자가 사실상 소비자와 같은 지위에서 다른 소비자와 같은 거래조건으로 거래하는 경우에는 해당 거래에서 소비자의 지위를 갖는다.

④ 재화등을 농업(축산업을 포함한다) 및 어업활동을 위하여 구입한 자로서 「원양산업발전법」 제6조 제1항에 따라 농림수산식품부장관의 허가를 받

12) 대법원 2008. 7. 10. 선고 2006다57872 판결.

은 원양어업자 외의 자

4. 할부거래법의 적용이 배제되는 경우

① 사업자가 상행위를 위하여 재화등의 공급을 받는 거래

② 농산물 · 수산물 · 축산물 · 임산물 · 광산물로서 「통계법」 제22조에 따라 작성한 한국표준산업분류표상의 제조업에 의하여 생산되지 아니한 것

③ 「약사법」 제2조 제4호에 따른 의약품

④ 「보험업법」에 따른 보험

⑤ 「자본시장과 금융투자업에 관한 법률」 제4조에 따른 증권 및 같은 법 제336조 제1항 제1호에 따른 어음

⑥ 부동산: 부동산에 대해서는 할부거래의 방법으로 거래가 이루어졌다 하더라도 그 성질상 할부거래법을 적용하는 것이 어렵다는 이유로 할부거래법의 적용을 배제하였다.

판례

대법원은 "할부거래에 관한 법률 제2조 제2항 소정의 '매수인이 상행위를 목적으로 할부계약을 체결하는 경우'라 함은, 매수인이 신용제공자의 여신으로 매수한 물건을 다른 소비자에게 판매할 목적으로 물건을 할부로 구입한 경우만을 의미하는 것이 아니라, 자신의 소비만을 목적으로 한 경우가 아닌 영리를 목적으로 할부계약을 체결하는 경우를 의미한다"고 판시하고 있다.[13)]

제 3 절 불공정한 할부계약의 통제

Ⅰ. 편면적 강행규정

할부거래업자 또는 선불식 할부거래업자가 아래에서 기재한 할부거래법의 규정보다 소비자에게 불리하게 작성된 계약은 그 효력이 없다(法 제43조).

13) 대법원 2006. 7. 28. 선고 2004다54633 판결.

1. 일반적인 할부계약의 경우

① 할부계약의 서면주의(법 제6조)
② 할부수수료의 실제연간요율(법 제7조)
③ 청약의 철회(법 제8조)
④ 간접할부계약에서의 청약의 철회통보(법 제9조)
⑤ 청약의 철회효과(법 제10조)
⑥ 할부거래업자의 할부계약해제(법 제11조)
⑦ 할부거래업자 등의 손해배상청구금액의 제한(법 제12조)
⑧ 소비자의 기한이익상실(법 제13조)
⑨ 할부대금채권의 소멸시효(법 제15조)
⑩ 소비자의 항변권(법 제16조)

판례

대법원은 "할부거래에 관한 법률 제13조(현행법 제43조)는 '매수인의 항변권'을 보호하기 위한 규정으로서, 할부계약의 내용 중에서 할부거래에 관한 법률 제12조(현행법 제16조)에 의한 내용보다 매수인에게 불리한 것은 매도인뿐만 아니라 신용제공자에 대한 관계에서도 효력을 인정할 수 없다고 할 것이므로, 이른바 간접할부계약에도 유추적용된다"고 판시하고 있다.[14)]

2. 선불식 할부계약의 경우

① 계약체결 전의 정보제공 및 계약체결에 따른 계약서발급(법 제23조)
② 소비자의 청약의 철회(법 제24조)
③ 소비자의 선불식 할부계약해제(법 제25조)
④ 선불식 할부거래업자의 선불식 할부계약해제(법 제26조)

14) 대법원 2006. 7. 28. 선고 2004다54633 판결.

Ⅱ. 전속관할

민사소송법상 당사자는 합의에 의하여 제1심 관할법원을 정할 수 있는데, 할부거래업자 또는 선불식 할부거래업자는 할부거래의 약관에 당해 거래에 관한 일체의 분쟁을 할부거래업자 등의 주소나 영업소의 소재지를 관할하는 지방법원의 관할로 한다고 규정해 두는 경우가 많다. 그러나 이러한 관할의 합의는 할부거래업자 등이 경제적 우위를 이용하여 자기에게 일방적으로 유리하게 규정한 것으로서 소비자에게 부당하게 불리한 경우가 많기 때문에 약관규제법에 의하여 무효가 될 수 있다(동법 제14조).

할부거래법은 소비자의 지위를 보호하기 위하여 할부거래에 관한 소송은 제소 당시 소비자의 주소(주소가 없는 경우에는 거소)를 관할하는 지방법원의 전속관할로 하도록 규정하고 있다(동법 제44조).

제 4 절 사업자단체의 등록 등

Ⅰ. 사업자단체의 등록

할부거래 및 선불식 할부거래의 건전한 발전과 소비자의 신뢰도 제고, 그 밖에 공동이익의 증진을 목적으로 설립된 사업자단체는 공정거래위원회에 등록할 수 있다(법 제45조 제1항).

그러나 아직까지 공정거래위원회에 등록된 사업자단체는 없는 상태이다. 일반적인 할부거래업자의 경우에는 사업의 종류가 다양하고 사업자의 범위가 많으므로 별도의 사업자단체를 등록할 실익은 거의 없으나, 선불식 할부거래업의 경우에는 엄격하게 등록제를 취하고 있고 이미 사업자단체가 설립되어 있으며,[15] 대부분의 선진국의 경우 사업자단체의 자율적인 활동으로 소비자피해예방활동 등을 하는 점 등을 고려하면 사업자단체를 등록하는 것이

15) 현재 전국상조협회, 한국상조연합회 등이 있다.

필요하다.[16)]

Ⅱ. 사업자단체의 등록절차

(1) 공정거래위원회에 등록하려는 사업자단체는 총리령으로 정하는 신청서에 목적, 명칭, 주된 사무소・지부의 주소 및 인터넷 홈페이지 주소, 대표자의 성명・주민등록번호・주소・전화번호・전자우편주소, 설립연월일, 회원의 수(지부의 수를 포함한다), 사업내용 등을 적어 공정거래위원회에 제출하여야 한다(시행령 제32조 제1항).

(2) 또한, 공정거래위원회에 등록하려는 사업자단체는 위 신청서에 정관과 '인력・재정상황 및 재원확보방안 및 주요설비의 목록 및 성능'에 관한 자료를 첨부하여야 한다(시행령 제32조 제2항).

Ⅲ. 변경사항 통보의무

법 제45조 제1항에 따라 등록한 사업자단체는 제1항 제1호부터 제4호까지, 제6호 및 제7호와 제2항 각호의 사항이 변경된 경우에는 그 변경사항이 발생한 날부터 20일 이내에 공정거래위원회에 통보하여야 한다(시행령 제32조 제3항).

제 5 절 사무의 위탁

Ⅰ. 위탁대상자

공정거래위원회는 이 법을 효율적으로 집행하기 위하여 필요한 경우 사무의 일부를 제45조에 따라 등록한 사업자단체에 위탁할 수 있다(법 제46조 제1항).

---

16) 방문판매법의 경우 직접판매협회라는 사업자단체가 있다.

Ⅱ. 위탁사무의 처리

공정거래위원회는 사업자단체에 위탁한 사무에 대한 감독, 처리·보고, 조사·확인, 자료의 제출 또는 시정에 필요한 조치의 요구 등에 관하여 필요한 사항은 대통령령으로 정할 수 있다. 그러나, 아직까지 공정거래위원회가 사무의 일부를 위탁한 사례가 없어서인지 대통령령은 이에 대한 규정을 두고 있지 않다.

Ⅲ. 공무원의제

공정거래위원회로부터 사무의 일부를 위탁받은 사업자단체의 임직원은 「형법」 제129조부터 제132조까지의 규정에 따른 벌칙을 적용할 때에는 공무원으로 본다(법 제46조 제3항).

제 6 절 독점규제 및 공정거래에 관한 법률의 준용(법 제47조)

Ⅰ. 공정거래위원회의 심의·의결

독점규제 및 공정거래에 관한 법률 제42조부터 제45조까지 및 제52조의 규정이 준용된다.

Ⅱ. 직권조사

독점규제 및 공정거래에 관한 법률 제50조 제1항부터 제4항까지의 규정이 준용된다.

Ⅲ. 행정처분 및 전속관할

독점규제 및 공정거래에 관한 법률 제53조, 제53조의2, 제54조, 제55조 및 제55조의2의 규정이 준용된다. 그러므로 공정거래위원회의 처분에 대하여 불복을 하려고 하는 자는 공정거래위원회를 관할하는 서울고등법원에 소를 제기하여야 한다.

Ⅳ. 직무에 관한 규정

독점규제 및 공정거래에 관한 법률 제62조의 규정이 준용되어 비밀엄수의무가 있다.

제 2 장 일반 할부거래

제 1 절 할부거래의 방식에 대한 규제

Ⅰ. 계약체결 전의 정보제공의무

할부거래의 실제에 있어서는 소비자가 할부거래의 구체적인 내용이나 거래조건을 정확히 파악하지 못한 상태에서, 오로지 적은 돈으로 고가의 상품을 당장에 구입하여 사용할 수 있다는 점에 현혹되어 성급한 구매결정을 하는 경우가 자주 있는데, 소비자가 이러한 충동구매를 하지 않도록 하기 위해서는 매도인이 계약을 체결하기 전에 소비자에게 할부거래의 내용과 거래조건 등에 관하여 자세한 정보를 제공해 줄 필요가 있다.

할부거래업자[1]는 할부계약을 체결하기 전에 소비자가 할부계약의 내용을 이해할 수 있도록 아래의 사항을 사업소에 소비자가 보기 쉬운 장소에 게시하거나 서면으로 제시하는 경우에는 9호 이상의 활자를 사용하여 표시하여야 한다(법 제5조, 시행규칙 제2조).

① 재화등의 종류 및 내용

② 현금가격[2]

③ 할부가격[3]

④ 각 할부금의 금액 · 지급횟수 및 지급시기

⑤ 할부수수료의 실제연간요율: '할부수수료의 실제연간요율'은 금리, 신용조사비, 사무관리비 기타 명목 여하를 불문하고 할부거래에 드는 수수료로서, 소비자가 매도인 또는 신용제공자에게 지급하는 총액이 현금가격에 대하

---

1) 이하에서 할부거래업자라 함은 할부계약에 의한 재화등의 공급을 업으로 하는 자를 말한다.

2) 이하에서 현금가격이란 할부계약에 의하지 아니하고 소비자가 재화등의 공급을 받은 때에 할부거래업자에게 지급하여야 할 대금 전액을 말한다.

3) 이하에서 할부가격이라 함은 소비자가 할부거래업자나 신용제공자에게 지급하여야 할 계약금과 할부금의 총합계액을 말한다.

여 차지하는 비율을 말한다. 이것은 결국 할부가격에서 현금가격을 뺀 금액이 현금가격에서 차지하는 비율을 가리킨다. 예컨대 현금가격이 100만원인 냉장고를 12개월 할부로 살 경우에 매월 지급해야 할 할부금이 10만원이라면, 할부수수료는 20만원이 된다. 한편 할부수수료의 실제연간요율에 있어서 현실적으로 문제가 되는 것은 수준의 적정성이라 할 수 있는데, 시행령과 시행규칙은 최고한도를 연 100분의 30으로 규정하고, 소수점 이하 1단위 이상까지 표시하도록 규정하고 있다.

예 시

할부수수료의 실제연간요율의 계산방법(제5조 제1항 관련)

1. 할부수수료의 실제연간요율은 다음 각목의 계산방법 중 어느 하나를 선택하여 산정한다.

   가. 복리 계산방법: $A = P \times r \times \frac{(1+r)^n}{(1+r)^n-1}$

   나. 단리 계산방법: $R = \frac{F}{P} \times \frac{24}{n+1}$

2. 제1호의 계산방법에서 A, P, r, n, R 및 F는 각각 다음의 값을 표시한다.

   A: 월 할부금

   P: 할부원금(현금판매가격 또는 할부거래업자·신용제공자가 소비자로부터 계약금·선수금 등을 받은 경우에는 현금판매가격에서 계약금·선수금 등을 뺀 금액을 말한다)

   r: 할부수수료의 실제월요율(할부수수료의 실제연간요율÷12)

   n: 대금지급기간(월을 기준으로 한다)

   R: 할부수수료의 실제연간요율

   F: 할부수수료의 총액[금리·신용조사비·사무관리비와 그 밖에 명목에 관계없이 할부거래에 관한 수수료로서 소비자가 할부거래업자 또는 신용제공자에게 지급하는 금액의 총액을 말한다. 다만, 저당권의 설정·말소, 공정증서의 작성 등 채권을 확보하기 위하여 드는 수수료(수수료의 금액은 해당 법령에서 정한 금액을 기준으로 한다)를 따로 표시하고 할부수수료에 포함하지 않는다는 뜻을 명시한 경우에는 이를 뺀 금액을 말한다.]

⑥ 계약금[4)]

⑦ 소비자가 할부금을 지급하지 않을 경우 소비자에게 청구할 수 있는 지연손해금산정시 적용하는 비율(법 제12조 제1항 참조)

다만, 「여신전문금융업법」에 따른 신용카드회원과 신용카드가맹점간의 간접할부계약의 경우에는 '다. 할부가격,' '라. 각 할부금의 금액·지급횟수 및 지급시기,' '바. 계약금,' '사. 소비자가 할부금을 지급하지 않을 경우 소비자에게 청구할 수 있는 지연손해금산정시 적용하는 비율'의 사항을 표시하지 아니할 수 있다.

입법론

할부거래법 제5조는 매도인이 소비자와 계약을 체결할 경우에는 그 내용을 표시·고지하도록 하고, 일반고객을 대상으로 하여 광고할 경우에 대해서는 아무런 규제를 하지 않고 있다. 그런데 소비자를 두텁게 보호하기 위해서는 매도인이 일반소비자를 대상으로 할부거래에 대한 광고를 할 경우에도 계약의 중요한 사항을 표시하고 이를 일반소비자에게 고지하도록 하는 것이 바람직하다.

Ⅱ. 계약서의 작성과 교부의무[5)]

1. 계약서[6)]에 반드시 포함되어야 할 사항

매도인에게 계약서를 작성하여 교부하도록 하는 이유는 할부거래관계가 대체로 장기간 지속되고 또 그 내용이 매우 복잡한 경우가 많기 때문에, 계약의 내용을 명확하게 규정해 둠으로써 장래 예상되는 당사자간의 분쟁을 예방하고, 부당한 거래조건을 요구하지 못하도록 함으로써 계약의 공정화에 기여하기 위한 것이다. 또한, 계약서의 교부일은 소비자의 철회권행사의 기산일이 된다는 점에서 중요하다.

---

4) 이하에서 계약금이라 함은 최초지급금·선수금 등 명칭이 무엇이든 할부계약을 체결할 때에 소비자가 할부거래업자에게 지급하는 금액을 말한다.

5) 법 제6조 및 시행규칙 제3조 참조.

6) 「전자거래기본법」 제2조 제1호에 따른 전자문서를 포함한다.

① 할부거래업자 · 소비자 및 신용제공자의 성명 및 주소
② 재화등의 종류 · 내용 및 재화등의 공급시기
③ 현금가격
④ 할부가격
⑤ 각 할부금의 금액 · 지급횟수 · 지급기간 및 지급시기
⑥ 할부수수료의 실제연간요율
⑦ 계약금
⑧ 재화의 소유권유보에 관한 사항
⑨ 제8조에 따른 청약철회의 기한 · 행사방법 · 효과에 관한 사항
⑩ 제11조 제1항에 따른 할부거래업자의 할부계약의 해제에 관한 사항
⑪ 제12조 제1항에 따른 지연손해금산정시 적용하는 비율
⑫ 제13조에 따른 소비자의 기한의 이익상실에 관한 사항
⑬ 제16조에 따른 소비자의 항변권과 행사방법에 관한 사항

다만, 「여신전문금융업법」에 따른 신용카드회원과 신용카드가맹점간의 간접할부계약의 경우 위 ④, ⑤ 중 지급시기 및 ⑪의 사항을 적지 아니할 수 있다.

판례

대법원은 "할부거래에 관한 법률 제4조 제1항(현행법 제6조 제1항)에서 할부계약의 주요내용을 서면으로 하도록 한 취지는 할부거래에 있어서는 대금의 지급이 장기간에 걸쳐 계속되기 때문에 계약내용이 복잡하고 소비자의 충동구매가 이루어지는 경우가 많은 현실을 감안하여, 매수인으로 하여금 할부계약의 내용을 이해할 수 있도록 함과 동시에 계약체결을 신중하게 하도록 함으로써 부당하게 불리한 특약으로부터 매수인을 보호하고, 분쟁을 사전에 예방하고자 한 데 있을 뿐이고, 그와 같은 서면기재를 신용제공자에 대한 지급거절권의 행사요건으로 규정한 것은 아니다"라고 판시하고 있다.[7)]

---

7) 대법원 2006. 7. 28. 선고 2004다54633 판결.

2. 계약서를 작성함에 있어 반드시 준수하여야 할 사항

① 글자의 크기는 9호 이상의 활자를 사용하여야 한다.

② 위 Ⅱ.1.항의 ⑨부터 ⑬의 사항은 일반기재사항의 글씨와 다른 색의 글씨 또는 굵은 글씨 등을 사용하여 명확히 드러나게 하여야 한다.

③ 소비자의 철회권 및 항변권행사를 위한 서식을 포함시켜야 한다.

④ 할부거래업자는 소비자와의 할부계약체결 당시에 신용제공자의 성명 및 주소가 확정되지 아니한 경우에는 계약서에 할부의 유형(자체할부, 은행할부 또는 보험할부 등)을 적고, 신용제공자가 확정되었을 때에 그 성명 및 주소를 소비자에게 지체없이 서면으로 알려야 한다.

3. 신용제공자에게 해당하는 사항

①「여신전문금융업법」에 따른 신용카드회원과 신용카드가맹점간의 간접할부계약의 경우 소비자의 동의를 받아 해당 계약의 내용을 팩스나「전자거래기본법」 제2조 제1호에 따른 전자문서(이하 이 조에서 "전자문서"라 한다)로 보내는 것으로 대신할 수 있으며, 팩스나 전자문서로 보낸 계약서의 내용이나 도달에 다툼이 있으면 할부거래업자가 이를 증명하여야 한다.

② 신용제공자는 법 제6조 제1항 제4호부터 제6호까지, 제9호, 제11호부터 제13호까지의 사항(위 Ⅱ.1.항의 ④, ⑤, ⑥, ⑨, ⑪, ⑫, ⑬을 말한다)을 적은 서면을 소비자에게 발급하여야 한다.

Ⅲ. 할부거래계약서가 약관으로 되어 있는 경우

할부거래계약서가 약관으로 되어 있는 경우에 매도인은 약관규제법에 따라 소비자에게 할부거래약관을 명시·교부 또는 설명해야 하는 의무를 부과하며, 할부거래법에서 특별히 규정하고 있는 사항을 제외한 나머지에 대해서는 약관규제법이 적용된다.

Ⅳ. 할부계약의 주요내용이 표시 또는 고지되지 않은 경우

(1) 할부계약서에 본장 Ⅱ.1.①~⑬의 법정기재사항이 기재되어 있지 않거나 그 내용이 불확실한 경우에는 소비자와 할부거래업자간의 특약이 없으면 그 계약내용은 어떠한 경우에도 소비자에게 불리하게 해석되어서는 아니된다(법 제6조 제4항).

(2) 독일의 할부매매법은 할부매매계약이 서식의 요구나 필요적 기재사항을 결한 경우에는 계약이 성립되지 않고 물건이 매수인에게 인도된 때에 비로소 계약이 성립된다고 규정하고 있다(독일할부매매법 1조a).

입법론

입법론상으로는 할부가격이 기재되어 있지 않은 경우에는 그 계약의 법적 구속력은 현금가격의 범위 내에서만 인정된다고 보아, 매수인은 현금가격에서 이미 지급한 첫회분 할부금을 공제한 나머지 차액만을 분할지급하도록 하는 것이 바람직하다.

Ⅴ. 과태료: 500만원 이하(법 제53조 제4항)

① 법 제5조(계약체결 전의 정보제공의무)를 위반하여 표시를 하지 아니하거나 거짓표시를 한 경우,

② 법 제6조 제1항에 기재된 할부계약서의 법정기재사항을 소비자에게 발급하지 않거나 거짓으로 적은 계약서를 발급한 경우,

③ 신용제공자가 법 제6조 제1항 제4호부터 제6호, 제9호, 제11호부터 제13호까지의 사항을 적은 서면을 소비자에게 발급하지 않은 경우,

④ 법 제7조에 따른 할부수수료의 실제연간요율의 최고한도를 위반하여 할부수수료를 받은 경우에는 500만원 이하의 과태료를 부과받을 수 있다.

제 2 절 소비자의 청약철회권리

Ⅰ. 청약철회란 무엇인가?

일반적으로 계약은 청약과 승낙이라는 두 개의 의사표시의 합치로 성립하며, 계약이 성립된 뒤에는 당사자는 자기의 의사표시를 철회할 수 없는 것이 원칙이다. 그러나 소비자가 충동적인 구매결정을 할 우려가 있는 할부거래나 방문판매, 다단계판매 등의 경우에는 소비자를 보호하기 위하여 많은 국가에서 소비자에게 이른바 재고기간 내지 냉각기간(cooling off)을 부여하여 이 기간 내에 소비자가 할부계약에 관한 청약을 철회할 수 있도록 하고 있다. 이러한 청약철회제도는 일단 계약이 체결된 뒤에 소비자가 일정한 기간 내에 그 의사표시를 철회할 수 있도록 보장해 주는 것인데, 소비자가 청약을 철회하더라도 아무런 불이익을 받지 않고 마치 계약이 처음부터 체결되지 않았던 것과 같은 상태로 돌아간다는 데에 그 특징이 있으며, 이러한 의미에서 청약철회제도는 의사표시의 하자를 이유로 한 법률행위의 취소나 채무불이행 또는 사정변경을 이유로 한 계약해제와는 전혀 다른 제도이다.

Ⅱ. 청약철회는 언제까지 할 수 있나?

(1) 소비자가 할부거래의 방법으로 재화등의 구매에 관한 계약을 체결한 경우 계약서를 교부받은 날로부터 7일 이내에 청약철회를 할 수 있다. 여기서 7일 이내라 함은 소비자가 서면으로 청약철회의사표시를 한 날을 말하므로 소비자가 청약철회를 하는 내용이 포함된 내용증명 등 서면을 7일 이내에 발송하면 되고, 7일 이내에 할부거래업자에게 도달할 것을 요하지 않으며, 청약철회의 효과는 소비자가 청약철회를 한다는 의사표시가 포함된 서면을 발송한 날부터 발생한다(법 제8조).

(2) 다만, 아래와 같은 경우에는 그 청약철회의 기간이 연장될 수 있다.

① 소비자가 위와 같이 계약서를 교부받은 후 구입한 상품을 인도받은 경우에는 상품을 인도받은 날로부터 7일 이내에 청약철회할 수 있다.

② 소비자가 계약서를 교부받지 않거나 할부거래업자의 주소 등이 기재되지 않은 계약서를 교부받은 경우, 또는 할부거래업자의 주소변경 등의 사유로 7일 이내에 청약철회를 할 수 없었던 경우에는, 그 주소를 안 날 또는 알 수 있었던 날로부터 7일 이내에 청약철회를 할 수 있다.

③ 할부거래계약서에 청약철회에 관한 사항이 적혀 있지 않은 경우에는 소비자가 청약철회를 할 수 있음을 안 날 또는 알 수 있었던 날로부터 7일 이내에 청약철회를 할 수 있다.

④ 할부거래업자가 소비자의 청약철회를 방해한 경우에는 그 방해행위가 종료한 날로부터 7일 이내에 청약철회를 할 수 있다.

Ⅲ. 어떠한 경우에 청약철회가 제한되나?

소비자에게 아래와 같은 사유가 있는 경우에는 청약철회가 제한되므로 각별한 주의를 요한다.

① 소비자에게 책임 있는 사유로 상품이 멸실 또는 훼손된 경우

다만, 소비자가 재화등의 내용을 확인하기 위하여 포장을 훼손한 경우에는 청약철회가 가능하다(법 제8조 제2항 제1호 단서).

② 소비자의 사용 또는 소비에 의하여 그 가치가 현저히 낮아질 우려가 있는 선박, 항공기, 궤도를 운행하는 차량, 건설기계, 자동차, 냉동기, 전기냉방기(난방겸용 포함), 보일러 등의 재화를 사용 또는 소비한 경우

다만, 이 경우에도 할부거래업자가 청약의 철회를 승낙한 경우, 위와 같은 사실을 재화등의 포장이나 그 밖에 소비자가 쉽게 알 수 있는 곳에 분명하게 표시하지 않거나 시용상품을 제공하는 등의 방법으로 소비자가 청약을 철회하는 것을 방해받지 않도록 조치하지 않은 경우에는 청약철회가 가능하다.

입법론

자동차, 전기냉방기 등은 소비자들이 할부로 구입하는 대표적인 상품들 중 하나에 해당되는데, 이들에 대하여 소비자의 청약철회권을 제한하는 것은 할부거래법에서 청약철회권을 인정하고 있는 취지를 퇴색시킬 수 있다는 점에서 적절하지 않다.

③ 시간이 지남으로써 다시 판매하기 어려울 정도로 재화등의 가치가 현저히 낮아진 경우

다만, 이 경우에도 할부거래업자가 청약의 철회를 승낙한 경우, 위와 같은 사실을 재화등의 포장이나 그 밖에 소비자가 쉽게 알 수 있는 곳에 분명하게 표시하지 않거나 시용상품을 제공하는 등의 방법으로 소비자가 청약을 철회하는 것을 방해받지 않도록 조치하지 않은 경우에는 청약철회가 가능하다.

④ 도서 등과 같이 복제가 가능한 재화등의 포장을 훼손한 경우

다만, 이 경우에도 할부거래업자가 청약의 철회를 승낙한 경우, 위와 같은 사실을 재화등의 포장이나 그 밖에 소비자가 쉽게 알 수 있는 곳에 분명하게 표시하지 않거나 시용상품을 제공하는 등의 방법으로 소비자가 청약을 철회하는 것을 방해받지 않도록 조치하지 않은 경우에는 청약철회가 가능하다.

⑤ 할부가격이 10만원 미만인 할부계약

다만, 「여신전문금융업법」에 따른 신용카드를 사용하여 할부거래를 하는 경우에는 할부가격이 20만원 미만인 할부계약을 말한다.

⑥ 소비자의 주문에 따라 개별적으로 제조되는 재화등의 공급을 목적으로 하는 할부계약

Ⅳ. 청약철회의 요건을 누가 입증하여야 하나?

할부거래업자가 소비자의 청약철회를 거절하기 위해서는 할부거래업자가 청약철회제한사유를 모두 입증하여야 한다. 즉, 할부거래업자와 소비자 사이에 계약서의 발급사실과 그 시기, 재화등의 공급사실과 그 시기 및 소비자에

게 청약철회제한사유가 있다는 사실 등에 대하여 분쟁이 있을 경우에 할부거래업자가 이를 모두 입증하여야 한다.

V. 소비자의 청약철회시 발생하는 법률관계(법 제10조)

1. 소비자의 상품반환의무

소비자 등은 할부거래업자로부터 공급받은 재화등을 반환해야 한다.

2. 할부거래업자의 대금환급의무

할부거래업자[8]는 소비자의 청약철회에 따라 재화등을 반환 받은 날부터 3영업일 이내에, 용역을 제공한 경우[9]에는 청약철회서면을 수령한 날로부터 3영업일 이내에 이미 지급받은 계약금 및 할부금을 환급하여야 한다.

만일 할부거래업자가 소비자에게 계약금 및 할부금의 환급을 지연하는 경우에는 그 지연기간에 따라 연 100분의 20에 상당하는 지연배상금을 해당 소비자에게 지급하여야 한다.

3. 반환비용의 부담 및 위약금 등 금지

소비자의 청약철회에 따른 상품반환에 소요되는 비용은 할부거래업자가 부담하여야 하며, 할부거래업자는 소비자 등에게 청약철회에 따른 위약금 등을 청구할 수 없다(법 제10조 제10항).

전자거래 · 통신판매 등의 경우는 거래의 특성이 비대면적 · 비적극적이므로 조건 없는 청약철회의 경우 물품반환비용을 소비자가 부담하는 반면에, 할부거래 · 방문 · 전화권유 · 다단계판매의 경우에서는 사업자가 공격적인 판매방식을 사용하고 소비자의 구매의사가 없는 상태에서 이루어지는 계약을 체결하게 되므로, 소비자피해를 구제하려는 청약철회제도의 근본취지를 고려하여 사업자에게 반환비용을 부담하도록 하였다.

---

8) 여기서 할부거래업자에는 소비자로부터 재화등의 계약금 또는 할부금을 지급받은 자 또는 소비자와 할부계약을 체결한 자를 포함한다.

9) 할부거래업자는 이미 용역(일정한 시설을 이용하거나 용역을 제공받을 권리는 제외한다)이 제공된 때에는 이미 제공된 용역과 동일한 용역의 반환을 청구할 수 없다(법 제10조 제3항).

심결례

공정거래위원회 2006특수1523

피심인은 2006. 4. 28. 현재 사용하고 있는 구매계약서 및 인터넷 쇼핑몰 반품 제도에서 소비자 또는 다단계판매원이 법정기간 내에 청약철회를 하는 경우 그 공급받은 재화의 반환비용을 소비자 또는 다단계판매원이 부담하도록 하여 2005. 1. 1.부터 2006. 4. 28.까지 강00 외 47명의 자신의 소속 다단계판매원의 반품에 대해 반품비용(179,000원)을 공제 후 환불을 해 준 사실이 있다.

4. 상품사용시 소비자가 부담하는 비용의 부담범위

소비자가 청약철회를 한 경우 이미 재화등이 사용되었거나 일부 소비된 경우에는 할부거래업자는 그 재화등을 사용하거나 일부 소비하여 소비자가 얻은 이익 또는 그 재화등의 공급에 든 비용에 상당하는 금액을 다음 범위에서 해당 소비자에게 청구할 수 있다(법 제10조 제9항).

① 재화등의 사용으로 소모성부품을 재판매하기 곤란하거나 재판매가격이 현저히 하락하는 경우에는 해당 소모성부품을 공급하는 데에 든 금액

② 여러 개의 가분물로 구성된 재화등의 경우(여러 개의 앰플·포·병 등으로 구성된 건강식품·화장품 등)에는 소비자의 일부 소비로 소비된 부분을 공급하는 데에 든 금액

5. 간접할부계약의 경우

(1) 할부거래업자는 소비자가 청약철회를 하는 서면을 수령한 때에는 지체 없이 해당 신용제공자에게 재화등에 대한 할부금의 청구를 중지 또는 취소하도록 요청하여야 한다.

(2) 이 경우 할부거래업자가 신용제공자로부터 해당 재화등의 대금을 이미 지급받은 때에는 지체없이 이를 신용제공자에게 환급하여야 한다.

(3) 신용제공자는 할부거래업자로부터 할부금의 청구를 중지 또는 취소하도록 요청받은 경우 지체없이 이에 필요한 조치를 취하여야 한다. 이 경우

소비자가 이미 지불한 할부금이 있는 때에는 지체없이 이를 환급하여야 한다.

(4) 할부거래업자가 신용제공자에 대한 할부금의 청구를 중지 또는 취소하도록 하는 요청을 지연하여 소비자가 신용제공자에게 할부금을 지불하게 한 경우에는 소비자가 지불한 금액에 대하여 소비자가 환급받는 날까지의 기간에 대한 지연배상금을 소비자에게 지급하여야 한다.

(5) 신용제공자가 소비자에 대한 할부금환급을 지연한 경우에는 그 지연기간에 따른 지연배상금을 소비자에게 지급하여야 한다. 다만, 할부거래업자의 요청지연으로 인하여 신용제공자가 소비자에게 할부금환급을 지연한 경우에는 그 할부거래업자가 지연배상금을 지급하여야 한다.

(6) 할부거래업자 또는 신용제공자는 소비자가 청약을 철회함에 따라 소비자와 분쟁이 발생한 경우 분쟁이 해결될 때까지 할부금지급거절을 이유로 해당 소비자를 약정한 기일 이내에 채무를 변제하지 아니한 자로 처리하는 등 소비자에게 불이익을 주는 행위를 하여서는 아니 된다(제10조 제8항).

6. 휴업기간 등에서의 청약의 철회에 관한 업무처리의무

할부거래업자 또는 신용제공자는 그 휴업기간 또는 영업정지기간 중에도 제10조에 따른 청약의 철회에 관한 업무를 계속하여야 한다(법 제17조). 이를 위반하여 휴업기간 또는 영업정지기간 중에 청약의 철회에 관한 업무를 계속하지 않을 경우에는 법 제53조 제4항에 의거하여 500만원 이하의 과태료를 부과받을 수 있다.

Ⅵ. 청약철회권의 포기약정

할부거래업자와 소비자가 개별약정이나 약관을 통해서 청약철회권을 포기하거나 제한할 것을 약정한 경우 그 약정은 할부거래법의 규정보다 매수인에게 불리한 것으로서 무효이다(법 제43조).

Ⅶ. 과태료: 500만원 이하(법 제53조 제4항)

① 법 제10조를 위반하여 소비자가 청약철회를 하였음에도 불구하고 계약금, 할부금 또는 지연배상금을 환급하지 아니하거나 환급에 필요한 조치를 취하지 아니한 경우,

② 법 제10조 제8항을 위반하여 소비자가 청약철회를 하였음에도 불구하고 할부금지급거절을 이유로 해당 소비자에게 불이익을 주는 행위를 한 경우에는 500만원 이하의 과태료를 부과받을 수 있다.

제3절 불공정한 일반 할부계약의 통제

할부계약은 대체로 약관에 의해 체결되고, 그 약관에는 소비자의 채무불이행시의 계약해제, 자력회수, 손해배상, 기한이익의 상실, 위험부담, 기한 전의 지급 및 항변권 등에 대한 규정이 포함되어 있는 것이 보통이다. 이러한 규정들 중에는 소비자에게 일방적으로 불리한 것들이 많은데, 민법 제103조나 제104조 또는 약관규제법에 의한 내용통제에는 일정한 한계가 있기 때문에, 할부거래법은 할부계약의 경우에 특별히 문제될 수 있는 사항에 대하여 소비자를 보호하기 위하여 별도의 규정을 마련하고 있다.

Ⅰ. 할부거래업자의 할부계약해제(법 제11조)

1. 계약해제사유 및 절차

민법에 따르면 매수인이 매매대금지급의무를 이행하지 아니한 경우에는 매도인은 그 매매계약을 해제할 수 있다. 그러나 소비자가 할부금의 지급을 다소 지체했다고 하여 매도인이 할부계약을 바로 해제하게 되면, 소비자에게 지나치게 불리하게 될 우려가 있기 때문에 할부거래법은 매도인의 할부계약의 해제를 제한하고 있다. 즉, 할부거래업자는 소비자가 할부금지급의무를 이행하지 아니하면 할부계약을 해제할 수 있는데, 다만 할부거래업자는 계약

을 해제하기 전에 14일 이상의 기간을 정하여 소비자에게 이행할 것을 반드시 서면으로 최고하여야 한다.

2. 계약해제의 효과

(1) 계약이 해제된 경우 할부거래업자와 소비자는 상대방에게 원상회복 의무를 부담하며, 이는 동시이행의 관계에 있다. 즉, 상호간에 할부거래계약이 당초 없었던 상태로 상호간에 이행할 의무를 부담하는데, 소비자는 할부거래업자가 공급한 재화등을 반환하여야 하고, 할부거래업자는 소비자가 지급한 계약금 및 할부금 등을 반환할 의무를 부담한다.[10]

(2) 할부거래업자는 재화등의 소유권이 할부거래업자에게 유보된 경우 그 할부계약을 해제하지 아니하고는 반환을 청구할 수 없다.

Ⅱ. 할부거래업자 등의 손해배상청구금액제한(법 제12조)

1. 취 지

민법은 매수인에게 책임 있는 사유로 할부금의 지급을 지체하면, 매도인이나 신용제공자는 매수인에게 채무불이행으로 인한 손해의 배상을 청구할 수 있도록 규정하고 있다. 그러나 이 경우에 우월한 지위에 있는 매도인이 소비자에게 과중한 손해배상책임을 부담시킬 우려가 있으므로, 할부거래법은 매도인 등의 손해배상청구를 일정한 범위로 제한하고 있다.

2. 손해배상청구금액의 제한

(1) 할부거래업자 또는 신용제공자가 할부금지급의무를 이행하지 아니한 것을 이유로 소비자에게 청구하는 손해배상액은 지연된 할부금에 이자제한법에서 정한 이자의 최고한도(연 30%)의 범위에서 할부거래업자 또는 신용제공자와 소비자 사이에 약정한 이율을 곱하여 산정한 금액에 상당하는 지연손해금을 초과하지 못한다.

---

10) 입법론상으로는 소비자가 청약철회권을 행사할 때까지 그 목적물의 유지·관리를 위하여 필요비를 지출한 경우에는 원상회복 이외에 별도로 이를 매도인에게 청구할 수 있도록 하는 것이 바람직하다.

(2) 할부거래업자는 소비자가 재화등을 반환하여 원상회복이 된 경우에는 '통상적인 사용료와 계약체결을 위하여 통상 필요한 비용,' 그리고 '지연손해금'을 합한 금액을 초과하여 손해배상을 청구할 수 없다.[11)]

(3) 할부거래업자는 소비자가 재화등을 반환하지 않아 원상회복이 되지 아니한 경우에는 할부가격에 상당한 금액을 초과하여 손해배상을 청구할 수 없다.[12)]

(4) 할부거래업자는 소비자에게 재화등을 공급하기 전인 경우에는 계약체결 및 그 이행을 위하여 통상 필요한 금액을 초과하여 손해배상을 청구할 수 없다.

3. 손해배상액의 예정 등도 청구금액제한

할부거래업자 또는 신용제공자는 손해배상액의 예정, 위약금, 그 밖에 명칭·형식이 어떠하든 제한된 손해배상청구금액을 초과하여 청구할 수 없다.

4. 과태료: 500만원 이하(법 제53조 제4항)

할부거래업자 또는 신용제공자가 할부금지급의무를 이행하지 아니한 것을 이유로 소비자에게 손해배상을 청구함에 있어 지연손해금이율을 초과하여 청구한 경우에는 500만원 이하의 과태료를 부과받을 수 있다.

Ⅲ. 위험부담

1. 민법상의 원칙

매수인이 매매의 목적물을 인도받아 점유·사용하고 있는 동안에 양당사자에게 책임 없는 사유로 목적물이 훼손되거나 멸실된 경우에는 목적물에 대한 소유권이전의무를 부담하고 있는 매도인이 그 위험을 부담해야 하는 것이

---

11) 다만, 할부거래업자는 할부가격에서 재화등이 반환된 당시의 가액을 공제한 금액이 그 사용료와 비용의 합계액을 초과하는 경우에는 그 공제한 금액을 초과하여 손해배상을 청구할 수 없다.

12) 다만, 할부거래업자는 용역이 제공된 경우에는 이미 제공된 용역의 대가 또는 그 용역에 의하여 얻어진 이익에 상당하는 금액을 초과하여 손해배상을 청구할 수 없다.

원칙이다.

2. 할부계약의 경우

할부계약의 경우에는 매매의 목적물에 대한 소유권이 비록 매도인에게 유보되어 있다고 하더라도, 이는 어디까지나 대금채권을 확보하기 위한 담보수단에 지나지 않는 것이고, 경제적 · 실질적으로는 소비자가 그 목적물을 사용 · 수익하고 있기 때문에 소비자가 그 위험을 부담하는 것이 타당하다. 그 밖에 목적물에 관하여 지출되는 공과금과, 상품의 교체 및 수선비용 등 역시도 소비자의 지위나 사용 · 수익의 상태 등을 고려하여 소비자가 부담한다고 보는 것이 타당하다.

Ⅳ. 소비자의 기한의 이익상실(법 제13조)

1. 취　　지

할부거래의 약관에는 소비자가 할부금의 지급을 지체하는 경우에 매도인은 소비자에게 나머지 할부금의 전액을 일시불로 지급할 것을 요구할 수 있다고 규정하고 있는 경우가 있다. 원래 소비자가 할부금의 지급을 지체한 경우에 매도인은 그 지체에 대한 책임을 물을 수 있는데, 그것은 매도인에게 대단히 번거로울 뿐만 아니라 그 지체가 반복되는 경우에는 대금회수 자체가 곤란하게 될 우려가 있기 때문에, 이러한 위험을 방지하기 위하여 매도인이 할부계약에 기한이익의 상실사유를 규정해 두는 경우가 있다. 그런데 할부거래법은 이러한 기한이익의 상실조항을 원칙적으로 유효한 것으로 보지만, 이러한 조항이 소비자에게 지나치게 불리하게 되지 않도록 하기 위하여 기한의 이익이 상실되는 사유를 제한적으로 열거하고 있다.

2. 기한의 이익이 상실되는 경우

소비자에게 다음과 같은 사유가 발생하는 경우에는 할부금의 지급에 대한 기한의 이익을 주장하지 못한다(법 13조 제1항).

① 할부금을 다음 지급기일까지 연속하여 2회 이상 지급하지 아니하고 그 지급하지 아니한 금액이 할부가격의 10분의 1을 초과하는 경우

② 국내에서 할부금채무이행보증이 어려운 경우로서 생업에 종사하기 위하여 외국에 이주하는 경우와 외국인과의 혼인 및 연고관계로 인하여 외국에 이주하는 경우

3. 효 력

소비자가 기한의 이익을 상실하는 경우 할부거래업자 또는 신용제공자가 소비자로부터 한꺼번에 지급받을 금액은 나머지 할부금에서 나머지 기간에 대한 할부수수료를 공제한 금액으로 한다. 이 경우 할부수수료는 일단위로 계산하여야 한다.

Ⅴ. 소비자의 기한 전 지급(법 제14조)

1. 취 지

할부계약에 있어서 소비자가 그 대금을 할부로 지급할 수 있게 한 것은 어디까지나 소비자를 위한 것이므로, 할부계약을 체결한 뒤에 소비자가 자금사정의 호전이나 기타 특수한 사정으로 인하여 할부금의 지급기한이 도래하기 전에 그 할부금을 일시에 지급하고자 할 경우에는 이를 막을 이유가 없다. 이 때에 소비자가 일시에 지급해야 할 금액을 나머지의 할부금의 합계액으로 하게 되면 소비자에게 지나치게 불리한 반면 매도인은 부당이득을 취할 우려가 있기 때문이다.

2. 기한 전 지급금액

할부거래법은 소비자가 기한 전에 할부금을 한꺼번에 지급할 경우에 지급하는 금액은 나머지 할부금의 합계액에서 나머지 기간에 대한 할부수수료를 공제한 금액으로 하도록 규정하고 있다(법 제14조).

Ⅵ. 할부대금채권의 소멸시효(법 제15조)

할부거래법은 할부거래로 인하여 발생한 채권에 대해서는 상법상의 소멸시효와는 다르게 3년으로 규정하고 있다. 그러므로 할부거래업자 또는 신용

제공자가 소비자에게 할부대금채권을 3년간 행사하지 않으면 소멸한다.

Ⅶ. 소비자의 항변권(법 제16조)

1. 취　　지

소비자가 할부계약의 내용이나 목적물에 불만이 있거나 또는 매도인의 채무불이행이 있는 경우에는 할부금의 지급을 거절하는 방법으로 매도인에게 대항할 수 있는데, 매도인은 약관 등을 통하여 매수인의 항변권을 가능한 한 제한하려고 하는 경향이 있다. 이에 할부거래법은 소비자의 항변권사유를 법정화함으로써 소비자의 항변권행사를 보장함과 동시에 그 남용을 제한하고 있다.

2. 항변권의 행사요건

(1) 소비자가 할부거래업자에게 항변권행사의 의사표시를 하여야 한다. 이 때 소비자가 항변권의 행사를 서면으로 하는 경우에는 그 서면이 발생한 날로부터 효력이 발생한다(법 제16조 제4항).

(2) 소비자에게 ① 할부계약이 불성립·무효인 경우, ② 할부계약이 취소·해제 또는 해지된 경우, ③ 재화등의 전부 또는 일부가 할부계약서에 기재된 공급시기까지 소비자에게 공급되지 않은 경우, ④ 할부거래업자가 하자담보책임을 이행하지 아니한 경우, ⑤ 그 밖에 할부거래업자의 채무불이행으로 인하여 할부계약의 목적을 달성할 수 없는 경우, ⑥ 다른 법률에 따라 정당하게 청약을 철회한 경우에 해당하는 사유가 발생하여야 한다(법 제16조 제1항).

(3) 간접할부의 경우에는 할부가격이 10만원(신용카드를 사용한 할부매매의 경우에는 20만원) 이상인 경우에 한하여 신용제공자에게 할부금의 지급거절의사를 통지한 후에 그 할부금의 지급을 거절할 수 있다(법 제16조 제2항, 시행령 제11조). 이 때 신용제공자에게 지급을 거절할 수 있는 금액은 지급을 거절한 당시에 소비자가 신용제공자에게 지급하지 아니한 나머지 할부금으로 한다(법 제16조 제3항).

3. 항변권행사의 효과

할부거래법 제16조에서 규정하고 있는 소비자의 항변권은 소송절차에서 주장할 수 있는 소송상의 공격방어방법에 불과한 항변이 아니라 실체법상의 항변권에 해당하므로 소비자가 항변권을 행사하면 바로 효력이 발생한다. 그러므로 소비자가 항변권을 행사하였을 경우에 할부거래업자가 소비자의 항변권행사를 저지하기 위해서는 할부대금지급청구의 소 등을 제기하여 소비자의 항변권행사가 그 요건을 갖추지 못하였다는 점에 대하여 입증을 함으로써 소비자의 항변권을 소멸시켜야 한다.

판례

대법원은 "할부거래에 관한 법률 제12조 제2항(현행법 제16조 제2항)에서 매수인의 신용제공자에 대한 할부금의 지급거절권을 인정한 취지는, 할부거래에서 할부금융약정이 물품매매계약의 자금조달에 기여하고 두 계약이 경제적으로 일체를 이루는 경우에 그 물품매매계약이 해제되어 더 이상 매매대금채무가 존재하지 아니하는데도 할부거래의 일방당사자인 매수인에게 그 할부금의 지급을 강제하는 것이 형평의 이념에 반하므로, 매수인으로 하여금 매도인에 대한 항변사유를 들어 신용제공자에 대하여 할부금의 지급을 거절할 수 있는 권능을 부여한 것이라고 볼 것이다. 그러므로 이른바 간접할부계약에서 신용제공자가 물품매매계약상의 해제의 원인이 된 약정내용을 알지 못하였다고 하더라도, 매수인은 매도인과 체결한 물품매매계약을 해제하면서 신용제공자에게도 할부거래에 관한 법률 제12조 제2항에 따라 지급거절의사를 통지한 후 그 할부금의 지급을 거절할 수 있다"라고 판시하고 있다.[13]

4. 할부거래업자 또는 신용제공자의 의무

(1) 할부거래업자 또는 신용제공자는 소비자의 항변을 서면으로 수령한 경우 지체없이 그 항변권행사가 법 제16조 제1항에 해당하는지 여부를 확인하여야 한다(법 제16조 제5항).

---

13) 대법원 2006. 7. 28. 선고 2004다54633 판결.

(2) 할부거래업자 또는 신용제공자는 소비자의 항변이 법 제16조 제1항에 해당하지 아니하는 경우에는 소비자의 항변을 수령한 날로부터 할부거래업자는 5영업일, 신용제공자는 7영업일 이내에 소비자의 항변을 수용할 수 없다는 의사와 항변권의 행사가 법 제16조 제1항 각호의 어느 하나에 해당하지 아니한다는 사실을 소비자에게 서면으로 통지하여야 한다(법 제16조 제5항).

(3) 할부거래업자 또는 신용제공자가 통지기간 내에 통지를 하지 않은 경우에는 소비자의 할부금지급거절의사를 수용한 것으로 본다(법 제16조 제6항).

5. 소비자에 대한 불이익금지

할부거래업자 또는 신용제공자는 소비자가 할부금의 지급을 거절하는 경우 소비자와 분쟁이 발생하면 분쟁이 해결될 때까지 할부금지급거절을 이유로 해당 소비자를 약정한 기일 이내에 채무를 변제하지 아니한 자로 처리하는 등 소비자에게 불이익을 주는 행위를 하여서는 아니 된다(법 제16조 제7항). 이를 위반하면 500만원 이하의 과태료를 부과받을 수 있다(법 제53조 제4항).

6. 소비자가 어음이나 수표 등을 발행한 경우의 문제

소비자가 할부거래업자와 할부계약을 체결함에 있어 할부금을 담보하기 위하여 어음이나 수표 등을 발행한 경우에는 그 어음이나 수표가 제3자에게 전전유통되면 소비자의 할부거래업자 또는 신용제공자에 대한 항변이 어음법 제17조 및 수표법 제22조에 의하여 항변권행사가 절단된다. 그러므로 이에 대한 입법론상의 보완이 필요하다.

7. 이미 지급한 할부금의 반환을 청구할 수 있는지 여부

소비자의 항변권은 할부금지급을 거절할 수 있는 권리에 지나지 않으므로 소비자가 할부거래업자 또는 신용제공자에게 이미 지급한 할부금의 반환을 청구할 수는 없다. 특히 소비자가 할부거래업자에게 항변권을 행사하였으나 할부금이 이미 신용제공자에게 자동이체된 경우에 문제될 수 있다.

제 3 장 선불식 할부거래(상조)

제 1 절 상조업 현황

Ⅰ. 상조업의 개요

상조업이란 장례, 결혼 등 개인이 쉽게 치루기 힘든 가정의례행사를 대행하거나, 관련물품, 기타 서비스를 제공하는 사업을 의미한다. 서구의 문화와는 달리 이웃간의 도움을 제도적으로 연계해 온 동양사회의 문화적인 기반에서 발아된 상호부조적인 내용을 관혼상제와 연계시켜 상품화한 서비스산업인 것이다.

상조서비스거래는 소비자가 상조업체의 회원으로 가입하면서 선택한 상품의 가격을 일시 또는 분할하여 납부하고, 기한도래시 업체로부터 약속된 서비스를 제공받는 선불식 할부거래라 할 수 있다.[1)]

상조서비스가입계약은 상조회사가 불특정다수인을 상대로 모집원을 통해 회원을 모집하여 매월 일정금액의 불입금을 받은 후 이에 대한 대가로 장례와 관련된 역무 또는 물품 등을 제공할 것을 약정하는 계약으로 다음과 같은 특징이 있다.

먼저 상조서비스계약에 의하여 제공되는 상품의 내용이 물건과 서비스의 두 가지의 복합적인 구성을 가지고 있어 물건구입이라는 매매계약의 속성과 상대방의 노무를 제공받는 도급계약의 속성을 모두 가지고 있으나, 상조회사가 물품을 고르고 조달하는 서비스를 직접 수행한다는 점에서 도급계약의 성격이 강하다고 하겠다. 또한, 상조서비스가입계약은 주로 방문판매원의 가입권유로 계약이 체결된다는 점에서 방문판매 등에 관한 법률의 적용을 받으

1) 개정 전 할부거래에 관한 법률에는 선불식 할부거래에 관한 내용을 규정하지 않고 있어 대금이 완납된 경우에는 할부거래법의 적용을 받지 못하는 선납제 계약의 특성을 가진다고 볼 수 있었다.

며, 최근에는 인터넷을 통해서도 계약이 체결되고 있어 전자상거래 등에서의 소비자보호에 관한 법률의 적용도 받고 있다. 상조가입은 주로 모집원을 통해 이루어지고 모집원에 대한 수당이 지급되며, 장래의 불확정한 행사에 대비해 계약자가 매월 일정액을 적립한다는 점에서 보험계약과 유사한 측면이 있으나 다음과 같은 차이로 그 성격이 다르다고 하겠다. 즉, 상조서비스가입계약은 행사시 장례나 결혼이라는 역무제공이 급부의 목적이라는 점, 불입완료 전에 역무제공을 받을 경우에는 행사가 끝남과 동시에 남은 회비를 모두 불입하므로 역무제공시기가 큰 의미가 없다는 점에서 사고발생시 금전제공 급부를 목적으로 하고 사고발생 이후의 보험금액납입의무가 없는 보험계약과 차이가 있다.[2][3]

Ⅱ. 상조업체의 일반적 현황

선불식 할부거래업자는 2010년 9월 기준 337개이며, 총가입회원수는 약 275만명이고, 고객불입금(선수금)잔고는 약 1조 8천 5백억원이다.

선불식 할부거래업자의 총자산현황을 살펴보면, 총자산이 100억원 이상인 업체수는 23개(7.0%)이나 이 범위에 해당하는 자산총액은 6,842억원으로 전체의 69.1% 차지하고 있으며 1개 업체당 평균 자산총액은 297억원에 달한다.

---

2) 김홍석 · 전익수, "상조업에서의 소비자피해예방을 위한 공제조합설립 필요성과 운영방안", 「숭실법학논총 제23집」, 숭실대학교 법학연구소, 2010. 2, 326~328면.

3) 우리나라의 상조산업의 기원을 살펴보면, 옛부터 전해 내려오는 상부상조의 민간협동체의 활동 중 계의 일종인 혼상계의 형태를 근간으로 발전하였다. 우선 계는 조합 또는 종친회 · 사설금융기관의 성격을 띤 것으로 그 종류를 보면, 친목 · 단결을 위한 계로서 종족일문의 종계인 종중계 · 종약계 · 문중계 등이 있고, 동년자의 동갑계, 동갑의 노인의 친목을 위한 노인계, 동성자의 화수계 등이 있었다. 이는 삼한시대에까지 소급되는 공동행사의 하나로 상호부조라는 주된 목적 아래 취미 또는 생활양식의 공통분야에서 성립되는 것으로 공동 유희 · 제례 · 회음 등의 형태에서 신라시대로 접어들면서 계의 형태로 발전하게 된다. 이러한 계는 '여자들의 길쌈내기인 가배, 화랑들의 조직체인 향도' 등으로 활용되었으며, 조선 중기에 접어들면서 친목과 공제를 목적으로 한 종계, 혼상계 등이 나타났다. 그 중에서도 특히 혼상계는 공제 · 구제를 위한 계로서 혼인과 장례 등 일시적으로 많은 돈이 드는 경우를 위하여 활동되던 친목활동으로 진행되었다. 또 시흥시의 향토사료실의 1933년 포리에서 혼상계(혼인과 장례 때 상호부조하기 위한 계모임)를 조직하면서 발의한 내용과 절목 및 계원 명단을 수록한「입의론」자료를 보면 혼인시에는 호당 전문 30전씩을 부조하고, 상을 당했을 경우에는 호당 백미 한 되와 백지 1속, 양촉 2개를 부의하도록 하였다. 아울러 회의와 부조에 참여하지 않은 경우에는 상벌 1엔, 중벌 50전, 하벌 20전을 내도록 하였다. 이러한 상호부조의 정신으로 형성되고 유지 · 존속된 혼상계가 오늘날의 상조산업의 근원이 되었다(신수홍, "상조산업의 효율적 발전방안에 관한 연구", 명지대학교 석사논문, 27면).

업계현황 (단위: 개, 백만원)

구 분	10억원 미만			10억원 이상 50억원 미만	50억원 이상 100억원 미만	100억원 이상	기타*	총계
	3억원 미만	3억원 이상 10억원 미만	계					
업체수 (%)	159 (47.2)	60 (17.8)	219 (65.0)	44 (13.1)	21 (6.2)	23 (6.8)	30 (8.9)	337
자산총액 (%)	18,010 (1.8)	31,733 (3.2)	49,743 (5.0)	98,598 (10.0)	157,719 (15.9)	684,150 (69.1)	-	990,210
업체당 자산총액	113	529	227	2,241	7,510	29,746	-	2,938

* 자산총액 미기재업체(출처: 공정거래위원회 보도자료)

반면 총자산이 10억원 미만인 업체수는 219개(67.0%)이고 이 범위에 해당하는 자산총액은 497억원으로 전체의 5%에 불과하다.

제2절 선불식 할부거래(상조)업의 개념 및 적용범위

Ⅰ. 할부거래법의 개정배경

1. 배 경

그 동안 상조업은 자유업으로서 누구나 사업을 영위할 수 있었으나, 일부 업체의 경영부실이나 불건전한 운영으로 인하여 소비자들에게 피해를 주는 사례가 지속적으로 증가하였다.

상조서비스는 우리나라의 전통적인 상부상조정신에 따른 두레문화로서 이어져 왔고, 1982년 일본의 기업형 상조를 모델로 부산지역에 기업형 상조가 도입된 이후 많은 상조업체들이 설립되어 현재 우리나라에서는 매년 25만명 정도가 사망하고 있고 이에 따른 장례의 20% 정도(연간 약 5만건)를 상조서비스가 담당하고 있으나, 최근 들어 소비자피해가 지속됨에 따라 상조서비스가 퇴보하거나 기반이 붕괴될 가능성이 있어 향후 상조서비스가 건전하게 성장할 수 있는 계기를 마련하고 소비자피해를 예방하기 위한 목적으로 법 개정이 이루어진 것이다.

2. 규제취지

선불식 할부거래를 일반거래와 구별하여 특별하게 규제하는 이유는, 통상 적인 거래에서는 사업자가 상품이나 서비스를 제공하는 시기와 소비자가 대금을 지불하는 시기간에 큰 차이가 없는 것이 일반적이나, 선불식 할부거래는 소비자가 대금을 미리 지불하면서 상품이나 서비스제공은 장기간 후에 제공받게 됨에 따라 계약 당시에는 예상하지 못했던 피해를 당할 위험이 상대적으로 크다는 점에서 할부거래법에서 별도로 규제를 하고 있는 것이다.

Ⅱ. 선불식 할부거래의 개념 및 적용범위

1. 개 념

선불식 할부계약이란 계약의 명칭·형식이 어떠하든 소비자가 사업자로부터 다음 각목의 어느 하나에 해당하는 재화등의 대금을 2개월 이상의 기간에 걸쳐 2회 이상 나누어 지급함과 동시에 또는 지급한 후에 재화등의 공급을 받기로 하는 계약을 말한다(법 제2조 제2호).

① 장례 또는 혼례를 위한 용역(제공시기가 확정된 경우는 제외한다) 및 이에 부수한 재화

② 가목에 준하는 소비자피해가 발생하는 재화등으로서 소비자의 피해를 방지하기 위하여 대통령령으로 정하는 재화등

현재 법 시행령은 법 제2조 나목의 '대통령령으로 정하는 재화등'에 관한 규정을 두고 있지 않으므로, 결국 선불식 할부계약이란 소비자가 장례 또는 혼례를 위한 용역 및 이에 부수한 재화등의 대금을 미리 2회 이상 나누어 지급함과 동시에 또는 지급한 후에 상조서비스를 제공받는 계약을 말한다고 할 수 있다.

2. 적용범위

(1) 모든 선불식 할부거래가 할부거래법의 규율대상이 되는 것은 아니다.

할부거래법이 적용되는 선불식 할부거래는 장례 또는 혼례를 위한 용역 및 이에 부수한 재화등을 공급하는 경우에만 적용된다.

(2) 상조서비스업의 경우에도 선불식 할부거래에 관한 규정이 적용되지 않는 경우는 아래와 같다.[4]

① 상조서비스를 이행한 후 상조서비스의 대금을 받는 후불식 상조에 대해서는 선불식 할부거래에 관한 규정이 적용되지 않는다.

② 상조서비스의 제공시기가 지정된 경우에도 선불식 할부거래에 관한 규정이 적용되지 않는다. 예를 들어, 소비자가 상조업자와 상조서비스계약을 체결함에 있어 특정일에 상조서비스를 이행받을 것을 지정한 경우를 들 수 있다.

③ 상조업자가 장례 또는 혼례를 위한 용역 및 이에 부수한 재화를 제외한 다른 재화등, 예를 들면 여행상품, 돌 또는 회갑잔치서비스 등을 공급하는 경우에는 선불식 할부거래에 관한 규정이 적용되지 않는다.

④ 상조업자가 상조서비스에 대한 대금을 2개월 미만의 기간 동안 일시불 또는 분납하여 지급받는 경우에도 선불식 할부거래에 관한 규정이 적용되지 않는다.

3. 선불식 할부거래와 후불식 할부거래의 구별기준

할부거래법상 후불식 할부거래에 해당하기 위해서는 상조서비스를 제공하기 전에 계약금 등 대금을 일체 지급받지 않아야 한다. 다만, 2개월 미만의 기간 동안에 계약금 등을 지급받고 상조서비스를 이행하는 경우에는 선불식 할부거래에 해당하지 않는다.

(1) 상조업자가 계약금으로 일부대금을 받고 상조서비스를 이행한 후에

---

4) 다만, 이 경우 법 제2조 제1호에서 규정하고 있는 할부계약에 해당되어 할부거래에 관한 규정이 적용될 수 있다. 할부거래에 관한 규정은 제1장 일반 할부거래 참조.

나머지 대금을 받는다 하더라도 그 기간이 2개월 이상에 해당하는 경우에는 선불식 할부거래에 해당하게 된다.

(2) 홍보관 등에서 수의를 팔고 나중에 상조서비스를 해 주고 장례대금 등을 받는 경우에는 법률의 규정이 다소 명확하지는 않지만 해석상 수의는 장례에 부수한 재화에 해당하므로 그 기간이 2개월 이상이면 선불식 할부거래에 해당하게 된다.

4. 소급적용

(1) 법 부칙 제5조 제1항은 개정 할부거래법이 시행되기 전에 체결된 선불식 할부계약에 따라 선불식 할부거래업자가 수령한 선수금에 대하여는 제27조의 개정규정(선수금을 보전하기 위한 소비자피해보상보험계약의 체결)을 적용한다고 규정하고 있다.

(2) 그러므로 개정된 할부거래법이 시행되기 전에는 상조업을 하다가 개정법 시행일인 2010년 9월 18일 이후부터는 더 이상 선불식 할부거래를 하지 않는다 하더라도, 개정법 시행일 이전에 소비자로부터 지급받은 선수금에 대해서는 그 상조서비스를 다 이행할 때까지 개정 할부거래법 제27조의 규정에 따라 선수금보전조치를 하여야 하며, 이에 대해서는 선불식 할부거래에 관한 규정을 적용받는다.[5]

5. 다른 법률과의 관계

(1) 할부거래법의 우선적용

할부거래 및 선불식 할부거래에서의 소비자보호와 관련하여 이 법과 다른

5) 과거에는 상조업을 했으나 현재는 돌·회갑 등에 대한 행사만 하고, 장례·혼례는 전혀 하지 않는 경우에도 법 부칙 제5조 제1항에서 기존에 체결된 계약에 대해서도 선수금보전이나 계약해제 등이 개정된 할부거래법 적용을 받는다고 명시하고 있으므로 과거에 체결한 계약 중 상조서비스를 해 주겠다고 하여 체결한 계약에 따라 받은 대금이 있거나 대금을 받고 있으면, 현재 상조업을 영위하지 않는다 하더라도 과거에 체결된 계약이 다 이행될 때까지는 선불식 할부거래업자로서 법적용대상이 된다.

그리고 현재 상조서비스를 해 주지도 않으면서 과거 체결된 계약에 따라 대금을 계속 받고 있다면 민사상 계약불이행에 대한 손해배상은 별론으로 하더라도 가입자가 상조 이외에 다른 서비스에 대한 청약이 없는 데도 불구하고 대금을 청구하는 행위로서 금지행위에 해당될 가능성이 높다.

법률이 경합하여 적용되는 경우에는 이 법을 우선하여 적용한다. 다만, 다른 법률을 적용하는 것이 소비자에게 유리한 경우에는 그 법률을 적용한다(법 제4조).

(2) 기타 다른 법률이 적용되는 경우

① 선불식 할부거래약관을 사용하는 경우에는 약관의 규제에 관한 법률이 적용된다.

② 선불식 할부거래업자가 방송, 신문 등을 통해 광고를 하는 경우에는 표시·광고의 공정화에 관한 법률 및 중요한 표시·광고의 고시가 적용되므로 유의하여야 한다.

③ 선불식 할부거래업자가 방문판매 또는 다단계판매의 방식으로 판매활동을 할 수 있는지 여부가 문제되나, 할부거래법상 이를 금지하는 규정이 없으므로 가능하다고 해석된다. 그러나 방문판매 또는 다단계판매의 방식으로 판매활동을 하기 위해서는 방문판매 등에 관한 법률이 적용되므로 유의하여야 한다.

제 3 절 선불식 할부거래(상조)업의 등록

Ⅰ. 반드시 시·도지사에 등록하여야

1. 선불식 할부거래업자는 상법상 회사이어야 한다(법 제19조). 그러므로 상법상의 회사에 해당하는 주식회사, 유한회사, 합자회사, 합명회사 이외에 종교단체나 비영리사단법인은 선불식 할부거래업을 등록할 수 없다.

2. 선불식 할부거래업자는 주된 사무소의 소재지를 관할하는 특별시장·광역시장·도지사 또는 특별자치도지사(이하 '시·도지사'라고 한다)에게 아래 사항을 기재한 서류를 갖추어 등록하여야 한다(법 제18조 제1항).

① 상호 및 주소·전화번호·전자우편주소(영업소 및 대리점을 포함한다) 대표자의 이름·주민등록번호·주소 등이 기재된 시행규칙 별지 제1호 서식 선불식 할부거래업등록신청서

② 자본금이 3억원 이상임을 증명하는 서류
③ 제27조의 규정에 의한 소비자피해보상보험계약 등의 체결증명서류
④ 기타 총리령으로 정하는 서류(회사의 영업일을 기재한 서류[6])

3. 등록과 관련된 법률의 적용

할부거래법은 부칙 제3조에서 개정 할부거래법 시행 당시(2010년 9월 18일 기준) 선불식 할부거래를 하던 사업자에게는 6개월의 유예기간을 부여하고 있으므로 선불식 할부거래업등록과 관련하여 해석이 필요하다.

(1) 2010년 9월 18일 이전부터 선불식 할부거래업을 하고 있는 경우

부칙 제3조에 따라 2011년 3월 17일까지 등록요건을 갖추어 시·도지사에 등록을 하면 된다. 다만, 선불식 할부거래업등록에 대해서는 유예기간이 있지만, 법 제27조의 소비자피해보상보험계약 등에 대해서는 별도의 유예기간[7]을 두고 있지 않으므로 2010년 9월 18일 이전부터 선불식 할부거래업을 하고 있던 상조업자는 반드시 2010년 9월 18일까지 소비자피해보상보험계약을 체결해야 한다.[8]

(2) 2010년 9월 17일 이후 선불식 할부거래업을 하고자 하는 경우

개정 할부거래법이 시행된 2010년 9월 18일부터 선불식 할부거래업을 하려는 사업자는 법 제18조에 의거하여 시・도지사에 선불식 할부거래업등록 및 법 제27조의 소비자피해보상보험계약 등을 체결하여야만 영업을 할 수 있으며, 만일 이를 위반하고 영업을 할 경우에는 법 제48조 제1항에 따라 3년 이하의 징역 또는 1억원 이하의 벌금형에 해당하는 형사처벌을 받게 되므로 주의를 요한다.

---

6) 법인설립 이전이나 사업자등록증을 하기 전인 경우에는 담당공무원에게 발기인의 주민등록표 등본 등을 제출하는 방법으로 등록신청이 가능하다.

7) 부칙 제5조는 법 제27조의 소비자피해보상보험계약 등에 대해서는 소급적용을 규정하고 있고, 다만 선수금보전의무의 비율에 대해서만 연차적으로 증액하도록 규정하고 있을 뿐이다.

8) 선수금보전을 늦게 하기 위해 등록시기를 늦추면 소비자피해보상보험계약을 체결하지 않고 영업을 하는 행위로 처벌을 받게 됨을 주의해야 한다.

예시

Q. 선불식 할부거래업등록을 한 후 회사가 상법규정에 따라 주식회사에서 유한회사로 조직을 변경할 경우에도 다시 신규등록을 하여야 하나요?

▶ 할부거래법상 위와 같은 사유에 대한 등록의 소멸규정이 없고, 위와 같은 사유가 발생하더라도 해당 법인의 동일성이 실질적으로 달라진다고 보기 어렵기 때문에 주식회사에서 유한회사로 조직을 변경하는 경우에는 신규로 등록을 할 필요가 없다. 다만, 이미 등록한 사항 중 변경된 사항에 대해서는 법 제18조 제3항에 의하여 신고를 하여야 한다.

Ⅱ. 선불식 할부거래업을 등록할 수 없는 경우

아래와 같은 사람들은 선불식 할부거래업자로서 등록할 수 없으며(법 제20조), 선불식 할부거래업자로 등록이 되더라도 공정거래위원회는 직권으로 등록을 취소할 수 있다(법 제40조 제2항).

1. 아래 각호의 어느 하나에 해당하는 사람이 임원인 회사

① 미성년자

② 한정치산자 또는 금치산의 선고를 받은 사람

③ 파산선고를 받고 복권되지 아니한 사람

④ 할부거래법을 위반하여 징역형을 선고받고 그 집행이 끝나거나(집행이 끝난 것으로 보는 경우를 포함한다) 집행이 면제된 날부터 5년이 지나지 아니한 사람

⑤ 할부거래법을 위반하여 형의 집행유예선고를 받고 그 유예기간 중에 있는 사람

⑥ 할부거래법을 위반하여 벌금형을 선고받고 3년이 지나지 아니한 사람

2. 아래 각호의 어느 하나에 해당하는 사람이 지배주주인 회사

① 할부거래법을 위반하여 징역형을 선고받고 그 집행이 끝나거나(집행이

끝난 것으로 보는 경우를 포함한다) 집행이 면제된 날부터 5년이 지나지 아니한 사람

② 할부거래법을 위반하여 형의 집행유예선고를 받고 그 유예기간 중에 있는 사람

③ 제40조에 따라 등록이 취소된 후 5년이 지나지 아니한 회사

④ 제40조에 따른 등록취소 당시 임원 또는 지배주주였던 사람이 임원 또는 지배주주인 회사

3. 지배주주의 범위

여기서 지배주주라 함은 아래와 같다.

① 대통령령으로 정하는 특수관계인[9]과 함께 소유하고 있는 주식 또는 출자액의 합계가 당해 법인의 발행주식총수 또는 출자총액의 100분의 30 이상인 경우로서 그 합계가 가장 많은 주주 또는 출자자

② 당해 법인의 경영을 사실상 지배하는 자

(ㄱ) 단독으로 또는 다른 주주나 출자자와의 계약 또는 합의에 의하여 대표이사를 임면하거나 임원의 100분의 50 이상을 선임하거나 선임할 수 있는 자

(ㄴ) 해당 법인의 조직변경 또는 신규사업에의 투자 등 주요의사결정이나 업무집행에 지배적인 영향력을 행사하고 있는 자

---

9) 여기서 '대통령령으로 정하는 특수관계인'이라 함은 다음 각호의 어느 하나에 해당하는 자를 의미한다(시행령 제3조 제1항).

1. 지배주주가 개인인 경우에는 다음 각목의 어느 하나에 해당하는 자
   가. 배우자
   나. 8촌 이내의 혈족이나 4촌 이내의 인척
   다. 지배주주 단독으로 또는 그와 가목 및 나목의 관계에 있는 자들과 합하여 100분의 30 이상을 출자한 법인 및 그 임원
   라. 지배주주 단독으로 또는 그와 가목부터 다목까지의 관계있는 자들과 합하여 100분의 30 이상을 출자한 법인 및 그 임원
2. 지배주주가 법인인 경우에는 다음 각목의 어느 하나에 해당하는 자
   가. 임원
   나. 계열회사(「독점규제 및 공정거래에 관한 법률」 제2조 제3호에 따른 계열회사를 말한다) 및 그 임원

Ⅲ. 등록의 취소사유 등

1. 직권말소(법 제21조)

선불식 할부거래업자에게 아래 각호의 하나에 해당하는 사유가 발생하면 시·도지사는 직권으로 그 등록을 말소할 수 있다.

① 파산선고를 받은 경우

② 관할세무서에 폐업신고를 한 경우

③ 6개월을 초과하여 영업을 하지 아니하는 등 실질적으로 영업을 할 수 없다고 판단되는 경우

④ 폐업신고를 한 경우(법 제18조 제4항)

2. 직권취소(법 제40조 제2항)

(1) 필요적 취소사유

시·도지사는 선불식 할부거래업자에게 ① 거짓이나 그 밖의 부정한 방법으로 선불식 할부거래업을 등록한 경우, ② 선불식 할부거래업의 등록결격사유에 해당하는 경우에는 직권으로 그 등록을 취소하여야 한다. 다만, 직권취소를 하기 전에 반드시 사전에 청문을 하여야 한다.

(2) 임의적 취소사유

시·도지사는 선불식 할부거래업자에게 ① 소비자피해보상보험계약 등이 해지된 경우, ② 영업정지기간 중에 영업을 하는 경우에는 직권으로 그 등록을 취소할 수 있다. 다만, 직권취소를 하기 전에 반드시 사전에 청문을 하여야 한다.

(3) 등록취소 후의 영업행위 처벌

법 제40조 제2항에 의하여 선불식 할부거래업등록이 취소된 이후에도 선불식 할부거래영업을 할 경우에는 법 제48조 제1항 제1호에 의하여 3년 이하의 징역 또는 1억원 이하의 벌금에 해당하는 형사처벌을 받을 수 있다.

3. 등록취소의 간주(법 제18조 제4항 후단)

선불식 할부거래업자가 폐업신고를 하였으나, 폐업신고를 하기 전에 등록취소요건에 해당하는 경우에는 폐업신고일에 등록이 취소된 것으로 본다.

Ⅳ. 선불식 할부거래업등록을 하지 않으면 형사처벌

법 제48조 제1항은 ① 제18조 제1항을 위반하여 등록을 하지 아니하고 선불식 할부거래업을 하는 경우, ② 제40조 제2항에 따라 선불식 할부거래업 등록이 취소된 이후 선불식 할부거래업을 하는 경우, ③ 거짓이나 그 밖의 부정한 방법으로 제18조 제1항의 등록을 하고 선불식 할부거래업을 하는 경우, ④ 선불식 할부거래업자가 소비자피해보상보험계약을 체결하지 않고 영업을 하는 경우에, 3년 이하의 징역 또는 1억원 이하의 벌금에 처하도록 규정하고 있다.

이 경우 판매 또는 거래한 대금총액의 3배에 해당하는 금액이 1억원을 초과하는 때에는 3년 이하의 징역 또는 판매하거나 거래한 대금총액의 3배에 상당하는 금액 이하의 벌금에 처하도록 규정하고 있다. 또한, 이 경우에는 징역형 이외에 벌금형을 같이 선고할 수도 있다.

제 4 절 선불식 할부거래(상조)업에 대한 규제

Ⅰ. 선불식 할부거래업자의 신고의무

1. 등록사항에 변경이 있는 경우의 신고의무

선불식 할부거래업자는 등록한 사항에 변경이 있는 경우에는 총리령 별지 제3호 서식 선불식 할부거래업등록변경신고서에 그 변경사항을 증명하는 서류 및 선불식 할부거래업등록증을 첨부하여 관할 시·도지사에 신고하여야 한다.

(1) 15일 이내에 신고하여야 하는 사항

① 선불식 할부거래업자의 상호·주소·전화번호·전자우편주소

주로 선불식 할부거래업자가 회사의 주사무소를 이전한 경우에 문제될 수 있으므로 주의를 요한다.

② 선불식 할부거래업자 대표자의 이름·주민등록번호·주소

주로 대표이사가 변경된 경우에 문제되는데, 주주총회 등에서 대표이사가 변경된 경우에 실무자는 반드시 변경신고를 하여야 한다. 이 경우 신고기간의 기산점이 새로 대표이사를 선출한 날로부터인지 아니면 대표이사 변경등기를 한 날로부터인지 여부가 명확하지 않으나, 법 제18조 제1항 및 제3항의 문언상으로는 대표이사가 새로이 선출된 날로부터 기산된다고 해석된다. 특히, 대표이사가 국내에 체류하는 기간이 적은 회사나 외국계 회사의 경우에는 법인등기를 변경하는 데 많은 시간을 소요하는 경향이 있으므로 특별히 주의하여야 한다.

입법론

법 제18조 제3항에 따라 대표이사 변경신고를 하기 위해서는 통상적으로 법인등기부등본을 증빙서류로 제출하고 있고, 대표이사 변경을 신고하도록 한 취지가 소비자 등 제3자를 보호하기 위한 것이므로, 대표이사 변경등기가 경료된 날로부터 15일 이내로 개정하는 것이 적절하다.

③ 자본금

선불식 할부거래업자는 매년 회계기간이 종료된 이후 자본금의 변동이 있는 경우에는 재무제표 등을 첨부하여 이를 신고하여야 한다.

(2) 사유발생 1개월 이전에 신고하여야 하는 경우

법 제18조 제1항 제3호의 규정에 의한 소비자피해보상보험계약 등의 해지·만료 등에 따른 변경사항은 계약의 해지일·만료일 1개월 전에 그 변경사항을 증명하는 서류를 시·도지사에 제출하여야 한다.

판례

대법원은 변경신고의 성질에 대하여 "다단계판매업등록이 되어 있는 자가 상호를 변경한 경우의 변경신고는 수리를 요하는 신고라고 할 수 없어 그 수리를 하여야 변경신고의 효력이 발생하는 것이 아니므로, 그 상호를 변경한 때로부터 10일 이내에 시·도지사에게 상호변경신고서를 제출하고 그 수리가 이루어지기 전에 변경된 상호로 영업을 하였더라도 같은 법 제58조 제1호의 무등록 다단계판매조직의 개설·운영의 죄로 처벌할 수는 없다"라고 판시한 바 있다.[10]

2. 휴·폐업 또는 그 후 영업재개시 신고의무

선불식 할부거래업자가 휴업·폐업하거나 휴업한 후 영업을 재개할 경우에는 총리령 별지 서식 「휴업·폐업·영업재개신고서」를 작성하여 그 사유가 발생하기 1개월 전에 관할 시·도지사에 신고하여야 하며, 폐업할 경우에는 종전의 등록증을 첨부하여 제출하여야 한다(법 제18조 제4항).

3. 선불식 할부거래업자의 지위승계시 신고의무

법 제22조 제1항에 따라 선불식 할부거래업자의 지위를 승계한 회사는 그 지위를 승계한 날로부터 15일 이내에 총리령이 정하는 총리령 별지 서식 「선불식 할부거래업지위승계신고서」를 작성하여 지위승계사실을 증명하는 서류를 첨부하여 관할 시·도지사에 신고하여야 한다(법 제22조 제2항, 시행령 제14조 제1항, 시행규칙 제8조). 이 경우 승계해 주는 회사의 선불식 할부거래업등록증을 함께 제출하여야 한다.

4. 신고를 이행하지 않을 경우 받는 불이익

(1) 시정명령 등의 행정처분

공정거래위원회가 직권조사를 함에 있어 가장 쉽게 확인할 수 있는 것이 바로 등록사항에 변경이 발생하였음에도 불구하고 이에 대해 변경신고를 하지 않은 경우이다. 그러므로 선불식 할부거래업자의 실무자들은 각종 변경신고기간을 지나쳐 불필요한 시정명령 등의 행정처분를 받지 않도록 주의하여

---

10) 대법원 2005. 11. 24. 선고 2003도2213 판결.

야 한다.

(2) 과태료

① 위의 각종 신고를 하지 않은 경우에는 3천만원 이하의 과태료를 부과받을 수 있다(법 제53조 제2항).

② 반면에 위의 각종 신고를 거짓으로 한 경우에는 5천만원 이하의 과태료를 부과받을 수 있다(법 제53조 제1항).

(3) 영업정지사유

법 제40조 제1항은 선불식 할부거래업자가 등록사항의 변경신고의무 또는 휴·폐업 및 영업재개시 신고의무를 하지 않거나 거짓으로 신고한 행위에 대하여 공정거래위원회가 시정조치를 하였음에도 시정조치를 이행하지 않거나 위반행위가 반복되는 경우에는 시행령 제27조 별표 2에 따라 15일부터 3개월 이내의 기간을 정하여 영업정지를 명할 수 있다.

Ⅱ. 선불식 할부거래의 방식에 대한 규제

1. 소비자에 대한 설명의무

선불식 할부거래업자는 소비자와 선불식 할부계약을 체결하기 전에 아래 사항을 설명해 주어야 한다(법 제23조 제1항).

① 선불식 할부거래업자의 상호·주소·전화번호·전자우편주소·대표자의 이름

② 재화등의 종류 및 내용

③ 재화등의 가격과 그 지급방법 및 시기

④ 재화등을 공급하는 방법 및 시기

⑤ 계약금

⑥ 청약의 철회 및 계약해제의 기한·행사방법·효과에 관한 사항 및 청약철회 및 계약의 해제의 권리행사에 필요한 서식으로서 총리령 별지 제6호 서식

⑦ 소비자피해보상, 재화등에 대한 불만 및 소비자와 사업자 사이의 분쟁

처리에 관한 사항

⑧ 선불식 할부거래에 관한 약관

⑨ 그 밖에 소비자의 구매 여부 판단에 영향을 주는 거래조건 또는 소비자의 피해구제에 필요한 사항으로서 대통령령으로 정하는 사항(법 시행령 제15조)

(ㄱ) 재화등의 가격 외에 소비자가 추가로 부담하여야 할 사항이 있는 경우 그 내용 및 금액

(ㄴ) 판매일시 · 판매지역 · 판매수량 · 인도지역 등 판매조건과 관련하여 제한이 있는 경우 그 내용

(ㄷ) 선불식 할부거래업자가 선불식 할부계약의 주된 목적이 되는 재화등이 제공되기 전에 소비자에게 공급하는 재화등이 있는 경우 그 가격

2. 소비자에게 계약서를 교부하여야 할 의무

선불식 할부거래업자는 선불식 할부계약을 체결할 경우에는 위 1.항에 열거된 내용이 기재된 계약서를 소비자에게 발급하여야 한다(법 제23조 제2항). 만일 선불식 할부거래업자가 소비자에게 계약서를 발급하지 않거나 거짓으로 적은 계약서를 발급한 경우에는 법 제53조 제3항 제1호에 의거하여 1천만원 이하의 과태료를 부과받을 수 있다.

3. 선불식 할부거래계약서가 약관으로 되어 있는 경우

선불식 할부거래계약서가 약관으로 되어 있는 경우에 선불식 할부거래업자는 약관규제법에 따라 소비자에게 선불식 할부거래약관을 명시 · 교부 또는 설명해야 하는 의무를 부과하며, 할부거래법에서 특별히 규정하고 있는 사항을 제외한 나머지에 대해서는 약관규제법이 적용된다.

예 시

개정 할부거래법이 시행되기 이전에는 통상적으로 상조업자가 소비자로부터 가입신청서를 받고 나중에 약관을 보내주는 경우가 많았는데, 이와 같은 방식은 개정 할부거래법이 시행된 이후부터는 법 제23조 제2항에 위반된다.

Ⅲ. 선불식 할부계약의 청약철회 및 계약해제

1. 청약철회

(1) 청약철회를 할 수 있는 사람

청약철회라 함은 소비자가 충동적인 구매결정을 할 우려가 있는 거래분야에 대하여 소비자를 보호하기 위하여 인정된 재고기간 내지 냉각기간의 성격을 갖고 있으므로 소비자만이 청약철회를 할 수 있다.

(2) 청약철회기간

① 소비자는 선불식 할부계약서를 받은 날로부터 14일 이내에 청약철회를 할 수 있다. 여기서 '14일 이내'라 함은 소비자가 서면으로 청약철회 의사표시를 한 날을 말하므로 소비자가 청약철회를 하는 내용이 포함된 내용증명 등 서면을 14일 이내에 발송하면 되고, 14일 이내에 선불식 할부거래업자에게 도달할 것을 요하지 않으며, 청약철회의 효과는 소비자가 청약철회를 한다는 의사표시가 포함된 서면을 발송한 날부터 발생한다(법 제24조 제2, 3항).

② 다만, 아래와 같은 경우에는 그 청약철회의 기간이 연장될 수 있다.

㈀ 소비자가 선불식 할부거래업자의 주소 등이 기재되지 않은 계약서를 교부받은 경우, 또는 선불식 할부거래업자의 주소변경 등의 사유로 14일 이내에 청약철회를 할 수 없었던 경우에는, 그 주소를 안 날 또는 알 수 있었던 날로부터 14일 이내에 청약철회를 할 수 있다.

㈁ 선불식 할부거래계약서에 청약철회에 관한 사항이 적혀 있지 않은 경우에는 소비자가 청약철회를 할 수 있음을 안 날 또는 알 수 있었던 날로부터 14일 이내에 청약철회를 할 수 있다.

㈂ 선불식 할부거래업자가 소비자의 청약철회를 방해한 경우에는 그 방해행위가 종료한 날로부터 14일 이내에 청약철회를 할 수 있다.[11]

㈃ 선불식 할부거래업자가 소비자에게 선불식 할부계약서를 교부하지 않

---

11) 14일만 지나면 무조건 소비자가 청약철회를 할 수 없는 것은 아니다. 14일이 지났다 하더라도 선불식 할부거래업자가 청약철회를 방해하거나 청약철회를 할 수 있다는 사실을 알리지 않았을 경우에는 방해행위가 종료한 날이나 회원이 청약철회를 할 수 있음을 안 날부터 14일간 청약철회가 가능하다.

은 경우에는 소비자는 계약일로부터 3개월 이내에 청약철회를 할 수 있다.

(3) 청약철회가 제한되는 경우

선불식 할부계약의 경우에는 선불식 할부거래업자가 소비자에게 장래 일정한 사유가 발생하였을 경우 재화등을 공급하기로 하는 계약에 해당하므로 계약체결 이후 소비자의 행위로 인해 선불식 할부거래업자가 공급하는 재화등에 손해를 입힐 가능성 자체가 없으므로, 일반적인 할부거래와는 달리 청약철회가 제한되는 사유가 없다.

(4) 청약철회의 요건을 누가 입증하여야 하는지 여부

선불식 할부거래업자가 소비자의 청약철회를 거절하기 위해서는 소비자의 청약철회가 신청기간이 지났다는 점을 입증하여야 한다. 즉, 선불식 할부거래업자와 소비자 사이에 계약서의 발급사실과 그 시기 등에 대하여 분쟁이 있을 경우에는 선불식 할부거래업자가 이를 모두 입증하여야 한다.[12]

이와 관련하여 소비자가 계약일로부터 14일이 지난 후 3개월이 지나기 전에 선불식 할부계약서를 교부받지 못하였다고 주장하면서 청약철회를 신청할 경우에는 선불식 할부거래업자가 소비자에게 선불식 할부계약서를 교부한 사실을 입증하여야 하므로, 선불식 할부거래업자는 소비자와 계약을 체결할 당시에 반드시 선불식 할부계약서에 일자와 성명을 기재하도록 하고 서명 또는 날인을 받아두어야 한다는 점에 유의하여야 한다.

(5) 선불식 할부거래업자의 대금환급의무

선불식 할부거래업자는 소비자가 청약철회신청기간 내에 청약철회의 의사가 적힌 서면을 접수한 날로부터 3영업일 이내에 이미 지급받은 계약금 및 할부금을 환급하여야 한다(법 제24조 제5항).

만일 선불식 할부거래업자가 소비자에게 계약금 및 할부금의 환급을 지연하는 경우에는 그 지연기간에 따라 연 100분의 20에 상당하는 지연배상금을

---

12) 소비자에게 계약서를 교부하고 사업자가 보유하고 있지 않은 경우에 계약서발급사실이나 시기, 내용 등에 대하여 회원과 다툼이 발생하면 사업자에게 입증책임이 있으며, 회원이 계약서를 받지 못했다고 주장할 경우 사업자가 이를 입증하지 못할 경우에 회원의 주장을 수용해야 한다.

해당 소비자에게 지급하여야 한다.

(6) 청약철회권의 포기약정

할부거래업자와 소비자가 개별약정이나 약관을 통해서 청약철회권을 포기하거나 제한할 것을 약정한 경우 그 약정은 할부거래법의 규정보다 소비자에게 불리한 것으로서 무효이다(법 제43조).

(7) 과태료

선불식 할부거래업자가 소비자의 적법한 청약철회에도 불구하고 3영업일 이내에 계약금, 할부금 또는 지연배상금을 환급하지 않은 경우에는 법 제53조 제3항 제2호에 의하여 1천만원 이하의 과태료를 부과받을 수 있다.

선불식 할부거래업자들이 법률의 규정을 숙지하지 못하여 3영업일이라는 환급기간을 준수하지 않거나 지연배상금을 지급하지 않아 이를 이유로 공정거래위원회로부터 시정명령과 과태료부과처분을 받게 되는 사례가 많으므로 각별한 주의를 요한다.

2. 소비자의 계약해제

(1) 행사시기

소비자는 청약철회가 가능한 기간 동안은 청약철회를 하는 것이 유리하므로 계약해제권은 청약철회기간이 지난 후 상조서비스를 제공받기 전까지는 언제든지 선불식 할부계약을 해제할 수 있다. 또한, 개정 할부거래법이 시행되기 이전(2010년 9월 18일 이전)에 체결된 선불식 할부계약에 대하여도 개정 할부거래법이 적용된다(부칙 제4조).

(2) 선불식 할부거래업자의 대금환급의무

선불식 할부거래업자는 선불식 할부계약이 해제된 경우에는 해제된 날부터 3영업일 이내에 이미 지급받은 대금에서 위약금을 뺀 금액을 소비자에게 환급하여야 한다. 이 경우 선불식 할부거래업자가 환급을 지연한 때에는 그 지연기간에 따라 지연배상금을 함께 환급하여야 한다(법 제25조 제4항).

예 시

표준약관 또는 자체약관에서 해약시 10일 내에 환급하도록 규정되어 있다 하더라도 법 제25조 제4항은 강행규정이고, 법 제43조는 이 법에서 규정한 것 보다 소비자에게 불리한 약정은 효력이 없다고 규정하고 있으므로, 선불식 할부거래업자는 소비자의 계약해제시 3영업일 내에 환급해야 하고 이를 지연할 경우에는 지연이자를 합하여 환급해야 한다.

(3) 과다한 위약금의 청구금지

① 선불식 할부거래업자는 소비자가 계약을 해제한 경우에 소비자에게 해제로 인한 손실을 초과하는 위약금을 청구하여서는 아니 된다(법 제25조 제2항).

② 할부거래법은 공정거래위원회로 하여금 총리령으로 정하는 바에 따라 위약금 및 대금의 환급에 대한 산정기준을 정하여 고시할 수 있다고 규정하고 있고, 이에 법 시행규칙 제10조는 공정거래위원회는 위약금 및 대금의 환급에 관한 산정기준을 정하는 경우에 ㉠ 소비자계약해제권의 실질적 보장가능성과 ㉡ 선불식 할부거래업자가 선불식 할부계약체결 및 영업관리를 하는데 드는 비용을 고려하여 한다고 규정하고 있다.

③ 그러나 아직까지 공정거래위원회는 이에 대해 별도로 고시를 하지 않고 있으므로 위약금 및 대금의 환급에 대한 산정기준은 표준약관을 사용하는 경우에는 표준약관에 따라야 한다.

(4) 위약금을 청구할 수 없는 경우

소비자는 선불식 할부거래업자가 ① 휴업 또는 폐업신고를 한 때, ② 영업정지처분을 받은 때, ③ 등록이 취소되거나 말소된 때, ④ 「은행법」에 따른 은행으로부터 당좌거래의 정지처분을 받은 때, ⑤ 파산 또는 화의개시의 신청이 있는 때의 사유가 있는 경우에는 언제든지 선불식 할부계약을 해제할 수 있고, 이 경우에 선불식 할부거래업자는 계약해제의 사유가 선불식 할부거래업자에게 있는 것이므로 소비자에게 위약금을 청구할 수 없다(법 제25조 제3항).

(5) 휴업기간 등에서의 업무처리의무

선불식 할부거래업자는 그 휴업기간 또는 영업정지기간 중에도 계약의 해제업무를 계속하여야 한다(법 제32조).

(6) 과태료

① 소비자가 계약해제를 하였을 경우 선불식 할부거래업자가 소비자에게 대금 또는 지연배상금을 환급하지 아니하거나 과다한 위약금을 청구할 경우에는 1천만원 이하의 과태료를 부과받을 수 있다(법 제53조 제3항 제3호).

② 선불식 할부거래업자가 그 휴업기간 또는 영업정지기간 중에도 계약의 해제업무를 계속하지 않는 경우에도 1천만원 이하의 과태료를 부과받을 수 있다(법 제53조 제3항 제4호).

3. 선불식 할부거래업자의 계약해제

(1) 계약해제사유

선불식 할부거래업자는 소비자가 대금지급의무를 이행하지 아니하면 선불식 할부계약을 해제할 수 있다(법 제26조 전문). 또한, 개정 할부거래법이 시행되기 이전(2010년 9월 18일 이전)에 체결된 선불식 할부계약에 대하여도 개정 할부거래법이 적용된다(부칙 제4조).

입법론

할부거래법 제25조는 소비자의 계약해제권을 보장하는 규정을 두고 있지만, 계약해제권행사의 구체적인 절차에 관한 규정을 두고 있지 않아 소비자가 계약해제권을 행사함에 있어 선불식 할부거래업자와 분쟁이 발생할 소지가 있다. 그러므로 소비자의 계약해제권행사절차에 대해서도 법 제24조 제2, 3, 4항의 규정을 준용하거나 필요한 절차규정을 신설하는 것이 바람직하다.

(2) 계약해제의 절차

선불식 할부거래업자는 소비자에게 계약해제의 의사표시를 하기 전에 반드시 14일 이상의 기간을 정하여 소비자에게 이행할 것을 서면으로 최고하여야 한다(법 제26조 후문).

만일 선불식 할부거래업자가 소비자에게 계약해제최고를 함에 있어 14일 미만의 기간을 정하여 소비자에게 최고를 한 경우에 계약해제가 적법한지 여부가 문제될 수 있다. 법 제26조 후문에서 14일 이상의 최고기간을 두도록 한 것은 소비자가 일시적인 경제적인 어려움이나 기타 사정 등으로 인하여 갑자기 선불식 할부계약이 해제당하는 것을 방지하기 위한 규정이므로 선불식 할부거래업자가 14일 미만의 기간을 정하여 최고를 하고 계약해제를 하였다면 계약해제는 무효라고 해석하는 것이 타당하다.

(3) 법 제25조 제4, 5항의 유추적용

법 제25조 제4항 및 제5항은 소비자가 계약해제권을 행사한 경우에만 적용되는 것이 아니라, 그 성질상 선불식 할부거래업자가 법 제26조에 따라 계약을 해제한 경우에도 적용된다고 해석하는 것이 타당하다.

그러므로 선불식 할부거래업자가 제26조에 따라 계약을 해제한 경우에도 선불식 할부거래업자는 법 제25조 제4항에 따라 3영업일 이내에 이미 지급받은 대금에서 위약금을 뺀 금액을 소비자에게 환급하여야 한다. 이 경우 선불식 할부거래업자가 환급을 지연한 때에는 그 지연기간에 따라 지연배상금을 함께 환급하여야 한다(법 제25조 제4항).

이 경우 위약금의 금액을 어떻게 정할 것인지 여부가 문제될 수 있으나, 아직까지 위약금 및 대금의 환급에 대한 산정기준에 관한 공정거래위원회의 고시가 제정되지 않았으므로 표준약관을 사용하는 경우에는 표준약관에 따라야 할 것이다.

입법론

법 제26조는 선불식 할부거래업자의 계약해제권에 대해 규정하고 있을 뿐, 계약해제권행사의 효과에 대해서는 아무런 규정이 없다. 선불식 할부거래업자가 소비자의 할부금연체로 인하여 계약해제권을 행사할 경우 위약금의 액수와 관련하여 선불식 할부거래업자와 소비자 사이에 분쟁이 발생할 가능성이 많으므로, 법 제25조와 제26조를 통합하여 규정하되 위약금의 액수에 대해서는 별도의 고시를 통하여 정하는 것이 바람직하다.

Ⅳ. 선불식 할부거래업자의 영업상 의무

1. 거래기록 등의 열람의무

선불식 할부거래업자는 소비자가 재화등의 거래기록 등을 방문·전화 또는 인터넷 등을 통하여 즉시 열람할 수 있도록 필요한 조치를 하여야 하고, 소비자가 우편 등의 방법으로 열람할 수 있도록 요청하는 경우 3영업일 이내에 관련자료를 발송하여야 한다(법 제33조, 시행령 제21조).

만일 선불식 할부거래업자가 소비자의 열람에 제공하는 재화등의 거래기록·소비자피해보상보험계약 등의 체결내용을 거짓으로 작성한 경우에는 법 제53조 제2항 제4호에 의하여 3천만원 이하의 과태료를, 소비자가 열람할 수 있도록 하지 않은 경우에는 법 제53조 제3항 제5호에 의하여 1천만원 이하의 과태료를 부과받을 수 있다.

2. 소비자피해보상보험계약 등의 체결의무[13)]

(1) 법 제27조 제1항의 규정

선불식 할부거래업자가 제18조에 따라 등록할 경우 소비자로부터 선불식 할부계약과 관련되는 재화등의 대금(이를 '선수금'이라 한다)으로서 미리 수령한 금액을 보전하기 위하여 소비자피해보상보험계약을 체결하여야 한다.

(2) 소비자피해보상보험계약 등의 종류

소비자피해보상보험계약의 종류에는 ① 소비자피해보상을 위한 보험계약, ② 소비자피해보상금의 지급을 확보하기 위한 은행법에 따른 은행과의 채무지급보증계약, ③ 소비자피해보상금의 지급을 확보하기 위한 예치기관과의 예치계약, ④ 공제조합과의 공제계약이 있다. 위 4가지 소비자피해보상보험계약 중 현재 보험회사와의 보험계약을 제외한 나머지 3개의 소비자피해보상보험계약이 시행되고 있다(상세한 내용은 후술).

13) 소비자피해보상보험계약에 대한 상세한 내용은 본장 V. 소비자피해보상보험계약 등을 참고.

(3) 소비자피해보상보험계약을 체결하지 않고 영업할 경우

법 제27조 제1항에서 규정하고 있는 소비자피해보상보험계약 등의 체결 의무는 선불식 할부거래업에 대한 핵심규제에 해당하므로, 이를 체결하지 않고 선불식 할부거래업을 할 경우에는 3년 이하의 징역 또는 1억원 이하의 벌금을 부과받을 수 있다(법 제48조 제1항 제1호, 제2호).

3. 금지행위

(1) 강요행위 등

① 소비자에게 계약의 체결을 강요하는 행위(법 제34조 제1호)

예시

욕설, 인신모독, 감금 또는 계약체결을 조건으로 귀가를 시켜준다고 위협하는 등의 행위로 계약체결을 강요하는 행위

이를 위반할 경우 1년 이하의 징역 또는 3천만원 이하의 벌금형에 해당하는 형사처벌을 받을 수 있다(법 제50조 제1항 제2호).

② 상대방의 청약이 없음에도 재화등의 대금을 청구하는 행위(법 제34조 제5호)

이를 위반할 경우 1천만원 이하의 벌금형에 해당하는 형사처벌을 받을 수 있다(법 제51조 제1호).

③ 소비자가 계약을 체결할 의사가 없음을 밝혔음에도 불구하고 전화, 팩스, 컴퓨터통신 등을 통하여 계약체결을 강요하는 행위(법 제34조 제6호)

선불식 할부거래업자가 이를 위반하더라도 별도의 처벌규정이 없어 형사처벌의 대상은 되지 않으나, 공정거래위원회로부터 시정명령 등의 행정처분을 받을 수 있다.

(2) 기만적 방법 사용금지 등[14](법 제34조 제2호)

① 소비자에게 거짓·과장된 사실을 알려 거래를 유도하는 행위

선불식 할부거래업자가 방송, 신문 등의 매체에 광고함에 있어 거짓, 과장

14) 이 규정은 선불식 할부거래업자가 거짓 또는 과장된 사실을 알리거나 기만적으로 판매하는

된 사실을 표시하는 경우에는 표시·광고의 공정화에 관한 법률과 본 조항이 같이 적용된다.

② 소비자에게 기만적인 방법을 사용하여 거래를 유도하는 행위

여기서 '기만적인 방법'이라 함은 소비자로 하여금 착오를 일으키게 하는 일체의 행위를 의미하며, 그 착오는 사실에 관한 것이거나 법률관계에 관한 것이거나 법률효과에 관한 것이거나를 묻지 않고 그 수단과 방법에도 제한이 없으며, 널리 소비자에게 재화등을 판매함에 있어 지켜야 할 신의칙에 반하는 행위로서 소비자로 하여금 착오를 일으키게 하는 것을 의미한다고 해석해야 한다.

이 경우 형법 제347조 제1항 사기죄와의 관계는 그 입법목적과 대상이 다르므로 실체적 경합관계에 해당하여 중한 죄에 1/2을 가중하여 처벌받을 수 있다.

(3) 청약철회방해 등

① 청약의 철회 또는 계약의 해제를 방해할 목적으로 상대방을 위협하는 행위 (법 제34조 제1호)

예 시

소비자가 계약체결 후에 청약철회 등의 의사를 통보하자, 사업자가 신용불량 운운하며 청약철회 등을 거부하는 행위

이를 위반할 경우 1년 이하의 징역 또는 3천만원 이하의 벌금형에 해당하는 형사처벌을 받을 수 있다(법 제50조 제1항 제2호).

② 기만적인 방법을 사용하여 상대방의 청약의 철회 또는 계약의 해제를 방해하는 행위(법 제34조 제2호)

여기서의 '기만적인 방법'이라 함은 소비자로 하여금 착오를 일으키게 하

방법이 소비자가 접할 수 있는 거의 유일한 정보인 경우가 많아 심리적으로 취약한 노약자, 미성년자 등이 청약을 하는 경우가 많고 청약의 철회, 계약의 해제 등도 어려워 법 제34조 제2호에서 금지행위로 규정한 것이다. 이를 위반할 경우 1년 이하의 징역 또는 3천만원 이하의 벌금형에 해당하는 형사처벌을 받을 수 있다(법 제50조 제1항 제2호).

는 일체의 행위를 의미하며, 그 착오는 사실에 관한 것이거나 법률관계에 관한 것이거나 법률효과에 관한 것이거나를 묻지 않고 그 수단과 방법에도 제한이 없으며, 널리 소비자에게 재화등을 판매함에 있어 지켜야 할 신의칙에 반하는 행위로서 소비자로 하여금 착오를 일으키게 하는 것을 의미한다.

이를 위반할 경우 1년 이하의 징역 또는 3천만원 이하의 벌금형에 해당하는 형사처벌을 받을 수 있다(법 제50조 제1항 제2호). 이 경우 형법 제347조 제1항 사기죄와의 관계는 그 입법목적과 대상이 다르므로 실체적 경합관계에 해당하여 중한 죄에 1/2을 가중하여 처벌받을 수 있다.

유사심결례

공정거래위원회 2005구사1022

피심인은 2003년 3월부터 2005년 6월 현재까지 온라인상으로 다단계판매원이 상품을 구매할 경우 소비용과 판매용으로 구분하여 선택하도록 하고, 다단계판매원이 소비용으로 선택한 구매실적을 수당이나 직급 승급에 반영시키고 있음에도, 이들이 청약철회를 하는 경우에는 다단계판매원의 청약철회기간인 3개월이 아닌 소비자의 청약철회기간인 14일을 적용하는 등 기만적인 방법으로 다단계판매원의 청약철회를 방해한 사실이 있다.

공정거래위원회 2006특수1212

피심인은 자사의 환불 및 철회규정과 판매원관리규정에 다단계판매원이 청약철회를 할 경우 자동으로 자격을 상실하도록 규정하고 있다. 청약철회를 하면 다단계판매원의 자격을 자동 상실하게 하는 행위는 결국 다단계판매원으로 하여금 청약철회를 하지 못하게 하거나 방해하는 행위로 인정되므로, 이는 법 제17조 제2항의 다단계판매원의 청약철회권리(계약한 날로부터 3월 이내)를 사실상 제한하는 것으로서 다단계판매원을 기만하는 행위라 볼 수 있다.

③ 청약의 철회 또는 계약의 해제를 방해할 목적으로 주소·전화번호 등 변경하는 행위(법 제34조 제3호)

여기서 '방해할 목적'은 형사처벌의 구성요건에 해당하므로 수사기관이나 공정거래위원회는 선불식 할부거래업자가 소비자의 청약철회 또는 계약해제를 방해할 목적으로 주소 등을 변경하였다는 사실을 입증하여야 하나, 현실적으로 방해할 목적 또는 이를 인정할 수 있는 간접사실들을 증명하기가 곤란하므로 이 규정은 사실상 사문화되어 있는 상태이다.

이 규정을 위반할 경우 1년 이하의 징역 또는 3천만원 이하의 벌금형에 해당하는 형사처벌을 받을 수 있다(법 제50조 제1항 제2호).

④ 분쟁이나 불만처리에 필요한 인력 또는 설비가 부족한 상태를 상당기간 방치하여 소비자에게 피해를 주는 행위(법 제34조 제4호)

이 규정은 선불식 할부거래업자가 소비자 또는 다단계판매원의 청약철회, 계약의 해제 등을 함에 있어서 소비자와의 분쟁이나 불만처리를 위하여 신속하게 대응을 할 수 있는 인력[15] 또는 설비[16]를 갖추고 분쟁처리 등을 하여야 하나, 이를 갖추지 않거나 상당기간 방치하여 연락이 불가능하도록 하여 청약철회 등을 어렵게 함으로써 소비자피해를 야기하는 행위를 규제하기 위한 것이다.

예 시

- 상담원이 부족하여 소비자가 통상의 경우 상담원과 통화할 수 없거나, ARS 등을 통해 여러 단계를 거치게 하면서 결국 상담원과는 통화가 되지 않도록 기술적 장치를 하는 경우
- 소비자가 선불식 할부거래업자 또는 그 직원과 전화통화가 이루어지지 않아 자동안내된 콜백안내에 따라 자신의 전화번호를 남겼음에도 불구하고, 사업자가 3영업일 이내에 전화를 하지 않는 경우(다만, 소비자가 전화번호를 잘못 남겼거나 소비자의 부재 등으로 인하여 부득이하게 연락이 지연된 경우는 제외)

선불식 할부거래업자가 이를 위반하더라도 별도의 처벌규정이 없어 형사처벌의 대상은 되지 않으나, 공정거래위원회로부터 시정명령 등의 행정처분을 받을 수 있다.

15) 환불담당자 등.
16) 전화, FAX 등.

입법론

정상적인 영업활동을 하는 선불식 할부거래업자의 경우에는 당연히 소비자와의 분쟁이나 불만처리에 필요한 인력을 두고 있는 것이 대부분이므로, 실제 이러한 인력이나 설비를 갖추고 있지 않은 선불식 할부거래업자는 사실상 영업을 중단하거나 정상적인 영업을 하지 않는 회사가 많을 것이다. 그러므로 이러한 경우에는 시정명령 등 행정처분만으로는 소비자피해를 줄이거나 예방하기 곤란하므로 형사처벌규정을 신설하는 것이 바람직하다.

⑤ 소비자가 계약을 해제하였음에도 불구하고 정당한 사유 없이 이에 따른 조치를 지연하거나 거부하는 행위(법 제34조 제10호)

소비자가 계약을 해제한 경우에 선불식 할부거래업자는 위약금을 제외한 나머지 계약금 및 할부금을 3영업일 이내에 소비자에게 환급하여야 함에도 불구하고 이를 지연하거나 거부하는 행위를 의미한다. 여기서 '정당한 사유'가 있는지 여부에 대해서는 선불식 할부거래업자가 입증하여야 한다.

이 규정을 위반할 경우 1천만원 이하의 벌금형에 해당하는 형사처벌을 받을 수 있다(법 제51조 제2호).

⑥ 청약의 철회 또는 계약의 해제와 관련하여 분쟁이 발생한 경우 대금을 지급받기 위하여 소비자에게 위계를 사용하거나 위력을 가하는 행위(법 제34조 제11호)

이 규정을 위반할 경우 1년 이하의 징역 또는 3천만원 이하의 벌금형에 해당하는 형사처벌을 받을 수 있다(법 제50조 제1항 제2호).

(4) 소비자피해보상보험계약 등을 체결하지 않고 영업하는 행위 등

① 소비자피해보상보험계약을 체결하지 않고 영업하는 행위

할부거래법 제27조는 소비자가 선불식 할부거래업자에게 납부한 선수금을 제도적으로 보장하기 위하여 선불식 할부거래업자에게 소비자피해보상보험계약 등(보험회사와의 보험계약, 금융기관과의 채무지급보증계약, 예치기관과의 예치계약, 공제조합과의 공제계약)의 체결을 의무화하고 있고, 소비자피해보상보험계약을 체결하지 않고 영업하는 행위를 엄격하게 금지하고 있다(법 제34조 제7호).

이 규정을 위반할 경우 3년 이하의 징역 또는 1억원 이하의 벌금형에 해당하는 형사처벌을 받을 수 있다(법 제48조 제1항 제2호).

유사심결례

공정거래위원회 2003특보1485

방문판매법 제23조 제1항 제12호는 동법 제34조의 규정에 의한 소비자피해보상보험 등을 체결하지 아니하고 영업하는 행위를 금지하고 있는바, 피심인이 방문판매법 제34조의 규정에 의한 소비자피해보상보험 등이 해지되었음에도 불구하고 다단계판매업을 계속하고 있는 행위는 방문판매법 제23조 제1항 제12호에 위반된다.

② 소비자피해보상보험계약을 체결하지 아니하였음에도 불구하고 소비자피해보상보험계약 등을 체결한 사실을 나타내는 표지나 이와 유사한 표지를 제작 또는 사용하는 행위(법 제34조 제8호)

이 금지규정은 소비자피해보상보험계약을 체결하지 않은 선불식 할부거래업자가 마치 소비자피해보상보험계약 등을 체결한 것처럼 광고하거나 표시하는 경우에 소비자들의 피해를 예방하기 위한 규정이다. 그러나 이 금지규정은 그 주체가 '선불식 할부거래업자'라고 규정하고 있고, 선불식 할부거래업자는 법 제18조에 따라 선불식 할부거래업을 등록하기 위해서는 반드시 소비자피해보상보험계약 등의 체결증빙서류를 제출하여야 하므로, 결국 미등록 선불식 할부거래업자가 소비자피해보상보험계약 등을 체결한 것처럼 광고하거나 표시한 경우에만 적용되며, 이 경우에는 미등록 선불식 할부거래행위(법 제48조 제1항 제1호에 의해 3년 이하의 징역 또는 1억원 미만의 벌금)와 본조가 경합 적용된다고 할 것이다.

이 규정을 위반할 경우 1년 이하의 징역 또는 3천만원 이하의 벌금형에 해당하는 형사처벌을 받을 수 있다(법 제50조 제1항 제2호).

입법론

법 제34조 제8호는 '미등록 선불식 할부거래업자[17]가 소비자피해보상보험계약 등을 체결한 것처럼 표시하거나 광고하는 행위'를 금지하고 있으나 이러한

17) 선불식 할부거래업자에 해당하는지 여부는 등록 여부를 불문하고 법 제2조 선불식 할부거래의 정의에 해당하는지 여부에 따라 판단하여야 한다.

행위는 법 제48조 제1항 제1호에 의하여 엄격히 규제하고 있다. 그러므로 '선불식 할부거래업자가 소비자피해보상보험계약 등을 체결하였으나 그 계약이 해지된 후에도 마치 소비자피해보상보험계약 등을 체결한 것처럼 표시 또는 광고하는 행위'를 금지하기 위해서는 '체결'이 아니라 '체결 또는 유지'로 개정하는 것이 바람직하다.[18)]

③ 선불식 할부거래업자가 소비자피해보상보험계약 등을 체결 또는 유지하는 경우 선수금 등의 자료를 제출함에 있어 거짓의 자료를 제출하는 행위(법 제27조 제9항)

선불식 할부거래업자가 소비자피해보상보험계약 등을 체결 또는 유지하기 위해서는 선수금 등의 자료를 제출하여야 하고, 선수금의 규모 등은 소비자피해보상보험계약을 체결함에 있어 가장 핵심적인 자료이다. 그러므로 선불식 할부거래업자가 소비자피해보상보험계약 등을 체결함에 있어 선수금 등에 관한 자료를 거짓으로 제출함으로써 소비자피해보상보험계약을 부실화시키는 것을 금지하기 위한 취지이다.

이 규정을 위반할 경우 1년 이하의 징역 또는 3천만원 이하의 벌금형에 해당하는 형사처벌을 받을 수 있다(법 제50조 제1항 제1호).

(5) 소비자에 관한 정보를 임의로 이용하는 행위

① 선불식 할부거래업자는 본인의 허락을 받지 아니하거나 허락받은 범위를 넘어 소비자에 관한 정보를 이용(제3자에게 제공하는 경우를 포함한다)하는 행위를 해서는 안 된다(법 제34조 제9호).

② 다만, ㉠ 재화등의 배송 등 소비자와의 계약의 이행에 불가피한 경우로서 재화등의 배송 또는 전송을 업으로 하는 자에게 소비자에 대한 정보를 제공하는 경우, ㉡ 소비자와의 계약을 이행하기 위하여 재화등의 설치, 사후

---

18) 만일 선불식 할부거래업자가 소비자피해보상보험계약을 체결 후 계약기간이 지나 해지된 상태에서 선불식 할부거래영업을 할 경우에, 법 제34조 제7호(소비자피해보상보험계약 등을 체결하지 아니하고 영업하는 행위)에 해당하는지 여부가 문제될 수 있다. 그러나 죄형법정주의에 따른 유추해석금지의 원칙상 '소비자피해보상보험계약 등의 체결'에는 '소비자피해보상보험계약 등을 유지'하는 것까지 포함된다고 해석하기는 어렵다. 이 경우 소비자피해의 가능성이 더 많음에도 불구하고 시정명령 등의 행정처분으로는 그 실효성을 확보하기 어렵다는 점에서 방문판매 등에 관한 법률개정안과 같이 법 제34조 제7호와 제8호의 '체결'을 '체결 또는 유지'로 개정함으로써 형사처벌의 대상에 포함시켜야 할 것이다.

서비스, 그 밖에 약정한 서비스의 제공을 업으로 하는 자에게 소비자에 관한 정보를 제공한 경우, ㉢ 소비자피해보상보험계약 등을 체결한 지급의무자에게 소비자에 관한 정보를 제공하는 경우, ㉣ 재화등의 거래에 따른 대금정산을 위하여 필요한 경우, ㉤ 도용을 방지하기 위하여 본인임을 확인할 때 필요한 경우로서 전기통신사업법에 따른 기간통신사업자, 신용정보의 이용 및 보호에 관한 법률에 따른 신용정보회사, 해당 거래에 따른 대금결제와 직접 관련된 결제업자, 법령에 따라 인·허가를 받아 도용방지를 위한 실명확인을 업으로 하는 자, ㉥ 다른 법률에 따라 불가피한 사유가 있는 경우에는 예외적으로 허용된다(법 제34조 제9호 단서. 법 시행령 제22조).

③ 또한, 선불식 할부거래업자는 소비자가 미성년자인 경우 법정대리인의 동의 여부를 확인하기 위하여 소비자의 정보를 이용할 수 있다(법 시행령 제22조 제2항 제2호).

④ 선불식 할부거래업자가 이 규정을 위반하더라도 별도의 처벌규정이 없어 형사처벌의 대상은 되지 않으나, 공정거래위원회로부터 시정명령 등의 행정처분을 받을 수 있다.

(6) 소비자의 양도·양수를 제한하는 행위 등

① 선불식 할부거래업자가 자신이 공급하는 재화등을 소비자가 양도·양수하는 것을 상당한 이유 없이 제한하거나 양도·양수함에 있어 과다한 비용을 부과하는 행위를 해서는 안 된다(법 제34조 제12호).

② 선불식 할부거래업자가 소비자와 체결하는 선불식 할부계약서에 소비자의 상조서비스양도를 금지하는 조항이 있고 이에 대해 소비자에게 고지하였다면 선불식 할부계약서가 약관규제법 등에 위반되지 않는 이상 상당한 이유가 있다고 해석될 수 있다. 또한, 선불식 할부계약서에 소비자가 상조서비스를 양도할 경우에 일정한 비용을 부담하도록 하는 조항이 있는 경우에도 동일하게 해석될 수 있다. 그러므로 '상당한 이유'의 의미가 무엇인지, 그리고 '과다한 비용'의 범위가 얼마를 의미하는지에 대하여 위임규정을 신설하여 시행령이나 시행규칙에 추가하는 것이 필요하다.

③ 선불식 할부거래업자가 이 규정을 위반하더라도 별도의 처벌규정이 없어 형사처벌의 대상은 되지 않으나, 공정거래위원회로부터 시정명령 등의 행정처분을 받을 수 있다.

(7) 타인에 대한 명의대여 또는 상호사용금지 등

① 선불식 할부거래업자가 다른 사람에게 자기의 명의 또는 상호를 사용하여 선불식 할부거래업을 하게 하거나 선불식 할부거래업등록증을 대여하는 행위를 해서는 안 된다(법 제34조 제13호).

② 본 금지규정 중 선불식 할부거래업자가 다른 사람에게 선불식 할부거래업등록증을 대여하는 행위에 대해서는 해석상 다툼의 여지가 없을 것으로 보인다. 그러나, '자기의 명의 또는 상호를 사용하여 선불식 할부거래업을 하게 하는 행위'의 범위에 대해서는 그 의미가 명확하지 않다.

③ 즉, 문언상 법 제34조 제13호에 해당하기 위해서는 ㉠ 선불식 할부거래업자가 제3자에게 자기의 명의 또는 상호를 사용하게 할 것과 ㉡ 선불식 할부거래업자의 명의 또는 상호를 사용하는 제3자가 선불식 할부거래업을 할 것이라는 2가지 요건을 갖추어야 하는 것으로 해석되는데, 제3자가 선불식 할부거래업자의 명의 또는 상호를 사용하여 단지 회원만을 모집하고 장례 또는 혼례를 위한 용역 등은 선불식 할부거래업자가 이행하는 경우에도 본 조항이 적용될 수 있는지 여부가 문제된다. 공정거래위원회는 선불식 할부거래업자가 가맹점이나 모집위탁 또는 중개계약 등을 통해 회원을 모집하는 행위 등을 규제하고자 하는 취지로 해석하고 있지만, 선불식 할부거래업자가 제3자와의 위탁계약 등을 통해 제3자로 하여금 회원만을 모집하게 하는 경우에는 제3자가 '선불식 할부거래업을 하게 하는 행위'에 해당한다고 해석하기에는 명확하지 않은 것으로 해석된다.

④ 이 규정을 위반할 경우 1년 이하의 징역 또는 3천만원 이하의 벌금형에 해당하는 형사처벌을 받을 수 있다(법 제50조 제1항 제2호).

Ⅴ. 소비자피해보상보험계약 등

1. 의의 및 취지

(1) 의 의

할부거래법 제27조 제1항은 선불식 할부거래업자에게 법 제27조 제4항 각 호에 기재된 사유(폐업, 은행으로부터 당좌거래의 정지처분, 등록의 말소 및 취소, 파산선고, 회생절차개시결정 등)가 발생하는 경우 선수금[19]을 보전하기 위하여 선불식 할부거래업자로 하여금 보험회사와의 보험계약, 은행과의 채무지급보증계약, 예치기관과의 예치계약 또는 공제조합과의 공제계약을 체결하도록 의무화하고 있으며, 이를 소비자피해보상보험계약이라고 한다(법 제27조 제1항).

소비자피해보상제도란 소비자가 판매자와의 거래과정에서 입은 피해를 은행이나 보험사 또는 공제조합 등이 소비자에게 납입대금, 반대급부 등을 대신 지급하거나 이행하는 제도를 의미한다. 즉, 소비자가 선불식으로 납입금을 지급한 후 판매자가 폐업, 자금부족 등으로 그 대금을 환불하거나 용역을 이행할 능력이 없을 때 소비자는 피해액을 보상받기가 어려워지므로, 이러한 경우를 대비하여 업체들이 의무적 또는 자율적으로 소비자보상을 위한 보험에 가입하도록 하는 제도를 의미한다. 현재 소비자피해보상보험계약체결을 의무화하고 있는 대표적인 법률로는 할부거래법 이외에도 방문판매 등에 관한 법률 제34조와 전자상거래 등에서의 소비자보호에 관한 법률 제24조를 들 수 있다. 위 두 법률에서는 소비자피해보상의 유형으로서 소비자피해보상을 위한 보험계약, 은행과의 채무지급보증계약, 공제조합과의 공제계약을 규정하고 있다.

(2) 취 지

선불식 할부거래업자로 하여금 소비자피해보상보험계약 등을 체결하도록 의무를 부과한 취지는 선불식 할부거래업자에게 법 제27조 제4항 각호에 해당하는 사유가 발생하여 장례 또는 혼례에 관한 용역서비스를 제공받지 못하게 될 경우, 소비자가 그 동안 선불식 할부거래업자에게 납부하였던 선수금을 보전함으로써 소비자피해를 예방하기 위한 것이다.[20)]

---

19) 선불식 할부거래에 있어 선수금이라 함은 "선불식 할부거래업자가 선불식 할부계약과 관련하여 소비자로부터 재화등의 대금으로서 미리 수령한 금액"을 의미한다.

20) 공정거래위원회의 여러 심결례에서 나타나듯이 상조업체들이 상조이행보증보험제도에 가입되어 있다고 광고하거나 폐업시에도 고객의 납입금이 보호된다고 광고하는 등 소비자피해보상보험과 관련한 허위과장광고가 증가하고 있으며 이로 인하여 고객의 합리적인 선택권이 침해되는 사례가 늘고 있어서, 상조업분야에서 소비자보호 강화의 필요성이 더욱 강하게 제기되고 있었다.

특히, 소비자원 상담 불만제기건수가 2006년 509건에서, 2007년 833건, 2008년 1,374건으로 비약적으로 증가하고 있어, 공정거래위원회는 이러한 소비자들의 불만사항을 개선하고자 '2010년 공정거래위원회 업무계획'을 발표하면서, 상조업분야에서 소비자보호 강화에 주력할 필요가 있다고 의견을 피력하였고 이어서 공정거래위원회는 그 구체적인 실행방안으로서 규제적 측면에서 계약해지 거절, 기만적 거래유도행위 등에 대한 감시를 강화하겠으며, 제도보완의 측면에서 상조업등록제 및 선수금 보전제의 도입 등을 통해 건전한 시장육성 및 소비자피해를 최소화하겠다고 밝힌 바

2. 종 류

(1) 보험계약

선불식 할부거래업자가 보험업법상의 보험회사와 선수금의 보전을 위하여 체결하는 보험계약을 의미하나, 현재 시행되고 있는 보험상품이 없다. 할부거래법 제27조 제1항이 참고하였던 방문판매 등에 관한 법률 제34조도 소비자피해보상보험계약의 하나로 보험계약을 들고 있으나 다단계판매의 경우에도 소비자피해보상을 위한 보험상품이 전혀 없어 시행되지 않고 있다. 이는 다단계판매업이나 선불식 할부거래업의 경우 보험상품으로 하기에는 위험부담이 너무 높아 보험회사가 회피하기 때문이다.

(2) 은행법에 따른 은행과의 채무지급보증계약

다단계판매의 경우에는 채무지급보증계약이 체결된 사례가 없으나, 선불식 할부거래업의 경우에는 현재 농협중앙회가 1개 선불식 할부거래업자와 채무지급보증계약을 체결하고 있다.

(3) 예치기관과의 예치계약

① 의 의

법 시행령 제16조 제2항은 예치기관으로 은행법에 따른 금융회사, 우체국예금·보험에 관한 법률에 따른 체신관서, 보험업법에 따른 보험회사를 규정하고 있고, 현재는 우리은행, 신한은행, 하나은행, 농협중앙회, 국민은행이 예치상품을 운용하고 있다.

② 상계, 압류의 금지 등

예치기관과의 예치계약에 따른 예치금에 대해서는 상계, 압류 또는 가압류가 금지된다. 또한, 선불식 할부거래업자는 다른 선불식 할부거래업자에게 선불식 할부계약당사자로서의 지위를 양도하거나, 영업의 양도가 있는 경우를 제외하고는 예치금을 양도하거나 담보로 제공할 수 없다(법 제27조 제3항).

③ 예치계약의 절차 및 방법(시행규칙 제11조 제1항)

(ᄀ) 선불식 할부거래업자는 예치기관과 선수금보전금액의 예치에 관한 계

있다.

약을 체결하여야 한다.

(ㄴ) 선불식 할부거래업자가 예치기관과 예치계약을 체결하는 경우에는 선수금보전금액을 예치기관에 예치하도록 하여야 한다.

(ㄷ) 예치계약의 내용에는 선불식 할부거래업자는 예치기관에 선수금보전금액의 예치만을 위한 계좌를 개설하도록 하고, 예치기관은 해당 선수금보전금액을 다른 금융자산과 분리하여 관리하도록 한다는 사항이 포함되어야 한다.

④ 예치금의 지급 등에 대한 절차 및 방법(시행규칙 제11조 제2항)

(ㄱ) 예치기관은 법 제27조 제4항에 따른 지급사유가 발생한 경우에는 예치금을 인출하여 해당 선불식 할부거래업자와 선불식 할부계약을 체결한 소비자에게 우선하여 지급하여야 한다(법 제27조 제5항).

(ㄴ) 소비자가 예치기관에 예치금의 지급을 요청하는 경우에는 시행규칙 별지 제7호 서식의 예치금지급요청서에 법 제27조 제4항 각호의 어느 하나에 해당하는 사실을 증명하는 서류 또는 선불식 할부거래업자의 확인서를 첨부하여 예치기관에 제출하여야 한다.

(ㄷ) 선불식 할부거래업자는 선불식 할부계약의 내용에 따른 재화등의 공급을 완료하는 등 선불식 할부계약과 관련된 소비자와의 법률관계가 모두 종료되었거나, 예치계약을 갈음하여 다른 소비자피해보상보험계약을 체결한 경우에는 시행규칙 별지 제8호 서식의 예치금반환요청서에 이를 증명하는 서류[21]를 첨부하여 예치기관에 예치금의 반환을 요청할 수 있다.

(ㄹ) 예치기관은 「정보통신망이용촉진 및 정보보호 등에 관한 법률」 제2조 제1항 제1호에 따른 정보통신망을 이용하여 선수금보전금액의 예치신청 · 지급 및 반환 등에 필요한 절차를 수행할 수 있다. 이 경우 예치기관은 선불식 할부거래업자와 소비자의 신원파악을 위하여 「전자서명법」 제2조 제8호에 따른 공인인증서를 사용하도록 할 수 있다.

⑤ 예치기관의 서류보관의무

예치기관은 소비자 또는 선불식 할부거래업자가 제1호 및 제3호에 따라

---

21) 법 시행규칙 제11조 제2항 제3호는 이를 증명하는 서류를 '해당 소비자와 선불식 할부계약과 관련한 법률관계가 모두 종료되었음을 증명하는 서류 또는 해당 소비자의 확인서' 또는 '법 제27조 제1항 제1호 · 제2호 및 제4호의 어느 하나에 해당하는 계약을 체결하였음을 증명하는 서류'라고 규정하고 있다.

제출한 서류 등을 해당 예치금을 지급한 날 또는 반환한 날부터 5년간 보관하여야 한다.

⑥ 공정거래위원회의 고시

그 밖에 선수금의 예치·지급 및 반환 등에 필요한 사항은 공정거래위원회가 정하여 고시할 수 있다.

(4) 공제조합과의 공제계약[22]

선불식 할부거래업자는 선수금보전을 위한 공제사업을 운영하기 위하여 공정거래위원회의 인가를 받아 공제조합을 설립할 수 있다(법 제28조 제1항). 현재 공정거래위원회의 인가를 받아 한국상조공제조합[23]과 상조보증공제조합[24]이 설립되어 있다.

3. 체결현황

2010년 9월 30일 기준 소비자피해보상보험계약 등을 체결한 현황을 간략하게 표로 살펴보면 아래와 같다.

(단위: 개, 백만원, 천명)

구 분		체결업체수	선수금합계액	회원수
예치	우리은행	80	99,094	195
	신한은행	16	26,929	52
	하나은행	7	26,099	40
	농협중앙회	1	67,317	142
	국민은행	2	24	1
	소계	106	219,463	430
공제조합	한국상조공제조합	76	1,235,000	1,589
	상조보증공제조합	25	310,833	479
	소계	101	1,545,833	2,068
지급보증	농협중앙회	1	7,958	27
계		208*	1,773,255	2,525

* 1개 업체가 공제 및 예치를 분리체결(출처: 공정거래위원회 보도자료)

22) 공제조합에 대한 설명은 후술하기로 한다.

23) 서울시 서초구 방배동 753-5 화련회관 3층, 1688-0972, www.kmaca.or.kr.

24) 서울시 용산구 갈월동 92 용산빌딩 8층, 02-761-3100, www.ksmac.com.

2010년 9월 30일까지 약 130개 업체가 소비자피해보상보험계약을 미체결하였고, 선수금규모는 약 820억원으로 전체선수금의 4.3%를 차지하고 가입회원은 23만명으로 전체회원의 8.4%를 차지하고 있는 상태이다.

현재 소비자피해보상보험계약 체결현황을 살펴보면, 선수금보전금액이 큰 대부분의 대형 선불식 할부거래업자들은 상대적으로 회사의 신용평가점수가 높아 담보비율이 적기 때문에 공제조합과의 공제계약을 체결하였고, 비교적 선수금보전금액이 작은 소규모 선불식 할부거래업자들은 회사의 신용평가점수가 낮아 담보비율이 높기 때문에 공제조합과의 공제계약보다는 예치계약을 체결한 상태이다.

4. 선수금보전의무

(1) 선수금보전금액

법 제27조 제2항은 "선불식 할부거래업자가 소비자피해보상보험계약 등에 따라 보전하여야 할 금액(제1항 각호 중 둘 이상의 계약을 체결한 경우에는 각 계약에 따라 보전되는 금액을 합산한다) 및 그 산정기준은 선수금 합계액의 100분의 50을 초과하지 아니하는 범위에서 대통령령으로 정한다"고 규정하고 있고, 법 시행령 제16조 제3항은 선수금보전금액을 [(선수금－선불식 할부거래업자가 소비자에게 공급한 재화등의 가액)×50/100]로 규정하고 있다.

(2) 선수금보전의무의 소급적용

부칙 제5조는 선불식 할부거래업자에 대하여 소비자피해보상보험계약 체결을 의무화하도록 개정한 취지를 고려하여, 개정 할부거래법이 시행되기 이전에 체결한 선불식 할부계약에 따른 선수금에 대해서도 선수금보전을 위한 소비자피해보상보험계약을 체결하도록 소급적용을 규정하고 있다.

(3) 선수금보전금액비율의 유예기간설정

개정 할부거래법의 시행으로 인해 선수금보전의무가 부과됨에 따라 영세 선불식 할부거래업자들의 도산 등으로 인한 소비자피해사고를 줄이기 위하여 선수금보전금액비율을 아래와 같이 유예하고 있다.

① 2010년 9월 18일 이전부터 선불식 할부거래업을 하던 경우

㈀ 기존 상조업체는 2010년 9월 17일까지 선수금보전을 위한 소비자피해보상보험계약 체결시 그 동안 받은 고객불입금의 10%를 보전하고, 매일 불입되는 금액의 10%를 보전

㈁ 2011년 3월 17일까지는 소비자피해보상보험계약을 연장하면서 그 동안 받은 고객불입금액의 10%를 추가로 납부하고, 매일 불입되는 금액의 20%를 보전

㈂ 2012년 3월 17일까지는 소비자피해보상보험계약을 연장하면서 그 동안 받은 고객불입금액의 10%를 추가로 납부하고, 매일 불입되는 금액의 30%를 보전

㈃ 2013년 3월 17일까지는 소비자피해보상보험계약을 연장하면서 그 동안 받은 고객불입금액의 10%를 추가로 납부하고, 매일 불입되는 금액의 40%를 보전

㈄ 2014년 3월 17일까지는 소비자피해보상보험계약을 연장하면서 그 동안 받은 고객불입금액의 10%를 추가로 납부

㈅ 2014년 3월 18일부터는 계속해서 매일 불입되는 금액의 50%를 보전

② 2010년 9월 18일 이후부터 선불식 할부거래업을 시작하는 경우

2010년 9월 18일 이후부터 새로 선불식 할부거래업을 하고자 하는 자는 처음부터 무조건 고객불입금의 50%를 보전해야 한다.

5. 소비자피해보상보험계약의 내용

(1) 요 건(시행령 제16조)

① 법 제27조 제4항에서 규정한 사유에 해당하는 경우 소비자피해를 보상하는 것을 그 내용으로 할 것

② 피보험자 또는 수혜자는 해당 소비자피해보상보험계약 등을 체결한 자가 판매하는 재화등의 구매자로 하고, 피해보상금은 해당 구매자가 직접 수령할 수 있도록 할 것

③ 소비자가 신속하고 쉽게 피해보상을 받을 수 있도록 하고 보상이 지연되는 경우 지연배상금이 지급되도록 할 것

④ 정당한 사유 없이 소비자의 의사표시방법을 제한하거나 소비자에게 과

도한 입증책임의 부담을 부과하지 아니할 것

⑤ 정당한 사유 없이 피해보상의 범위나 법 제27조 제4항에 따른 지급의무자 또는 재화등의 판매자의 책임을 한정하지 아니할 것

⑥ 소비자에게 예상하기 어려운 위험이나 손해를 줄 우려가 있거나 부당하게 불리한 약정을 두지 말 것

⑦ 보험계약 또는 채무지급보증계약은 「보험업법」 제2조 제5호에 따른 보험회사 또는 「은행법」 제2조 제1항 제2호에 따른 은행과 체결할 것

⑧ 선불식 할부거래업자가 소비자피해보상보험계약 등의 계약을 체결하여 거래하는 기간은 1년 이상의 기간으로 하고, 정당한 사유 없이 계약해지의 요건을 용이하게 정하여 소비자에게 불이익을 주지 아니할 것

⑨ 지급의무자는 소비자가 방문·전화 또는 인터넷을 통하여 해당 소비자에 관한 소비자피해보상보험계약 등의 내용 및 이에 따라 보전된 소비자피해보상금의 액수를 쉽게 열람할 수 있도록 필요한 조치를 할 것.

(2) 소비자피해보상금의 지급사유

소비자피해보상금(선수금의 50%에 해당하는 금액)의 지급사유는 선불식 할부거래업자에게 아래와 같은 사유가 발생하는 경우를 말한다(법 제27조 제4항 및 시행령 제16조 제4항).

① 선불식 할부거래업자가 폐업한 경우

② 선불식 할부거래업자가 은행법에 따른 은행으로부터 당좌거래의 정지처분을 받은 경우

③ 제21조에 따라 등록이 말소된 경우 및 제40조에 따라 등록이 취소된 경우

④ 그 밖에 선불식 할부거래업자의 채무불이행 등으로 인한 소비자피해보상을 위하여 대통령령으로 정하는 경우[25]로서, 선불식 할부거래업자가 채무자 회생 및 파산에 관한 법률에 따른 파산선고를 받거나 회생절차개시결정이 있는 경우

---

25) 대통령령으로 정하는 경우란 선불식 할부거래업자가 「채무자 회생 및 파산에 관한 법률」에 따른 파산선고를 받은 경우와 선불식 할부거래업자에 대하여 「채무자 회생 및 파산에 관한 법률」에 따른 회생절차개시의 결정이 있는 경우를 말한다(시행령 제16조 제5항).

입법론

법 제27조 제4호에서 소비자피해보상금의 지급사유에 소비자가 청약철회 또는 계약해제를 하였음에도 불구하고 선불식 할부거래업자가 계약금 및 할부금 등을 지급하지 않는 경우를 포함하지 않은 것은 문제가 있다. 특히 소비자와 선불식 할부계약을 체결한 선불식 할부거래업자가 부실경영 또는 선수금 횡령 등으로 인해 부도 등 정상적인 영업이 불가능할 것처럼 보이는 경우에도 소비자는 청약철회나 계약해제를 하기보다는 선불식 할부거래업자가 폐업 또는 금융기관으로부터 당좌거래의 정지처분 등을 받기를 기다려야만 소비자피해보상금을 지급받을 수 있도록 하는 것은 지나치게 소극적인 입법태도로서, 소비자피해보상보험계약 등 체결을 의무화하도록 한 입법취지에도 맞지 않는다.

(3) 선불식 할부거래업자의 의무

① 선불식 할부거래업자는 법 제27조 제1항에 따라 선수금을 보전하기 위하여 반드시 소비자피해보상보험계약을 체결하여야 한다.

② 선불식 할부거래업자는 소비자피해보상보험계약 등을 체결 또는 유지하는 경우 선수금 등의 자료를 제출함에 있어 거짓의 자료를 제출하여서는 아니 된다(법 제27조 제9항).

③ 선불식 할부거래업자는 소비자와 선불식 할부계약을 체결한 경우 소비자피해보상금의 지급의무자 및 계약기간 등이 적힌 시행규칙 별지 제9호 서식의 소비자피해보상증서를 소비자에게 발급하여야 하고, 선불식 할부계약을 체결한 사실을 지급의무자에게 알려야 한다(시행규칙 제12조 제1항).

④ 선불식 할부거래업자는 소비자가 소비자피해보상보험계약 등의 체결내용 등을 방문・전화 또는 인터넷 등을 통하여 즉시 열람할 수 있도록 필요한 조치를 하여야 하고, 소비자가 우편 등의 방법으로 열람할 수 있도록 요청하는 경우 3영업일 이내에 관련자료를 발송하여야 한다(법 제33조, 시행령 제21조).

(4) 지급의무자의 의무

① 선불식 할부거래업자로부터 소비자와 선불식 할부계약을 체결한 사실을 통지받은 지급의무자는 선불식 할부거래업자명 및 계약기간 등이 기재된

시행규칙 별지 제10호 서식의 소비자피해보상증서를 소비자에게 발급하여야 한다. 다만, 다른 법령에 따른 불가피한 사유가 있는 경우에는 별지 제10호 서식의 기재사항이 포함된 별도 서식의 소비자피해보상증서를 발급할 수 있다(시행규칙 제12조).

② 소비자피해보상보험계약 등에 따라 소비자피해보상금을 지급할 의무가 있는 자는 법 제27조 제4항 각호에 규정된 사유가 발생하면 선불식 할부계약을 체결한 소비자에게 지체없이 소비자피해보상금을 지급하여야 한다. 정당한 사유 없이 이를 지연한 경우에는 지연배상금을 지급하여야 한다(법 제27조 제4항 본문).

③ 소비자가 방문·전화 또는 인터넷을 통하여 해당 소비자에 관한 소비자피해보상보험계약 등의 내용 및 이에 따라 보전된 소비자피해보상금의 액수를 쉽게 열람할 수 있도록 필요한 조취를 취하여야 한다(시행령 제16조 제1항 제9호).

(5) 공정거래위원회의 감독

① 공정거래위원회는 소비자피해보상업무의 감독을 위하여 필요한 경우 지급의무자에게 선수금보전과 관련된 자료의 제출을 요구할 수 있다(법 제27조 제7항).

② 공정거래위원회는 지급의무자의 업무집행 등이 법령에 적합하지 아니하는 경우 이의 시정을 명할 수 있고, 그 밖에 소비자의 피해구제 등과 관련하여 필요한 경우에는 적합한 조치를 요구할 수 있다(법 제27조 제8항).

6. 공제조합

(1) 공제조합의 설립절차

공제조합의 설립요건으로는 ① 선불식 할부거래업자가 조합원이어야 하고, ② 조합원의 출자금 등으로 조성된 200억원 이상의 출자금규모를 갖추어야 하며(정부는 예산의 범위에서 출연하거나 보조할 수 있다고 규정하고 있다), ③ 10인 이상의 발기인이 정관을 작성하고 창립총회의 의결을 거쳐 공정거래위원회의 인가를 받아, ④ 법인으로 주된 사무소 소재지에서 설립등기를 하여야 한다(법 제28조, 시행령 제18조).

(2) 공제조합의 성격[26)]

① 공제조합은 비록 그 명칭이 조합이라 하더라도 민법상 조합의 성격을 갖기보다는 비영리사단법인으로서의 기본성격을 갖는다.

② 또한 공제조합은 조합원들의 출자금 등으로 기본재산을 형성하기는 하지만, 공제조합의 주된 목적사업이 소비자피해보상을 위한 공제사업이라는 점에서 공익적인 특수법인의 성격을 갖는다.

③ 법 제28조 제6항은 공제조합에 관하여 이 법에 규정된 것을 제외하고는 민법 중 사단법인에 관한 규정을 준용하고 있다.

(3) 공제조합의 사업(법 제29조)

① 공제조합은 ㉠ 소비자피해보상을 위한 공제사업 및 소비자의 권익보호를 위한 공익사업, ㉡ 소비자피해예방과 홍보를 위한 출판 및 교육사업, ㉢ 시장의 건전한 발전을 위한 자율정화사업, ㉣ 공정거래위원회로부터 위탁받은 사업 등을 그 목적사업으로 한다.

② 이 법에 따른 공제조합의 사업에 대하여는 「보험업법」을 적용하지 아니한다.

(4) 공제조합의 정관 및 공제규정

① 공제조합의 정관에 필요적 기재사항은 아래와 같다(법 제30조 제1항. 시행령 제20조).

1. 조합원의 자격과 가입·탈퇴에 관한 사항
2. 임원에 관한 사항
3. 출자금의 부담기준에 관한 사항
4. 이사회에 관한 사항
5. 이사장선임에 관한 사항
6. 목적
7. 명칭
8. 사무소의 소재지

26) 할부거래법상 공제조합의 성격과 유사한 방문판매법상 다단계판매공제조합의 법적 성격에 대해서는 김홍석, "방문판매법상 공제조합의 법적 성격과 제도개선방안", 「법조 제59권 제1호」, 법조협회, 2010. 1.을 참조바람.

9. 출자 1좌(座)의 금액과 그 납입방법 및 지분계산에 관한 사항
10. 자산 및 회계에 관한 사항
11. 총회의 구성 및 운영에 관한 사항
12. 임원추천위원회의 구성, 추천위원의 결격사유 및 운영에 관한 사항
13. 직원에 관한 사항
14. 융자에 관한 사항
15. 업무와 그 집행에 관한 사항
16. 정관의 변경에 관한 사항
17. 해산과 남은 재산의 처리에 관한 사항
18. 공고의 방법에 관한 사항

② 공제조합의 정관은 공정거래위원회의 인가를 받아야 하며, 정관을 변경하는 경우에도 공정거래위원회의 인가를 받아야 한다.

③ 공제조합은 공제사업의 범위와 방식에 관한 공제규정을 정하여 공정거래위원회의 인가를 받아야 한다. 공제규정을 변경하는 경우에도 또한 같다. 공제규정은 공제조합이 선불식 할부거래업자와 체결하는 공제계약의 기본내용을 규정하고 있는 것으로서 담보금의 비율, 수수료의 비율, 공제계약의 요건, 공제계약의 중지 또는 해지에 관한 기본적인 사항을 포함하고 있다.

(5) 공제조합에 대한 감독

① 업무 및 회계조사권

공정거래위원회는 필요하다고 인정하면 공제조합에 대하여 업무 및 회계에 관한 보고서의 제출 또는 그 밖에 필요한 조치를 명하거나 소속공무원으로 하여금 공제조합의 업무 및 회계상황을 조사하거나 장부 또는 그 밖의 서류를 검사하게 할 수 있다(법 제31조 제1항).

② 시정요구

공정거래위원회는 공제조합의 운영 및 업무집행 등이 법령이나 정관 등에 적합하지 아니한 경우 그 시정을 명할 수 있고, 그 밖에 소비자의 피해구제 등과 관련하여 필요한 경우에는 적합한 조치를 요구할 수 있다(법 제31조 제2항).

③ 임직원에 대한 징계 · 해임요구권

공정거래위원회는 공제조합의 임직원이 공제규정을 위반하여 업무를 처리하거나, 공정거래위원회의 시정명령이나 조치를 이행하지 아니한 경우에는 관련임직원에 대한 징계 · 해임을 요구하거나 해당 위반행위를 시정하도록 명할 수 있다(제31조 제3항).

④ 예산 및 결산보고의무

공제조합은 매 사업연도의 총수입과 총지출을 예산으로 편성하여 사업연도 개시 1개월 전까지 공정거래위원회에 제출하여야 하며, 매 사업연도 경과 후 2개월 이내에 결산을 완료하고 결산보고서에 재무상태표와 손익계산서를 첨부하여 공정거래위원회에 제출하여야 한다(시행령 제19조).

7. 상조업에서의 공제조합설립 필요성과 운영방안[27]

(1) 공제조합과의 공제계약

공제조합이란 조합원들이 출자한 자본금을 기초로 설립된 사단법인 내지는 주식회사의 외관을 띠는 조직으로서,[28] 공제조합제도는 대외적으로 회사와 공제금납부계약을 체결하고, 만약 회사가 소비자와의 관계에서 채무불이행 등의 사정이 발생할 경우 공제조합이 환급금, 용역 등을 대신 지급, 이행하는 제도를 의미한다. 공제조합제도는 환불보증금공탁제도에 대한 대안으로 2002년 방문판매 등에 관한 법률 개정시 도입된 제도로서, 앞서 살펴본 바와 같이 은행과의 채무지급보증계약, 보험회사와의 보험계약, 예치계약에 비해서 소비자피해보상에 충실한 제도라고 보여진다.[29]

상조업과 유사하게 방문판매의 성격을 가진 다단계판매업에서는 청약철회시 판매회사들이 고객에게 물품대금을 환급하지 아니한 사례들로 피해가 속출하였던바, 다단계판매업분야에서 2002년 방문판매 등에 관한 법률의 개정을 통하여 소비자피해보상제도를 도입하였다. 즉, 2002년 방문판매 등에

27) 김홍석 · 전익수, "상조업에서의 소비자피해예방을 위한 공제조합설립 필요성과 운영방안", 「숭실법학논총 제23집」, 숭실대학교 법학연구소, 2010. 2, 333~347면을 일부 수정하였다.

28) 방문판매법상 다단계판매공제조합의 법적 성격에 대해서는 김홍석, "방문판매법상 공제조합의 법적 성격과 제도개선방안", 「법조 제59권 제1호」, 법조협회, 2010. 1.을 참조바람.

29) 소비자피해보상제도에 대한 상세한 내용은 김홍석, "다단계판매업의 소비자피해보상제도 비교고찰", 「선문법학 제9권 제1호」, 선문대학교 법학연구소, 2009. 6; 김홍석, "방문판매법상 소비자피해보상보험계약제도에 관한 고찰", 「기업법연구 제23권 제1호」, 한국기업법학회, 2009. 3.을 참조바람.

관한 법률 이전에는 소비자피해보상을 위한 제도로서 환불보증금공탁제도가 있었으나, 환불보증금공탁제도는 복잡한 절차적 문제 등 제도적인 문제점으로 인하여 유명무실한 상태에 있었다. 그런데, 다단계판매시장이 급격히 성장하면서 불법업체들이 난립하게 되었고, 그 과정에서 불법다단계판매로 인한 피해가 증가하자, 2002년 개정 방문판매 등에 관한 법률은 다단계판매회사에 대해 소비자피해보상보험계약을 의무적으로 체결하도록 규정하였고, 이에 따라 다단계판매회사는 공제조합에의 가입 등 소비자피해보상보험계약을 체결해야만 다단계영업을 계속할 수 있게 되었다.[30][31] 특히, 소비자피해보상보험제도로서 공제조합제도가 정착되어 안정화되었던바, 공제조합제도는 소비자의 청약철회권을 보장해 주는 동시에 다단계판매회사의 부담을 경감시켜주는 보험제도로서, 소비자가 청약철회권을 행사하였을 때 다단계판매회사가 어떤 이유로든지 청약철회를 해 주지 못하는 경우 공제조합이 개입하여 소비자피해보상보험에 의해 청약철회를 보장해 주었다고 볼 수 있다.[32] 미국 Georgia주법[33]에 따르면 $500를 초과하는 거래와 관련하여서는 소비자피해의 보상을 위하여 보증기관이 발행한 보증서를 구입하거나 은행에 신탁계좌

30) 2002년 방문판매법 개정시 소비자피해보상보험제도를 도입하게 되었고, 다단계판매업자의 보험(공제조합)계약체결이 의무화되었으며, 공제조합은 2002년 설립 이후 4년 동안 1만 8천건, 132억원 소비자피해보상을 실시하여 다단계판매의 신뢰도 제고에 기여하고 있다고 볼 수 있다.

31) 김홍석, "직접판매시장의 발전을 위한 정책개선방안", 「선문법학 제8권 제1호」, 선문대학교 법학연구소, 2008. 12, 81면.

32) 김홍석, "다단계판매업의 소비자피해보상제도 비교고찰", 「선문법학 제9권 제1호」, 선문대학교 법학연구소, 2009. 6, 233~214면.

33) Any business opportunity seller or company which represents, in conjunction with any agreement which requires a total initial payment of an amount exceeding $500.00, that the seller or company will refund all or part of the price paid for the business opportunity or will repurchase any of the products, equipment, supplies, or chattels supplied by the seller or company if the purchaser is dissatisfied with the business opportunity and any multilevel distribution company must either have obtained a surety bond issued by a surety company authorized to do business in this state or have established a trust account with a licensed and insured bank or savings institution located in this state. For purposes of this subsection, deposits shall not be considered part of the price paid for the business opportunity. The amount of the bond or trust account shall be an amount not less than $75,000.00. The bond or trust account shall be in favor of the state for the benefit of any person who is damaged by any violation of this part or by the seller's or company's breach of the contract or agreement or of any obligation arising therefrom. Such person may bring an action against the bond or trust account to recover damages suffered: provided, however, that the aggregate liability of the surety or trustee shall be only for actual damages and in no event shall exceed the amount of the bond or trust account. A multilevel distribution company which requires an initial payment of less than $500.00 from each participant shall be exempt from the requirements of this Code section.

를 개설하도록 하고 있어, 공제조합과의 공제계약 등 소비자피해보상보험계약 등을 체결하도록 하고 있는 우리나라와 유사하다.[34)]

(2) 상조공제조합설립 필요성

① 고객에 대한 신뢰회복

앞에서 살펴본 것처럼, 상조업에서는 상조업체의 허위과장광고 등으로 인하여 고객이 상조업체를 신뢰할 수 없게 된 근원적인 문제점이 발생하였다. 특히, 상조서비스가입계약은 고객이 미리 납입금을 지불하는 선불식 할부거래계약의 실질을 가지기 때문에 향후 실제로 상조서비스가 필요한 시점에서 상조회사가 계약이나 광고 및 약관에 기재된 바와 같은 양질의 서비스를 이행할 것인가에 대한 신뢰와 우려의 문제가 잠재되어 있다. 이러한 잠재적 우려를 해소하기 위하여 상조공제조합을 통하여 상조서비스계약을 체결하여 상조서비스를 안심하고 이용할 수 있도록 함은 물론 상조서비스회사의 도산 등 여타의 경우에 대하여 소비자가 구제될 수 있다는 신뢰를 담보할 수 있도록 할 필요가 있다.

② 시장친화적 자율정화시스템의 구축

상조공제조합은 각 상조회사들과 계약을 체결함에 앞서서 자본금비율이 현저하게 낮거나 사고발생의 위험성이 큰 업체들에 대해서는 공제료를 높이는 등의 차등조치를 두어 소비자피해를 야기할 가능성이 큰 상조회사들을 스스로 퇴출하도록 하여 상조업체의 자율정화시스템으로서의 작용을 할 수 있게 될 것이다. 이를 통하여 양질의 상조서비스가 소비자에게 공급되게 함으로써 상조서비스에 대한 소비자의 신뢰를 확보하여 상조서비스산업의 안정된 성장을 도모할 수 있을 것이다.[35)][36)]

---

34) 다만, 우리나라의 경우에는 '거래금액' 내지 '거래단위'에 관계없이 다단계판매업을 영위하고자 하는 경우에는 무조건 소비자피해보상보험계약 등을 체결하도록 하고 있다는 점에서 볼 때, 우리나라가 보다 엄격한 보상관련규정을 두고 있다고 보여진다. 그러나 반면 공제조합에 의한 공제한도가 너무 소액이어서 실제 소비자피해의 구제에는 미흡하다는 지적도 많이 있다.

35) 실제로 다단계판매업의 경우 2002년 방문판매 등에 관한 법률의 개정 시행 이후 합법적 등록업체의 숫자가 2002년 419개에서 2008년에 62개로 대폭 감소되었다. 이와 같이 등록업체가 감소한 주요원인은 의무적인 소비자피해보상보험제도의 도입 및 자본금요건의 상향조정에 기인하였다고 볼 수 있다. 즉, 소비자피해를 야기할 수 있는 부실업체의 시장퇴출로 인해 소비자피해가 대폭 감소하였으며, 업계 전체의 이미지 개선에도 기여하게 되었으며, 또한 공제계약에서 반품률이 높은 업체는 공제료가 자동인상되는 가격시스템을 구축하여, 부실제품을 고가로 판매하여 외형성장에 주력하는 업체의 입지가 줄어들도록 하였다. 이에 따라 제품의 품질경쟁이 촉진되는 순기능을

고객의 소비자불만상담이나 해약요청이 빈번한 업체들 및 허위과장광고나 불공정한 약관 등으로 공정거래위원회의 제재를 받는 업체 등과 같이 소비자피해를 야기한 업체를 선별하여 가격을 인상하는 등의 시스템을 구축하게 된다면 공제조합 스스로 시장의 신뢰성을 회복하고 직접적인 제재보다는 공제료의 인상과 같은 간접적 제재수단을 통하여 상조회사 스스로 서비스를 개선하도록 유도하는 자율정화시스템을 구축할 수 있을 것이다.

③ 소비자보호에 있어서의 실질적 역할

감독기관으로서 공정거래위원회 및 법원의 제재에 의한 상조업체규제시스템만으로는 소비자보호에 실질적인 역할을 거둘 수 없다. 즉, 상조서비스계약의 해지요구 또는 상조서비스행사이행의 요구에 대한 상조서비스회사의 거부나 행사불이행이 있을 경우 공정거래위원회나 법원에서 그 피해를 보전하여 주지 않기 때문에 피해를 입은 소비자들은 피해보상을 위하여 결국 스스로 민사소송을 제기하여야 하는데, 이는 복잡한 소송절차를 거쳐야 한다는 점, 신속한 피해구제가 어렵다는 점, 소송비용과 같은 제3의 비용투하로 연결될 수 있다는 점에서 효율적이지 못한바, 소비자들의 불편함을 최소화할 수 있도록 제3의 기관인 상조공제조합제도를 통하여 계약해지에 따른 환급금대지급 또는 행사에 대한 이행 등을 담보할 필요가 있다고 보여진다.[37)]

(3) 상조공제조합의 효율성 및 안전성

할부거래법 개정안의 주요규정내용을 살펴보면, 상조회사에 대한 등록제실시, 상조회사의 설립시 최소자본금 3억원지정, 소비자피해보상보험제도도입, 상조공제조합설립 및 운영 등을 들 수 있다. 동 개정안에 의하면 상조회사를 운영하고자 하는 자는 특별시장·광역시장·도지사 또는 특별자치도지사에게 등록하여야 하고,[38)] 상조업등록을 위하여 최소자본금을 3억원 이상으

기대할 수 있게 되고 공제조합이 업체부실 등을 상시 감시하는 기능을 수행함으로써 대규모 소비자피해를 예방하는 효과를 거두게 되었다. 그러나 방문판매법상 공제조합은 보증기관의 기능을 하고 있음에도 불구하고 조합사(다단계판매회사)들의 이익을 위해 설립된 조합으로서의 성격을 갖는다는 근본적인 한계로 인하여 공익적 활동(소비자피해사고의 예방 등)을 수행함에 있어 의사결정구조상의 한계를 갖고 있다.

36) 김홍석, "직접판매시장의 발전을 위한 정책개선방안", 「선문법학 제8권 제1호」, 선문대학교 법학연구소, 2008. 12, 75면.

37) 상조공제조합의 거래구조는 아래와 같다.

로 하여야 하는 제한을 받게 된다.[39] 이와 함께 할부거래법 개정안은 소비자피해보상보험계약제도를 도입하여 상조회사로 하여금 소비자피해보상계약을 체결하는 것을 의무화하는 내용을 담고 있으며, 할부거래법 개정안에서 예정하고 있는 소비자피해보상제도는 보험계약, 금융기관과의 채무지급보증계약, 예치계약, 상조공제조합과의 공제계약을 들 수 있는데, 연혁적으로 또는 구조적으로 가장 효율적인 제도는 상조공제조합제도라고 할 수 있다.

한편, 상조공제조합은 구조적으로 우월성을 지니고 있을 뿐만 아니라 아래에서 살펴보는 바와 같이 가입회사들이 누리게 되는 경제적 이점도 함께 지닐 것으로 예상된다.

특히, 할부거래법 개정안에 의하면 상조회사는 소비자피해보상보험계약에 따라 선수금 합계액의 100분의 50의 범위에서 할부거래법 시행령으로 정하는 금액을 보전하고 있어야 한다. 즉, 상조회사가 예치금제도를 활용할 경우 선수금의 50% 내의 금액을 현금으로 납부하여야 하는 부담을 안게 될 수밖에 없다.

이에 반하여, 상조공제조합제도를 활용할 경우에는 신용도에 따라 예치금제도에서 소요되는 금액의 20~30%에 해당하는 금액만을 상조공제조합에 납부하고도 소비자피해보상보험제도를 활용할 수 있는바, 상조회사가 이와 같이 경제적 이점을 얻을 수 있는 이유는 상조공제조합이 회원사들의 상호부조를 매개로 하여 자본금 200억원 이상으로 설립되고, 그 결과 상조공제조합

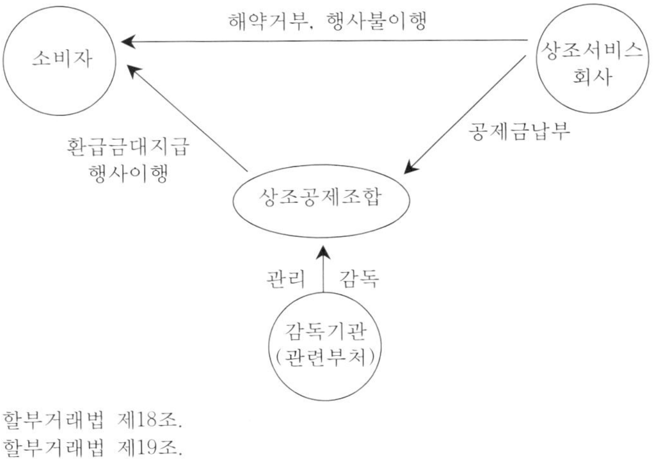

38) 할부거래법 제18조.
39) 할부거래법 제19조.

이 자체적으로 자금담보력을 지니게 되어 위험이 분산되므로 공제조합에 가입한 상조회사들이 예치금제도에 비하여 소액의 금액만을 부담하고도 소비자피해보상계약을 체결할 수 있기 때문이다.

또한, 상조공제조합제도를 활용할 경우 상조회사들은 자신이 보유한 자산을 담보로 상조공제조합에 담보권을 설정하는 방법[40]으로 납부를 하는 것도 가능할 것으로 예상되어, 그만큼 상조회사의 납부부담은 경감될 수 있을 것으로 예상된다. 이에 반하여 개정된 할부거래법에 의하면 상조회사가 예치기관에 예치하여야 하는 예치금은 상계ㆍ압류가 금지되며 원칙적으로 예치금을 양도하거나 담보로 제공하할 수 없다는 점에서 상조회사에게 미치는 부담은 상조공제조합제도에 비하여 더욱 클 것으로 예상된다.[41]

할부거래법 개정안에 따르면 소비자피해보상보험계약 등을 체결한 선불식 할부거래업자 및 지급의무자는 소비자에게 소비자피해보상증서를 발급하여야 한다.[42] 소비자들은 소비자피해보상의무자로부터 소비자피해보상증서를 수령할 수 있게 되어 안심하고 상조서비스에 가입할 수 있게 될 것이다.

특히, 할부거래법 개정안에 따르면 상조공제조합은 공정거래위원회의 인가를 받아 최소자본금을 200억원 이상으로 하여 설립되고 정부는 상조공제조합에 출연하거나 보조할 수 있도록 규정하고 있다. 이와 같이 상조공제조합은 정부기관에 의하여 인증된 법인으로 설립될 뿐만 아니라 상조공제조합 운영에 있어서도 할부거래법 시행령에서 정하는 절차에 따르며 지속적으로 정부의 관리를 받는 안전한 기구로 운용될 것으로 예상된다.[43]

이 밖에 공정거래위원회는 필요하다고 인정하면 공제조합에 대하여 업무 및 회계에 관한 보고서의 제출 또는 그 밖에 필요한 조치를 명하거나, 소속 공무원으로 하여금 공제조합의 업무 및 회계상황을 조사하거나 장부 또는 그 밖의 서류를 검사하게 할 수 있으며, 공정거래위원회는 공제조합의 운영 및 업무집행 등이 법령이나 정관 등에 적합하지 아니한 경우 그 시정을 명할 수 있고, 그 밖에 소비자의 피해구제 등과 관련하여 필요한 경우에는 적합한 조치를 요구할 수 있는 등 상조공제조합은 공정거래위원회의 감독을 통하여 건

---

40) 납부액의 120~150%를 채권최고액으로 하는 1순위담보권을 설정한다.
41) 할부거래법 제27조 제3항.
42) 할부거래법 제27조 제6항.
43) 할부거래법 제28조.

전한 재무구조를 유지하면서 시장친화적인 방향으로 운영될 것으로 예상된다.[44)]

생각건대 공정거래위원회는 할부거래법 개정안을 통하여 충분한 자본금을 가진 상조공제조합을 설립하고, 위 상조공제조합에서 소비자피해보상증서를 발급하도록 하여 소비자들이 안심하고 상조서비스를 이용할 수 있는 기틀을 만들고자 하는 것으로 생각된다. 그러한 점은 상조공제조합의 초기설립자본금을 200억원 이상으로 규정한 것에서도 충분히 짐작할 수 있다.

그리고 공정거래위원회는 상조공제조합의 설립 후에도 공제조합의 업무 및 회계분야에 대한 서류조사 등을 통하여 지속적인 감독을 하고자 하므로 이와 같이 국가기관에서 인정한 상조공제조합은 그만큼 안전성이 담보될 것으로 예상되며, 상조공제조합은 사고발생시 사후보상적 기능을 수행하는 데 그치지 않고, 소비자 및 관계회사에 대하여 지속적인 교육을 실시하여 사전예방적, 감시적 기능을 하여 사고율을 감소시키는 역할을 수행할 것이며, 이러한 사전예방의 결과 사고율도 점차 감소할 것으로 예상되는바, 공제사고의 감소에 따라 조합재무구조의 충실화를 유지할 수 있는 법인으로 성장할 수 있을 것으로 예상된다.

아울러, 상조공제조합은 사업을 다각화하여 상조서비스뿐만 아니라 교육, 복지, 투자사업 등을 함께 수행한다면 위 분야에서 연계사업을 통한 동반이익을 창출하여 안정적인 재무구조를 영위할 수 있을 것으로 보이고, 이는 결국 상조공제조합의 지분가치의 상승을 가져올 수 있을 것이다.

(4) 상조공제조합의 기능

① 서비스이행불능 및 해약환불금액 지급불능사태의 방지

소비자피해상담이나 공정거래위원회 심결례에서도 빈번하게 나타나고 있는 것처럼 영세한 상조회사가 영업정지나 폐업, 도산 등으로 가입자의 행사불이행 및 해약환불금액을 지급하지 못하게 될 경우 해당 가입자에 대한 피해뿐만 아니라 상조업 전체에 대한 신뢰하락 및 매출감소로 이어져 결국 상조산업의 안정성에 큰 타격을 입을 수 있다. 이러한 사태를 방지하기 위하여

44) 할부거래법 제31조.

제3의 기관으로서 상조공제조합을 설립 운영하여 소비자들의 납입기금 및 행사이행을 담보하는 제도를 갖추게 되면 소비자보호 및 상조산업의 신뢰증진에 기여하고 상조산업의 올바른 성장을 도모할 수 있을 것이다.

② 보험의 원리를 이용한 소비자보호

상조공제조합은 그 명칭에서 알 수 있듯이 동일한 종류의 위험을 가진 사람들이 평소에 기금을 적립하여 만약의 사고발생에 대비한다는 보험의 원리를 이용하여 상조가입자를 보호하는 제도이다. 이는 상조공제조합이 상조회사로부터 미리 보험료[45]를 받아 공제기금을 적립한 후, 상조서비스회사가 해약환불금액을 지급할 수 없게 되거나 약속된 행사이행을 하지 못하게 되면 상조서비스회사를 대신하여 해약환불금액지급 및 행사이행을 담보하게 되며, 현재 존재하고 있는 이행보증회사들과 비교할 때 규모나 역할에 있어서 비교할 수 없는 안전성을 구축할 수 있게 될 것이다.

공정거래위원회가 2010년 업무계획에서 밝힌 바와 같이 2010년부터 근거법령의 개정을 통하여 상조업분야에서 선수금보전제[46]가 도입되고, 다단계판매업의 예에서 알 수 있는 것처럼, 여러 가지 제도 중에서 소비자보호에 가장 충실한 상조공제조합을 통하여 소비자피해보상에 만전을 기할 수 있을 것으로 생각된다. 이는 상조공제조합이 공정거래위원회 혹은 다른 주무관청의 관리감독을 통하여 운영될 것이라는 점에서 과거의 이행보증보험회사들과는 구별되는 안전성과 신뢰성을 담보할 수 있을 것이다.[47]

특히, 공제조합이 해약환불금액을 대신 지급할 재원이나 행사이행재원이 상조회사가 납부한 공제기금만으로도 부족할 경우에는 상조공제조합이 직접 채권[48]을 발행하는 등의 방법을 통해 재원을 조성할 수 있도록 하면 담보력도 더욱 강화될 수 있으며, 그 운영에 대한 관리감독은 주무관청에서 담당하도록 하여 투명성 및 효율성을 극대화하도록 하는 방법도 고려해 볼 수 있을

45) 안전예치금의 일환이다.

46) 소비자피해보상보험제도의 일환이다.

47) 할부거래법 개정 이전에는 상조업에 대해 법적인 보증시스템장치는 부재(不在)하였지만 상조업체들이 사업자단체(전국상조협회)나 이행보증회사(상조보증과 전국상조보증 등)를 중심으로 보증시스템을 만들고 있었으며, 행사대행보증과 금액유한보증이 있었다. 이 중에서 행사대행보증은 상조서비스제공에 대한 보완적 보증으로 볼 수 있었으나, 보증기간 · 범위 면에서 제한적이었고 금액유한보증은 가입업체의 부도 · 폐업에 대비해 금액을 적립하고 있었으나 적립금액이 미미한 실정이었다.

48) 예를 든다면 상조공제기금채권을 발행할 수 있을 것이다.

것이다.

③ 소비자피해의 사전예방적 역할

상조공제조합에서는 소비자가 안심할 수 있는 제도를 마련하여 홍보활동을 강화하는 한편 유사 · 변형사업형태 및 소비자피해사례 등을 전파하며, 상조공제조합으로부터 공제보호를 받을 수 있는 상조서비스회사를 홍보하여 상조서비스상품가입시 소비자의 선택에 도움을 주도록 해야 할 것이고, 상조서비스시장에서 고객과 직접 대면으로 상품판매나 상품홍보 등을 하는 설계사 및 행사발생시 실질적인 서비스를 제공하는 역무요원, 행사보조원 그리고 관리요원 등 상조서비스에 종사하는 모든 인력에 대한 재교육 및 마인드함양을 위한 교육사업을 수행하여 각 분야의 전문인자격제도 등을 도입하여 상조서비스의 질적 향상을 도모해야 할 것이다.

또한, 양질의 상조서비스를 제공할 수 있도록 환경을 조성함은 물론 상조서비스산업이 사회적 안전망으로서 역할을 다하도록 유도하고 이를 통한 상조서비스회사의 건강한 경영환경을 조성하고,[49] 나아가 기업의 사회적 책임을 이행하도록 유도하고 우리 사회의 제2복지산업으로 정착할 수 있게 해야 할 것이다.[50] 이를 위하여 상조회사들에 대한 법령홍보, 준법교육 등을 통하여 자율적 사전심사를 실시하고 불법의 소지가 있는 상조서비스에 대한 주의, 예방 등을 실시함으로써 상조서비스업계 전체의 건전한 발전을 도모할 수 있다. 그리고 상조공제조합이 상조서비스업계 전체를 지도, 대변 등을 함과 아울러 관리, 감시를 하고 감독당국과의 관계에서는 중간자적 가교역할을 수행하면서 자율적인 시장조정기능을 수행하도록 해야 할 것이다.

(5) 상조공제조합의 기대효과

① 소비자피해예방 및 상조업의 발전도모

상조공제조합의 운영을 통하여 바람직한 상조서비스에 대한 지속적인 홍

---

49) 각 상조서비스회사의 중복투자로 인한 risk를 최소화할 수 있도록 협의하여 원가절감효과를 거둘 수 있게 하며, 필요시설의 경우 공동투자를 유도하여 시설의 회전율을 높이고 운용수익을 발생하도록 하여 상조서비스회사의 수익증진효과를 도모해야 한다.

50) 지역적으로 장의행사 및 혼례행사 등 상조서비스제공에 있어 유연성이 낙후되는 지역에는 상조공제조합의 수익자금 등을 활용하여 전략적 사업계획으로 등급 이상의 시설을 확보하거나 신설하여 낙후지역의 행사유연성을 확보하고 여타 지역의 행사유연성확보에 간접적 효과를 거둘 수 있게 해야 한다.

보와 함께 종사자들의 정기적인 교육을 실시하여 유사·변형사업자로 인한 피해를 미연에 방지하여, 발생할 수 있는 상조서비스사업자의 귀책사유로 인한 소비자분쟁에 대하여는 공제금납부요율결정에 패널티를 적용하는 등의 방법으로 소비자피해를 예방하는 효과를 거둘 수 있을 것이고, 상조공제조합과의 공제계약체결로 유사·변형사업자와 같은 형태의 사업방식은 근절하도록 유도하고 상조서비스산업에 대한 일정부분의 표준화를 유도할 수 있으며, 이로 인하여 상조서비스산업의 발전효과를 기대할 수 있다.

② 사업자피해예방 및 소비자분쟁의 신속해결

신뢰할 수 있는 소비자피해보상제도 및 사업자신뢰담보제도의 부재로 인하여 사업자 스스로 보증시스템을 마련하거나 또는 실효성이 확보되지 않은 보증계약 등에 적지 않은 비용이 발생하는 사례도 있어 상조공제조합의 운영을 통해 이러한 상조서비스사업자의 피해를 예방할 수 있으며, 이로 인한 제2의 소비자피해 또한 예방할 수 있을 것이고, 소비자의 중도해약요구 및 행사이행요구에 대한 상조서비스사업자의 해약거부 또는 해약금지급지연 등의 사태와 행사불이행이 발생할 경우, 소비자의 요청을 받아 계약관계 및 소비자분쟁의 사실 여부 확인으로 상조공제조합이 해약환급금의 우선 대지급 등을 통해 소비자분쟁에 대한 신속한 해결효과를 거둘 수 있을 것이다.

또한, 상조공제조합에 계약체결한 상조서비스사업자의 공제료[51]와 공제출자금 등의 이자수익 등 각종 수익을 활용하여 매년 일정비율의 사업비를 책정하여 미해결상조서비스 소비자피해구제사업에 사용하도록 하여 점진적 해결을 기대할 수 있다.

③ 상조업에 대한 신뢰도증진

상조서비스피해보상제도의 마련과 바람직한 상조서비스에 대한 홍보 및 소비자분쟁의 적극적 해결 등과 병행하여 미해결 소비자피해문제까지 점진적으로 해결해 나가는 일련의 시스템구축과 그 운영을 통한 상조서비스에 대한 소비자의 만족도 및 신뢰도향상에 매우 큰 기대효과가 있으며, 이를 통하여 상조서비스산업의 경영환경에 만족할 만한 건강성을 확보할 수 있을 것이고, 상조서비스와 관련한 소비자분쟁으로 인해 해당 상조서비스회사는 물론

51) 안전예치금의 일환이다.

소비자단체 및 정부기관 등에도 상당한 자원이 소요되는바, 상조공제조합의 운영을 통하여 이러한 사회적 비용을 절감하는 효과도 기대할 수 있다.

또한, 공제조합제도는 기존에 공정거래위원회를 통하여 단속과 처벌을 중심으로 감시감독하던 것에서 벗어나 시장의 자율적 기능을 최대한 활용하여 상조업체들의 업무를 감시하는 것으로 전환하는 효과를 볼 수 있을 것이다.[52] 즉, 자본금비율이 현저하게 낮거나 사고발생의 위험성이 큰 업체들은 공제조합과 공제계약을 체결하기 어렵거나 고가의 공제료를 부담하게 되어 시장에서 자동적으로 퇴출될 수도 있으며, 상조업체 스스로가 고가의 공제료 부담을 경감하기 위하여 재무적 건전성을 확보하고 소비자피해발생을 최소화하기 위해 노력하지 않으면 사업의 운영이 곤란해지는 효과가 발생하게 될 것이다.[53] 공정거래위원회나 법원은 사후적으로 사업자를 처벌할 뿐 소비자의 피해를 직접 구제하지는 못하고 민사상 손해배상청구를 하더라도 시일이 오래 걸릴 뿐만 아니라 개인들이 재판절차에서 피해를 입증하는 데 어려움을 겪게 되며, 설사 소비자가 당해 소송에서 승소하였다고 하더라도 이미 업체들의 자력이 부족하거나 지급에 불응할 경우 다시 강제집행절차에 착수해야 하는 등 실제 만족을 얻기 어려운 사례가 빈번한바, 공제조합은 공제료를 통하여 사업자를 제재하는 한편 보상금지급을 통해 소비자의 피해를 신속하게 구제하는 역할을 맡을 수 있게 될 것이다. 아울러 소비자 입장에서는 피해보상에 대한 불확실성이 줄어들어 판매자에 대한 신뢰를 증대시키게 되며 이는 판매자의 매출증대 및 이미지제고에 큰 도움이 될 수 있을 것이다.[54]

---

52) 상조업체의 법위반가능성을 사전에 제거하고 상조업계의 자율규제기능을 활성화하여 정부의 관여가 불필요하다고 판단되는 영역에 대해서 우선적으로 자율규제제도를 도입하고 향후 환경변화에 따라 그 영역을 확대해 나갈 수 있을 것이다.

53) 이는 다단계판매업에서 시행되고 있는 공제조합의 사례에서 확인할 수 있는데, 다단계판매회사들은 청약철회의 실제 책임을 지는 소비자피해보상계약의 의무가입을 통해 다단계판매회사의 시장진입이 자율적으로 규율되었고, 공제조합은 개별회사와 공제계약을 체결할 때 자본금증명확인서를 회계법인으로부터 확인받도록 의무화함으로써 부실기업의 시장진입을 규제하는 역할까지 하게 되었다. 또한 개별회사에 대한 상시 모니터링과 실사를 통해 회사의 공제사고가능성을 사전에 확인하는 시장친화적 규제업무를 담당하게 되었다.

54) 다만, 공제조합제도는 시장친화적 규제와 상조업의 자정작용을 촉진하는 등의 장점을 보유하고 있으나 소비자보호에 대한 의식이 결여된 상태에서 공제조합가입을 의무화할 경우 판매자는 공제료 등의 비용을 불필요한 부담으로 여기게 될 수 있고, 판매자가 보험가입에만 그치고 자발적으로 소비자보호를 위한 기타의 조치를 취할 필요성을 느끼지 않는 결과를 야기할 수 있으므로, 공제조합제도와 같은 소비자피해보상보험제도를 도입함에 있어서는 무엇보다도 상조업체 스스로의 인식변화가 동반되어야 할 것인바, 공제조합제도를 도입함으로써 상조업체의 자기 정화 효과를 가져올 뿐만 아니라 상조업체에 대한 고객의 신뢰성을 높이게 되고, 이는 건전한 고객유인효과로

(6) 상조공제조합의 운영방안

상조판매는 주로 대면거래로 인한 판매활동진입이 용이하고 일부 판매원의 경제적 이익을 취득하기 위한 무리한 가입유치로 사후에 소액 다수의 피해가 발생한다. 따라서 신속하고 적정하게 소비자피해를 보상하기 위해서는 시스템화되어 있는 피해보상제도가 갖추어져 있어야 하며 회사의 예고 없는 영업활동중단에 대비하여 적절한 재원을 확보하여야 하고, 간결하고 신속한 피해보상절차가 마련되어야 하며 전산시스템 등을 이용하여 회사의 매출액 등을 상시적으로 확보함으로써 적절한 피해보상업무수행과 매출신고누락을 방지하여야 한다. 또한 상시적인 모니터링과 매출관리로 상조판매회사의 영업방식과 현황에 대한 정보를 수집하여야 하는 등의 특징을 반영하여야 한다.

그리고 상조판매의 소비자피해는 무엇보다 사후의 피해구제가 어렵다는 점에서 사전에 피해가 발생하는 것을 예방하는 것 역시 중요하다. 따라서 소비자피해보상제도에 예방역할을 보완하는 것을 고려할 필요가 있다.

상조판매분야에 있어서 피해예방을 위한 시장감시와 피해보상제도가 분리되어 운영된다면 각각의 기능이 효과를 제대로 나타내기 어렵다. 피해예방을 위한 시장감시라는 공익적 기능[55][56]은 피해보상금액의 최소화를 위한 영리적 기능과 분리될 경우 그 동력이 약해지게 되며, 피해보상금액의 최소화를 위한 영리적 기능은 시장감시와 분리될 경우 정확한 현황파악이 어려워지고 합리적인 의사결정이 어렵게 된다. 두 가지 기능이 통합된 기구에 의하여 수행되어야 피해보상과 재원확보라는 경제적 이해가 상호견제를 통한 시장정화로 이어짐으로써 그 효과를 극대화할 수 있다.[57][58]

상조업에서의 공제조합은 다음과 같은 점을 고려해야 할 것이다.

이어져 상조업체에 대한 매출증대 및 상조업시장의 확대로 이어질 수 있다는 공감대형성에도 주력할 필요가 있다.

55) 공제조합이 공익적 기능을 수행하기 위해서는 1차적으로 상조회사들의 불법, 탈법영업을 방지하기 위한 업무를 수행하여야 하나, 이를 위해서는 공제조합의 공공성과 중립성이 강화되어야 하며 공제조합이 사전적인 소비자피해예방활동과 소비자권익보호를 위한 사업을 할 수 있도록 법적 근거를 마련하는 것이 필요하다.

56) 김홍석, "직접판매시장의 발전을 위한 정책개선방안", 「선문법학 제8권 제1호」, 선문대학교 법학연구소, 2008. 12, 80~81면.

57) 예를 들어 시장감시를 통해서 위험징후를 조기에 파악하고 이를 담보금과 수수료에 신속하게 반영함으로써 위험을 억제할 수 있다.

58) 김홍석, "다단계판매업의 소비자피해보상제도 비교고찰", 「선문법학 제9권 제1호」, 선문대학교 법학연구소, 2009. 6, 220~221면.

우선, 공제조합제도는 보상기간과 한도가 있을 수밖에 없기 때문에 모든 피해를 보상할 수는 없기 때문에 시장정화를 통해 업계의 건전성을 향상시키고 회사가 소비자문제에 적극적으로 대처하도록 유도하기 위해서는 회사와 소비자 모두 만족할 수 있는 적정한 수준으로 피해보상액을 상정할 필요가 있다.

둘째로, 회사가 매출액을 누락시켜 피해보상을 받지 못하는 사례가 발생하지 않도록 회사가 매출규모에 맞게 보증계약을 체결하는지 더욱 철저히 점검하고 전산시스템의 기능을 향상시켜야 할 것이다.

셋째로, 공제조합제도는 타보상제도에 비해 회사의 비용부담이 훨씬 덜하지만 이윤을 내야 하는 회사 입장에서는 조금이라도 비용이 덜 들기를 선호할 것이므로 공제조합은 자산을 금융상품이나 사업운영 등에 투자해 안정적이면서도 수익적으로 운용함으로써 공제료를 인하할 필요가 있다.

넷째로, 공제조합의 가장 우선시되는 책무는 원활한 소비자피해보상이지만 찾아오는 피해자에게 보상금만 지불하는 것은 근본적인 취지에는 부합되지 않는다.

상조업에서의 소비자피해보상보험을 도입하기 위하여 공제조합을 설립하고자 하는 근본목적은 보상사고가 일어나지 않도록 이에 대한 위험요소를 예방하고 사고당사자간의 원만한 해결을 도우며 권익을 보호하여 시장이 자율적으로 운영되도록 안정화시키는 것이다. 즉, 공제조합의 일차적인 목적은 시장감시 및 보호기구로서의 기능을 시장에서 자율적으로 사전에 수행해야 하는 것임을 알 수 있다. 사후보상은 이러한 기능을 수행했음에도 불구하고 발생하는 사고에 대해서 규정과 약관에 따라 공정하게 처리하는 것이고 그 이전에 예방활동에 주력하여 건강한 시장을 구축하는 것이 공제조합업무의 핵심이 되어야 한다.

다섯째로, 상조업이 소비자들로부터 신뢰를 회복하기 위해서는 정부의 사후조치에 앞서 자율적으로 불법행위가 상호 감시되고 소비자에 의해 선택되는 것이 가장 바람직한 형태라고 본다. 또한 건전한 상거래를 하는 회사에 대해서는 소비자에게 회사에 대한 올바른 정보를 제공해 상품력중심의 시장을 형성시켜야 한다. 아울러 이와 같은 관리·감독권한이 적절하게 행사될 수 있도록 출자사로부터의 독립성을 갖출 것이 요구된다.[59][60]

여섯째로, 공제조합은 불법행위에 대해서는 사전감시를 통해 감독하고, 건전한 행위에 대해서는 양성해 주는 기능을 적절히 조화시켜 수행해 나갈 필요가 있으며 아울러 소비자가 자발적으로 시장의 감시자역할을 할 수 있도록 소비자를 독려하는 것도 고려해 볼 필요가 있다.[61] 또한, 공제조합은 소비자피해보상제도에 대한 지속적인 홍보로 선의의 피해자를 최대한 줄이고, 피해보상이라는 역할수행을 넘어 소비자피해의 사전예방을 위해 역량을 다져 나가야 할 것이다.

일곱째로, 상조공제조합과 보증계약을 체결한 상조서비스회사를 '상조공제조합 조합원사'라고 할 때, 구체적으로 할부거래법 등 관련법령에서 정한 등록규정을 준수하여 공제계약을 체결하고 사전등록하여 영업하며, 정기적인 상조공제조합의 보증보험금심사 및 보증보험금납입의무 등 일련의 의무를 다하는 상조서비스회사 및 해당 회사의 가입소비자를 보호대상으로 한다고 볼 수 있다. 상조공제조합의 보호대상 상조서비스회사인지 여부는 상조공제조합 홈페이지를 통하여 실시간 검색할 수 있도록 하여야 하며, 상조공제조합에 등록되지 않은 상조서비스회사나 상조공제조합에서 인가되지 않은 상품 또는 변형적인 판매방식에 의한 변형상품의 경우에는 보호받을 수 없음을 확고히 하여야 할 것이다.[62][63]

---

59) 공제조합이 회원사로부터 독립하기 위해서는 공제조합이 자체적으로 재정의 독립을 위한 수익사업을 할 수 있는 제도적 장치를 마련하여야 하며, 회사들 역시 소비자피해보상을 위한 재원을 비용이기보다는 소비자신뢰를 제고하기 위한 투자라고 재인식하는 것이 바람직하다. 2005년 이후 대형 다단계업체들이 비현실적인 보상플랜기법을 도입하여 무리한 운영을 해 오다가 결국 도산으로 이어져 사회적으로 막대한 규모의 소비자피해를 발생시킨 사건이 있었다. 이에 한국특수판매공제조합은 매출신고누락 및 담보금미납 등을 이유로 공제규정에 의하여 공제거래계약을 중지하는 조치를 취하자, 일부 다단계회사는 정관상 출자지분에 기초하여 의결권을 행사한다는 점을 이용하여 2005년 10월 말경 임시총회소집을 요청하여 이사장 해임의결을 시도하였으나 결국 임시총회 소집요건이 부족하여 무산된 바 있다. 이 사건을 계기로 소비자피해보상을 위해 설립된 공제조합의 운영과 관련하여 출자지분에 기초하여 의결권을 행사하는 것이 올바른지에 대한 논란이 제기되면서 과연 방문판매법상 공제조합의 법적 성격이 조합인지 아니면 비영리사단법인지 등에 대한 논란이 지속되었다. 이로 인해 한국특수판매공제조합과 직접판매공제조합은 출자지분에 기초한 의결권의 행사범위를 제한하는 것으로 정관을 개정하였으나, 공제조합의 법적 성격이 무엇인지에 대한 논란이 해결되지 않은 채 여전히 공제조합과 조합사들 사이에 난제가 되었다.

60) 김홍석, "방문판매법상 공제조합의 법적 성격과 제도개선방안", 「법조 제59권 제1호」, 법조협회, 2010. 1, 200~201면.

61) 공제조합이 설립되었을 경우 동 조합에 가입한 회사와 가입하지 않은 회사에 대해 소비자들이 정확하면서도 간단하게 인지하고 선별할 수 있도록 지속적으로 유도해 나가야 한다.

62) 다단계판매의 경우에도 공제조합가입을 하지 않고 시·도에 등록도 하지 않은 미등록 다단계업체가 상존하고 있어 다단계판매시장의 신뢰도를 저하시키고 심각한 소비자피해발생이 우려되고 있으며, 또한 방문판매업체로 위장하여 실제로는 불법적인 다단계판매영업을 하는 경우 공제조

마지막으로, 상조공제조합의 설립운영을 통하여 소비자안심제도를 도입하여 소비자피해 발생을 억제하고, 공제출자금 및 매년 납입되는 공제보증보험금 등을 통한 수익을 활용하여 미해결 피해자구제기금을 조성하고 매년 일정비율의 사업비를 책정하여 미해결 피해자구제사업을 전개할 필요가 있다.

그리고 상조공제조합의 운영기반을 고려하여 구제사업을 전개하여야 하므로, 우선 상조서비스 미해결 피해자를 접수받아 선별하여 데이터베이스를 구축하고 이들을 대상으로 연차적인 구제사업규모를 결정하여 점진적으로 해결하도록 해야 한다.

상조서비스의 특성상, 미해결 소비자에 대한 우선적 구제방안은 상조서비스행사에 사용될 수 있도록 유도하여 가입회원사 또는 별도 용역에 의한 인프라를 활용하여 최적의 비용으로 해결할 수 있도록 하여 risk를 최소화하고 안정적으로 미해결 소비자피해를 해결할 수 있도록 하며, 상조서비스행사로 이어지지 않는 경우에는 해약자로 구분하고 해약환급금의 지급범위는 소비자선택의 과실부분을 일부 적용하고, 상조공제조합의 구제사업의 안전성을 감안한 적정비율을 정하여 환급금을 지급할 수 있게 해야 한다.[64]

제 5 절 공정거래위원회

Ⅰ. 소비자권익보호를 위한 조치

1. 선불식 할부거래업자에 대한 정보공개

(1) 정보공개의 대상

공정거래위원회는 선불식 할부거래업자에 대한 다음 각호의 사항을 공개하여야 한다(법 제18조 제5항, 시행규칙 제7조).

① 선불식 할부거래업자가 법 제18조 제1항에 따라 등록한 사항

② 선불식 할부거래업자가 법 제18조 제3항에 따라 신고한 사항

합에 미가입한 상태이므로 피해가 발생하더라도 피해구제의 어려움이 발생한다.

63) 김홍석, "신방문판매의 등장원인과 소비자피해방지방안", 「선문법학 제7권 제1호」, 선문대학교 법학연구소, 2008. 6, 137~138면.

64) 홍웅식, 2009 상조산업 발전세미나 토론자료, 전국상조협회, 2009. 5, 67~74면 참조.

③ 선불식 할부거래업자의 등록번호 및 등록일

④ 선불식 할부거래업자가 판매하는 재화등의 판매품목

⑤ 선불식 할부거래업자의 자산・부채 및 선수금내역

다만, 선불식 할부거래업자의 경영・영업상 비밀에 관한 사항으로서 공개될 경우 선불식 할부거래업자의 정당한 이익을 현저히 해칠 우려가 있다고 인정되는 사항과 개인에 관한 사항으로서 사생활의 비밀 또는 자유를 침해할 우려가 있다고 인정되는 사항에 대하여는 공개하지 아니한다.

(2) 정보공개의 절차(시행령 제13조)

① 공정거래위원회는 법 제18조 제5항에 따라 선불식 할부거래업자의 정보를 공개하는 경우 해당 선불식 할부거래업자에게 정보공개의 목적, 내용, 기간 및 방법 등을 정보공개일 15일 전까지 통지하여야 한다.

② 선불식 할부거래업자는 공개하는 내용 중 사실과 다른 내용이 있거나 법 제18조 제5항에서 규정한 공개대상의 예외사유가 있는 경우에는 정보공개일 5일 전까지 그 사실을 증명하는 서류를 첨부하여 서면으로 공정거래위원회에 그 내용의 정정 또는 비공개를 요구할 수 있다.

③ 공정거래위원회는 선불식 할부거래업자의 정정 또는 비공개요구가 정당하다고 인정되면 공개내용을 변경하거나 해당 정보를 공개하지 아니할 수 있다.

(3) 자료제출

① 공정거래위원회는 선불식 할부거래업자의 정보공개를 위하여 필요한 경우에는 선불식 할부거래업자에게 관련자료의 제출을 요구할 수 있다. 이 경우 선불식 할부거래업자는 정당한 사유가 없으면 관련자료를 제출하여야 한다(법 제18조 제6항).

② 공정거래위원회는 법 제18조 제6항에 따라 선불식 할부거래업자가 제출한 자료가 불명확한 경우 적당한 기간을 정하여 선불식 할부거래업자에게 필요한 내용의 변경 또는 보완을 요구할 수 있다(법 시행령 제13조 제3항).

(4) 공정거래위원회의 고시

선불식 할부거래업자의 정보공개에 관하여 필요한 사항은 공정거래위원회가 정하여 고시한다(법 시행령 제13조 제4항).

2. 선불식 할부거래업자의 부당행위에 대한 정보공개

(1) 의 의

공정거래위원회는 선불식 할부거래에서의 공정거래질서확립과 소비자피해예방을 위하여 필요한 경우에는 선불식 할부거래업자의 이 법 위반행위에 대한 조사결과 등 부당행위에 대한 정보를 공개할 수 있다(법 제36조). 이는 소비자들이 선불식 할부거래업자와 계약을 체결하기 전에 그 회사가 건실한 업체인지 판단하여 계약체결 여부를 결정할 수 있도록 개별업체에 대한 정보를 제공하기 위한 것이다.

(2) 정보공개의 대상

공정거래위원회는 선불식 할부거래업자가 할부거래법을 위반한 행위에 대한 조사결과 등 부당행위에 대한 정보를 공개할 수 있다. 선불식 할부거래업자의 부당행위에 대한 정보공개의 구체적인 방법과 절차 등에 관하여 필요한 사항은 공정거래위원회가 정하여 고시한다.

(3) 정보공개의 절차(시행령 제24조)

① 공정거래위원회는 부당행위에 대한 정보를 공개하려는 경우에는 해당 선불식 할부거래업자에게 정보공개의 목적, 내용, 기간 및 방법 등을 정보공개일 15일 전까지 통지하여야 한다.

② 선불식 할부거래업자는 공개하는 내용 중 사실과 다른 내용이 있는 경우에는 정보공개일 5일 전까지 그 사실을 증명하는 서류를 첨부하여 서면으로 공정거래위원회에 그 내용의 정정 또는 비공개를 요구할 수 있다.

③ 공정거래위원회는 선불식 할부거래업자의 정정 또는 비공개요구가 정당하다고 인정되면 공개내용을 변경하거나 해당 정보를 공개하지 아니할 수 있다.

(4) 공정거래위원회의 고시

선불식 할부거래업자의 부당행위에 대한 정보공개의 구체적인 방법과 절차 등에 관하여 필요한 사항은 공정거래위원회가 정하여 고시한다(시행령 제24조 제3항).

3. 소비자피해분쟁조정의 요청

공정거래위원회 등은 이 법위반행위와 관련하여 소비자의 피해구제신청

분쟁처리절차도

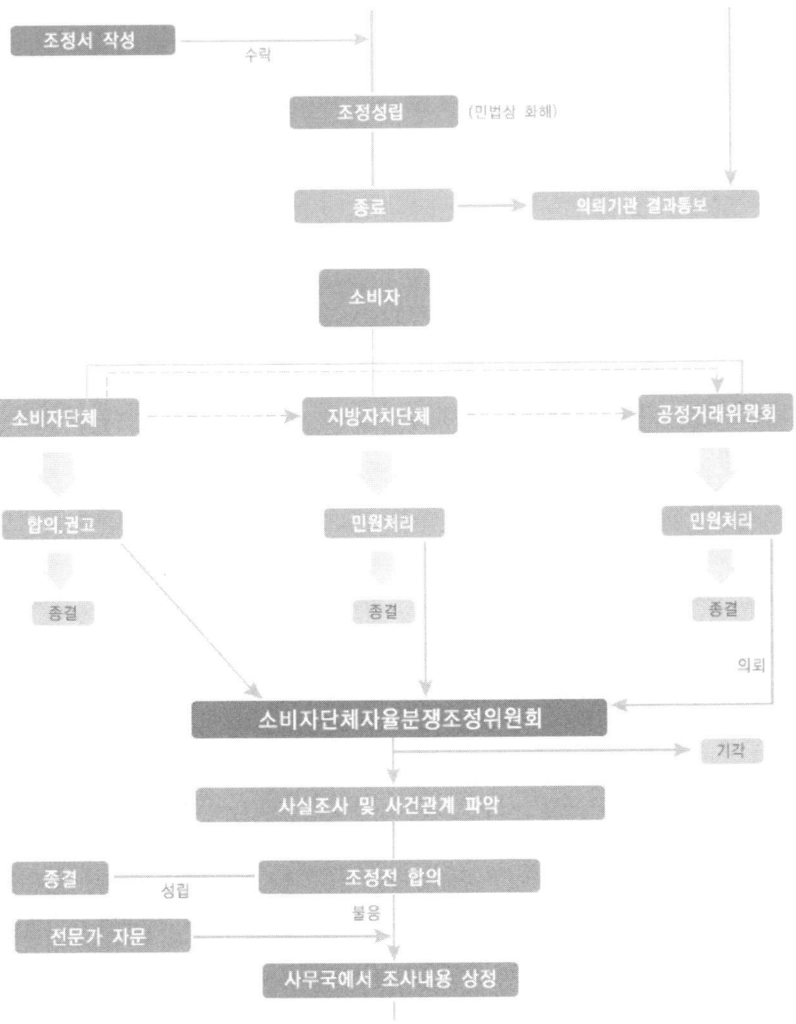

이 있는 경우 시정권고 또는 시정조치를 행하기 전에 선불식 할부거래에 있어 소비자보호 관련업무를 수행하는 한국소비자원 또는 소비자피해분쟁조정기구에 그 조정을 의뢰할 수 있으며, 분쟁조정의 당사자가 한국소비자원 또는 소비자피해분쟁조정기구의 권고안 또는 조정안을 수락하고 이행하는 경우에는 시정조치 등을 하지 아니한다(법 제41조). 현재 소비자피해분쟁조정기구로는 자율분쟁조정위원회(www.amco.or.kr)가 있고, 분쟁처리절차는 앞의 그림과 같다.[65]

Ⅱ. 법위반행위의 조사

1. 직권조사

공정거래위원회 등(시·도지사 또는 시장·군수·구청장을 포함)은 선불식 할부거래업자가 이 법의 규정을 위반한 사실이 있다고 인정할 때에는 직권으로 필요한 조사를 할 수 있다(법 제35조 제1항). 또한, 누구든지 이 법의 규정에 위반되는 사실이 있다고 인정할 때에는 그 사실을 공정거래위원회 또는 시·도지사 또는 시장·군수·구청장에게 신고할 수 있다(법 제35조 제4항).

2. 공정거래위원회의 우선적 조사권

시·도지사 또는 시장·군수·구청장 등이 직권조사를 하고자 하는 경우에는 공정거래위원회에 이 사실을 통보하여야 하며, 공정거래위원회는 조사 등이 중복될 우려가 있는 경우에는 시·도지사 또는 시장·군수·구청장에게 조사의 중지를 요청할 수 있다. 이 경우 요청을 받은 시·도지사 또는 시장·군수·구청장은 상당한 이유가 없는 한 그 조사를 중지하여야 한다(법 제35조 제2항).

3. 한국소비자원과의 합동조사반 구성

(1) 공정거래위원회는 직권조사를 위하여 소비자기본법 제33조에 따른 한국소비자원과 합동으로 조사반을 구성할 수 있다(법 제35조 제6항).

---

65) 자세한 내용은 자율분쟁조정위원회 홈페이지를 참고.

(2) 합동조사반은 반장 및 반원(班員)으로 구성하며, 반장은 공정거래위원회 소속공무원으로 하고, 반원은 공정거래위원회 소속공무원 및 한국소비자원장이 지정한 소속직원으로 한다(법 시행령 제23조 제1항).

(3) 공정거래위원회는 조사반을 구성할 필요가 있는 경우에는 미리 조사기간, 조사대상, 조사에 필요한 인원 등을 적은 문서로 한국소비자원장에게 반원을 지정하여 줄 것을 요청하여야 하며, 조사반의 조사 등의 활동은 반장의 지휘·감독을 받아 실시한다(법 시행령 제23조 제2, 3항).

(4) 합동조사반의 업무를 담당하는 한국소비자원의 임직원은 형법 제129조(수뢰, 사전수뢰), 제130조(제3자뇌물공여), 제131조(수뢰후 부정처사, 사후수뢰), 제132조(알선수재)까지의 규정에 따른 벌칙을 적용할 때에는 공무원으로 본다(법 제35조 제7항). 이는 합동조사반의 업무를 수행함에 있어 공무원의 신분을 갖도록 함으로써 업무와 관련하여 뇌물수수 등을 할 경우에는 이를 엄격하게 처벌하기 위한 규정이다.

4. 직권조사결과의 통지의무

공정거래위원회 또는 시·도지사 또는 시장·군수·구청장은 직권조사를 한 경우에는 그 결과를 당해 사건의 당사자에게 문서로 알려야 한다(법 제35조 제3항).

5. 시 효

(1) 공정거래위원회는 선불식 할부거래업자의 이 법에 위반행위가 끝난 날로부터 5년이 지난 경우 그 위반행위에 대하여는 이 법에 따른 시정조치를 명하지 아니하거나 과징금을 부과하지 아니한다(법 제35조 제5항).

(2) 다만, 시정조치 또는 과징금부과처분이 판결의 취지에 따라 취소된 경우로서 그 판결이유에 따라 새로운 처분을 하는 경우에는 예외이다.

Ⅲ. 시정조치 및 과징금 등 부과

1. 시정권고(법 제38조)

(1) 주 체

시정권고의 주체는 공정거래위원회, 시·도지사 또는 시장·군수·구청장이다.

(2) 사 유

선불식 할부거래업자가 이 법에 위반되는 행위를 하거나 이 법에 따른 의무를 이행하지 않은 경우 법 제39조의 시정조치를 하기 전에 시정권고를 할 수 있다.

(3) 시정권고의 내용

공정거래위원회 등은 선불식 할부거래업자에게 법위반행위의 중지, 법에 따른 의무의 이행, 그 밖에 소비자피해예방 및 구제에 필요한 조치를 하도록 시정방안을 마련하여 권고할 수 있다.

(4) 시정권고의 절차

① 공정거래위원회 등은 선불식 할부거래업자에게 시정권고를 함에 있어 선불식 할부거래업자가 이를 수락한 경우에는 법 제39조에 따른 시정조치가 내려진 것으로 본다는 뜻을 함께 통지하여야 한다.

② 공정거래위원회 등으로부터 시정권고를 받은 선불식 할부거래업자는 시정권고통지를 받은 날로부터 10일 이내에 당해 권고를 수락할 것인지 여부를 시정권고를 한 행정청에 통지하여야 한다.

③ 시·도지사 또는 시장·군수·구청장이 선불식 할부거래업자에게 시정권고를 한 경우에는 지체없이 공정거래위원에 보고하여야 한다(법 시행령 제25조).

(5) 시정권고의 효력

선불식 할부거래업자가 시정권고의 내용을 수락한 경우에는 시정조치가 내려진 것과 동일한 효력이 있다(법 제38조 제3항).

2. 시정조치(법 제39조)

(1) 주 체

시정조치의 주체는 공정거래위원회이다.

(2) 사 유

선불식 할부거래업자에게 아래와 같은 사유가 있을 경우 공정거래위원회는 선불식 할부거래업자에게 그 시정을 위한 조치를 명할 수 있다(법 제39조 제1항).

① 법 제18조 제1항·제3항·제4항·제6항, 제19조, 제20조, 제22조부터 제26조까지, 제27조 제1항·제3항부터 제6항까지·제9항, 제32조, 제33조를 위반하는 경우

② 제34조 각호의 어느 하나에 해당하는 금지행위를 한 경우

③ 기타 이 법에 따른 의무를 이행하지 않은 경우

(3) 시정조치의 내용

① 공정거래위원회는 선불식 할부거래업자에게 해당 위반행위의 중지, 법에 규정된 의무의 이행, 시정조치를 받은 사실의 공표, 소비자피해예방 및 구제에 필요한 조치 및 그 밖에 시정을 위한 필요한 조치를 할 수 있다(법 제39조 제2항).

② 공정거래위원회가 '시정조치를 받은 사실의 공표'를 함에 있어서는 위반행위의 내용 및 정도, 위반행위의 기간 및 횟수, 위반행위로 인하여 발생한 소비자피해의 범위 및 정도 등을 정하여 명하여야 한다(시행령 제26조).

(4) 시정조치의 예외

소비자가 공정거래위원회, 시·도지사 또는 시장·군수·구청장에게 선불식 할부거래업자의 법위반행위와 관련하여 피해구제신청을 한 경우, 선불식 할부거래업자가 소비자피해분쟁조정기구의 조정안을 수락하고 이를 이행한 후 이를 증빙하는 서류를 이행일로부터 10일 이내에 공정거래위원회에 제출할 경우 공정거래위원회는 시정조치를 하지 아니한다(법 제41조 제2항, 시행령 제29조). 이 경우 선불식 할부거래업자는 공정거래위원회에 시정조치를 하지 아니한다는 확인을

요청할 수 있으며, 공정거래위원회는 시정조치를 하지 아니하는 대상 등을 선불식 할부거래업자에게 통지하여야 한다.

(5) 시정조치명령을 이행하지 않은 경우

할부거래법 제48조 제1항 제3호는 선불식 할부거래업자가 시정조치명령에 응하지 않을 경우에는 3년 이하의 징역 또는 1억원 이하의 벌금을 부과하도록 규정하고 있다.

3. 영업정지명령(법 제40조 제1항)

(1) 주 체

영업정지명령의 주체는 공정거래위원회이다.

(2) 사 유

① 선불식 할부거래업자가 ㉠ 법 제18조 제3항 등록사항의 변경신고를 하지 않거나 거짓으로 신고한 경우, ㉡ 법 제18조 제4항 휴·폐업시 또는 영업재개시신고를 하지 않거나 거짓으로 신고한 경우, ㉢ 법 제34조 제1호, 제2호, 제3호, 제8호, 제11호에 해당하는 금지행위를 하였을 것

② 공정거래위원회가 위 ①에 대하여 시정할 것을 명하였으나 이행하지 않거나, 시정조치에도 불구하고 위반행위가 반복되는 경우일 것

(3) 영업정지명령의 기준

공정거래위원회가 영업정지명령을 할 수 있는 기준은 아래와 같다(시행령 제27조 별표 2).

① 일반기준

㈀ 위반행위가 둘 이상인 경우 가장 무거운 처분기준의 2분의 1까지 가중처분할 수 있다. 이 경우 각 처분기준을 합산한 기간을 초과할 수 없다.

㈁ 위반행위의 횟수에 따른 행정처분의 기준은 최근 3년간 같은 위반행위를 한 경우에 적용한다. 이 경우 반복행위의 기준일은 영업정지처분일과 그 처분 후에 다시 위반행위를 한 날을 기준으로 한다.

② 개별기준

위반행위	근거법조문	영업정지		
		1차	2차	3차
가. 법 제18조 제3항 또는 제4항에 따른 신고를 하지 아니하거나 거짓으로 신고한 경우	법 제40조 제1항 제1호	영업정지 15일	영업정지 1개월	영업정지 3개월
나. 법 제34조 제1호부터 제3호까지, 제8호 또는 제11호에 해당하는 금지행위를 한 경우	법 제40조 제1항 제2호	영업정지 15일	영업정지 1개월	영업정지 3개월

(4) 영업정지명령에 대한 불복

법 시행령 제27조 별표 2에서 규정하고 있는 영업정지의 기준은 선불식 할부거래업자가 반복 위반할 경우 가중처분을 받게 되므로 행정처분의 대상이 된다는 것이 대법원의 일관된 판례이다.

(5) 영업정지명령을 위반하여 영업을 지속한 경우

할부거래법 제48조 제1항 제4호는 선불식 할부거래업자가 영업정지명령을 위반하여 영업을 한 경우에는 3년 이하의 징역 또는 1억원 이하의 벌금을 부과하도록 규정하고 있다.

입법론

시행령 별표 2는 반복행위의 기준일을 영업정지처분일과 그 처분 후에 다시 위반행위를 한 날을 기준으로 하고 있으나, 통상적으로 공정거래위원회의 시정조치 등의 처분은 위반행위가 있었던 날로부터 보통 1년 후에 이루어지고 이에 대한 영업정지처분은 그 후에 내려지게 되므로 구체적 타당성을 상실하는 경우가 빈번하게 발생할 수 있다. 그러므로 기준일을 산정함에 있어 영업정지처분일로 하기보다는 영업정지처분에서 확정된 위반행위를 한 날을 기준으로 하는 것이 적절하다.

4. 과징금(법 제42조)

(1) 주 체

과징금의 주체는 공정거래위원회이다.

(2) 사 유

① 선불식 할부거래업자에게 영업정지명령사유가 발생하였을 것

② 영업정지가 소비자에게 심한 불편을 주거나 공익을 해할 우려가 있을 것.

③ 영업정지명령에 갈음하여 위반행위 관련매출액을 초과하지 아니하는 범위 안에서 과징금을 부과할 수 있다. 한편, 관련매출액이 없거나 이를 산정할 수 없는 경우에는 5천만원을 초과하지 아니하는 범위에서 과징금을 부과할 수 있다.

④ 여기서 과징금부과를 위한 '위반행위 관련매출액'이라 함은 해당 선불식 할부거래업자가 위반행위의 발생시부터 그 종료시[66]까지 선불식 할부계약과 관련하여 소비자로부터 지급받은 재화등의 대금의 100분의 30에 해당하는 금액을 말한다(시행령 제30조 제1항).[67]

(3) 과징금부과시 고려사항

① 공정거래위원회는 과징금을 부과함에 있어 ㉠ 위반행위로 인한 소비자피해 정도, ㉡ 소비자피해에 대한 선불식 할부거래업자의 보상노력 정도, ㉢ 위반행위로 인하여 취득한 이익의 규모, ㉣ 위반행위의 내용·기간·횟수 등을 고려하여야 한다(법 제42조 제2항).

② 공정거래위원회는 이 법을 위반한 선불식 할부거래업자인 회사의 합병이 있는 경우에는 그 회사가 행한 위반행위를 합병 후 존속하거나 합병으로 새로 설립된 회사가 한 행위로 보아 과징금을 부과·징수할 수 있다(법 제42조 제3항).

---

66) 해당 행위가 과징금부과처분을 명하는 공정거래위원회의 심의일까지 종료되지 않은 경우에는 그 심의일을 위반행위의 종료일로 본다.

67) 시행령 제30조 제1항에서 규정한 사항 외에 위반행위 관련매출액의 산정에 필요한 사항은 공정거래위원회가 정한다(시행령 제30조 제2항).

(4) 과징금부과기준(시행령 별표 3)

과징금의 부과기준(제31조 제1항 관련)

1. 과징금부과 여부의 결정
   과징금은 위반행위로 인한 소비자피해 정도를 우선적으로 고려하고 시장상황 등을 종합적으로 참고하여 그 부과 여부를 결정하되, 다음 각목의 어느 하나에 해당하는 경우에는 원칙적으로 과징금을 부과한다.
   가. 선불식 할부계약에 의한 거래의 공정성을 크게 해치는 경우
   나. 소비자 등에게 미치는 영향이 큰 경우
   다. 위반행위에 의하여 부당이득이 발생한 경우
   라. 가목부터 다목까지에 준하는 경우로서 공정거래위원회가 정하여 고시하는 경우
2. 과징금의 산정기준
   과징금은 법 제42조 제2항 각호에서 정한 고려사유와 이에 영향을 미치는 사항을 참고하여 산정하되, 기본과징금, 의무적 조정과징금, 임의적 조정과징금, 부과과징금의 순서에 따라 단계적으로 산정한다.
   가. 기본과징금
      1) 기본과징금은 제30조 제1항에서 정하는 위반행위 관련매출액에 위반행위의 유형 및 중대성 정도별로 정하는 부과기준율을 곱한 금액으로 한다. 다만, 법 제42조 제1항 후단에 해당하는 경우에는 5천만원 이내에서 중대성의 정도별로 정하는 금액을 기본과징금으로 한다.
      2) 위반행위의 중대성 정도는 법 제42조 제2항 제4호에 따른 위반행위의 내용 및 같은 항 제1호에 따른 위반행위로 인한 소비자 피해 정도에 따라 "중대성이 약한 위반행위," "중대한 위반행위," "매우 중대한 위반행위"로 구분한다.
   나. 의무적 조정과징금
      법 제42조 제2항 제4호에 따른 위반행위의 기간 및 횟수에 따라 각각 기본과징금의 100분의 50의 범위에서 공정거래위원회가 정하여 고시하는 기준에 따른 금액을 기본과징금에 가산한 금액과 법 제42조 제2항 제3호에 따른 위반행위로 인하여 취득한 이익의 규모에 해당하는 금액을 비교하여, 이 중 큰 금액을 의무적 조정과징금으로 한다.
   다. 임의적 조정과징금
      법 제42조 제2항 각호에 영향을 미치는 위반사업자의 고의·과실, 위반행위의 성격과 사정, 재정적 상황 및 시장여건 등의 사유를 고려하여 공정거래위원회가 정하여 고시하는 기준에 따라 의무적 조정과징금을 가중 또는 감경

한 금액을 임의적 조정과징금으로 한다. 이 경우 가중 또는 감경하는 금액은 각각 의무적 조정과징금의 100분의 50을 초과할 수 없다.

라. 부과과징금

1) 임의적 조정과징금의 금액이 위반사업자의 현실적 부담능력, 그 위반행위가 시장에 미치는 효과, 위반사업자가 처한 사업여건의 변동 등을 충분히 반영하지 못하여 지나치게 무겁다고 인정되는 경우에는 그 임의적 조정과징금을 100분의 50 이내에서 감액하여 부과과징금으로 정할 수 있다. 다만, 위반사업자의 과징금납부능력의 현저한 부족, 위반사업자가 속한 시장 · 산업여건의 현저한 변동 또는 지속적 악화, 경제위기, 그 밖에 이에 준하는 사유로 불가피하게 100분의 50을 초과하여 감액하는 것이 타당하다고 인정되는 경우에는 100분의 50을 초과하여 감액할 수 있다. 임의적 조정과징금을 감액하는 경우에는 공정거래위원회의 의결서에 그 이유를 명시하여야 한다.

2) 위반사업자의 채무상태가 지급불능 또는 지급정지상태에 있거나 부채의 총액이 자산의 총액을 초과하는 등의 사유로 위반사업자가 객관적으로 과징금을 납부할 능력이 없다고 인정되는 경우에는 과징금을 면제할 수 있다.

3. 세부기준의 제정

기본과징금의 부과기준율, 위반행위 관련매출액의 산정에 관한 세부기준, 의무적 조정과징금 및 임의적 조정과징금의 산정을 위한 기준, 그 밖에 과징금의 부과에 관하여 필요한 세부적인 기준과 방법 등에 관한 사항은 공정거래위원회가 정하여 고시한다.

(5) 과징금부과의 절차

① 공정거래위원회는 과징금을 부과하고자 하는 때에는 그 위반행위의 종별과 당해 과징금의 금액 등을 명시하여 그 통지를 받은 날로부터 60일 이내에 공정거래위원회가 정하는 수납기관에 이를 납부할 것을 서면으로 통지하여야 한다.

② 독점규제 및 공정거래에 관한 법률 제55조의4(과징금의 납부기한의 연장 및 분할납부), 제55조의6(과징금의 징수 및 체납처분), 제55조의7(과징금의 환급가산금)을 준용한다.

5. 과태료(법 제53조)

(1) 주 체

과태료부과의 주체는 공정거래위원회, 시 · 도지사, 또는 시장 · 군수 · 구청장이다.

(2) 과태료부과사유와 부과기준(시행령 별표 4)

공정거래위원회 등이 과태료를 부과할 수 있는 사유와 그 부과기준은 아래와 같다.

과태료의 부과기준(제33조 관련) (단위: 만원)

위반행위	근거법조문	과태료 금액기준		
		1차	2차	3차
1. 법 제5조를 위반하여 표시를 하지 아니하거나 거짓 표시를 한 경우	법 제53조 제4항 제1호	100	250	500
2. 법 제6조 제2항에 따른 계약서를 발급하지 아니하거나 거짓으로 적은 계약서를 발급한 경우	법 제53조 제4항 제2호	100	250	500
3. 법 제6조 제3항에 따른 서면을 발급하지 아니한 경우	법 제53조 제4항 제3호	100	250	500
4. 법 제7조에 따른 할부수수료의 실제연간요율의 최고한도를 위반하여 할부수수료를 받은 경우	법 제53조 제4항 제4호	100	250	500
5. 법 제10조를 위반하여 계약금, 할부금 또는 지연배상금을 환급하지 아니하거나 환급에 필요한 조치를 취하지 아니한 경우	법 제53조 제4항 제5호	100	250	500
6. 법 제10조 제8항 또는 제16조 제7항을 위반하여 소비자에게 불이익을 주는 행위를 한 경우	법 제53조 제4항 제6호	100	250	500
7. 법 제12조 제1항에 따른 지연손해금산정시 적용하는 이율의 최고한도를 위반하여 지연손해금을 받은 경우	법 제53조 제4항 제7호	100	250	500
8. 법 제17조를 위반하여 휴업기간 또는 영업정지기간에 청약의 철회에 관한 업무를 계속하지 아니한 경우	법 제53조 제4항 제8호	100	250	500
9. 법 제18조 제3항 또는 제4항에 따른 신고를 거짓으로 한 경우	법 제53조 제1항 제1호	1천	2천500	5천
10. 법 제18조 제3항 또는 제4항에 따른 신고를 하지 아니한 경우	법 제53조 제2항 제1호	600	1천500	3천

11. 법 제18조 제6항을 위반하여 자료를 제출하지 아니하거나 거짓 자료를 제출한 경우	법 제53조 제2항 제2호	600	1천500	3천
12. 법 제22조 제2항에 따른 신고를 거짓으로 한 경우	법 제53조 제1항 제2호	1천	2천500	5천
13. 법 제22조 제2항에 따른 신고를 하지 아니한 경우	법 제53조 제2항 제3호	600	1천500	3천
14. 법 제23조 제2항에 따른 계약서를 발급하지 아니하거나 거짓으로 적은 계약서를 발급한 경우	법 제53조 제3항 제1호	200	500	1천
15. 법 제24조 제5항을 위반하여 계약금, 할부금 또는 지연배상금을 환급하지 아니한 경우	법 제53조 제3항 제2호	200	500	1천
16. 법 제25조를 위반하여 대금 또는 지연배상금을 환급하지 아니하거나 과다한 위약금을 청구한 경우	법 제53조 제3항 제3호	200	500	1천
17. 법 제32조를 위반하여 휴업기간 또는 영업정지기간에 청약의 철회 등에 관한 업무를 계속하지 아니한 경우	법 제53조 제3항 제4호	200	500	1천
18. 법 제33조에 따른 소비자의 열람에 제공하는 재화등의 거래기록 · 소비자피해보상보험계약 등의 체결내용을 거짓으로 작성한 경우	법 제53조 제2항 제4호	600	1천500	3천
19. 법 제33조에 따른 재화등의 거래기록 · 소비자피해보상보험계약 등의 체결내용을 소비자가 열람할 수 있도록 하지 아니한 경우	법 제53조 제3항 제5호	200	500	1천
20. 법 제47조 제2항에 따라 준용되는 「독점규제 및 공정거래에 관한 법률」 제50조 제1항 제1호에 따른 출석처분을 받은 당사자 중 정당한 사유 없이 2회 이상 응하지 아니한 자로서 법을 위반한 경우	법 제53조 제3항 제6호	200	500	1천
21. 법 제47조 제2항에 따라 준용되는 「독점규제 및 공정거래에 관한 법률」 제50조 제1항 제3호 또는 제3항에 따른 보고 또는 필요한 자료나 물건의 제출을 하지 아니하거나 거짓 보고 또는 자료나 물건을 제출한 경우	법 제53조 제3항 제7호	200	500	1천
22. 법 제47조 제2항에 따라 준용되는 「독점규제 및 공정거래에 관한 법률」 제50조 제2항에 따른 조사를 거부 · 방해 또는 기피한 경우	법 제53조 제3항 제8호	200	500	1천

※ 비고: 위반행위의 횟수에 따른 과태료의 부과기준은 최근 3년간 같은 위반행위를 한 경우에 적용한다. 이 경우 위반행위에 대하여 과태료부과처분을 한 날과 동일한 위반행위를 한 날을 각각 기준으로 하여 위반횟수를 계산한다.

(3) 과태료부과절차

과태료를 부과하고자 하는 경우에는 당해 위반행위를 조사·확인한 후, 위반사실·이의방법·이의기간 및 과태료의 금액 등을 서면으로 명시하여 이를 납부할 것을 과태료부과대상자에게 통지하여야 한다. 이 때 과태료부과대상자에게 10일 이내의 기간을 정하여 구술 또는 서면에 의한 의견진술 기회를 주어야 하며, 지정된 기일까지 의견진술이 없는 경우에는 의견이 없는 것으로 본다.

(4) 과태료징수절차

과태료부과대상자가 과태료처분에 불복할 수 있는 기간(30일 이내) 동안 이의를 제기하지 아니하고 과태료를 납부하지 아니하는 경우에, 공정거래위원회가 부과한 경우에는 국세체납처분의 예에 의하여, 시·도지사 등이 부과한 경우에는 지방세체납처분의 예에 의하여 징수한다.

(5) 과태료부과처분에 대한 불복절차

과태료부과대상자가 과태료부과처분통지를 받은 날로부터 30일 이내에 이의신청을 하였을 경우 과태료를 부과한 공정거래위원회 등은 관할법원에 그 사실을 통보하여야 하며, 그 통보를 받은 관할법원은 비송사건절차법에 의한 과태료의 재판을 한다.

6. 공정거래위원회의 처분에 불복절차

(1) 공정거래위원회에 이의신청

공정거래위원회의 처분에 대하여 불복이 있는 자는 그 처분의 통지를 받은 날부터 30일 이내에 이의신청을 제기할 수 있다. 행정심판법상의 행정심판과는 달리 이의신청에 대해서는 공정거래위원회 스스로 심판을 행하게 된다. 공정거래사건의 전문성으로 인해 다른 행정기관으로 하여금 심판하게 하는 것이 부적당하기 때문이다. 공정거래위원회는 이의신청이 있을 경우 60일 이내에 재결을 하여야 하고 부득이한 경우 30일의 범위 안에서 그 기간을 연장할 수 있다. 서류보정 등을 위하여 소요되는 기간은 위 기간산정에서 제외된다.

(2) 공정거래위원회에 집행정지신청

시정조치명령을 받은 자가 그 명령의 이행 또는 절차의 속행으로 인하여 발생할 수 있는 회복하기 어려운 손해를 예방하기 위하여 필요하다고 인정하는 때에는 공정거래위원회는 직권 또는 당사자의 신청으로 그 명령의 이행 또는 절차의 속행에 대한 정지(이하 "집행정지"라 한다)를 결정 또는 그 결정을 취소할 수 있다. 집행정지신청이 있을 경우 통상 신문공표명령에 대해서는 정지결정을 내리고 있다. 신문공표를 하게 되면 사후 회복이 용이하지 않다고 보기 때문이다. 주의할 것은 이 집행정지제도는 시정조치명령에 대해서만 인정이 되고 과징금납부명령에 대해서는 인정이 되지 않는다. 입법상의 착오라는 견해도 있으나 과징금납부명령은 그 독자적 의의보다는 그 전제가 되는 위반사실 인정에 따른 시정조치명령에 대한 이의신청이 있을 경우 그 처리결과에 연계되어 움직이므로 실무상 이의신청과 별개로 과징금납부명령에 따른 후속조치를 취하지 않고 있으므로 그 논의의 실익은 크지 않다고 본다. 가산금과 관련하여 실익이 있다는 견해 또한 있으나 집행 또는 효력정지결정이 내려졌다 하여 가산금의 발생이 멈추지는 않고 단지 징수절차만이 유예될 뿐이다.

(3) 행정소송 및 집행정지신청의 제기

공정거래위원회의 처분에 대하여 불복의 소를 제기하고자 할 때에는 처분 또는 이의신청에 대한 재결서의 정본을 송달받은 날부터 30일 이내에 서울고등법원에 제소하여야 하며, 서울고등법원은 전속관할이다.[68] 공정거래관련 행정소송이 제기되면 우리나라의 경우 일반 행정소송과 똑같이 취급되고 있다. 그러나 공정거래관련사건은 일반 인허가, 조세소송과는 달리 전국에 걸친 경제현상과 연결되어 시장에 미치는 영향이 크고 당해 시장에서 사업활동을 영위하고 있는 사업자들의 상행위관련 질서규범적인 성격을 띠고 있으므로 경제적 식견을 갖춘 전문재판부가 설치, 전문성과 일관성을 기할 필요가 있다. 이에 따라 법원은 서울고등법원에 특별 6, 7부를 두고 공정거래사건을 전담하고 있다.

68) 종래에는 공정거래위원회의 시정조치명령 등에 대하여 반드시 이의신청절차를 거치도록 하는 필요적 전치주의였으나, 1999년 법개정에 의하여 임의적 전치주의로 전환하였다.

Ⅳ. 공정거래위원회의 사건처리절차 개요[69]

1. 사건처리절차 흐름도

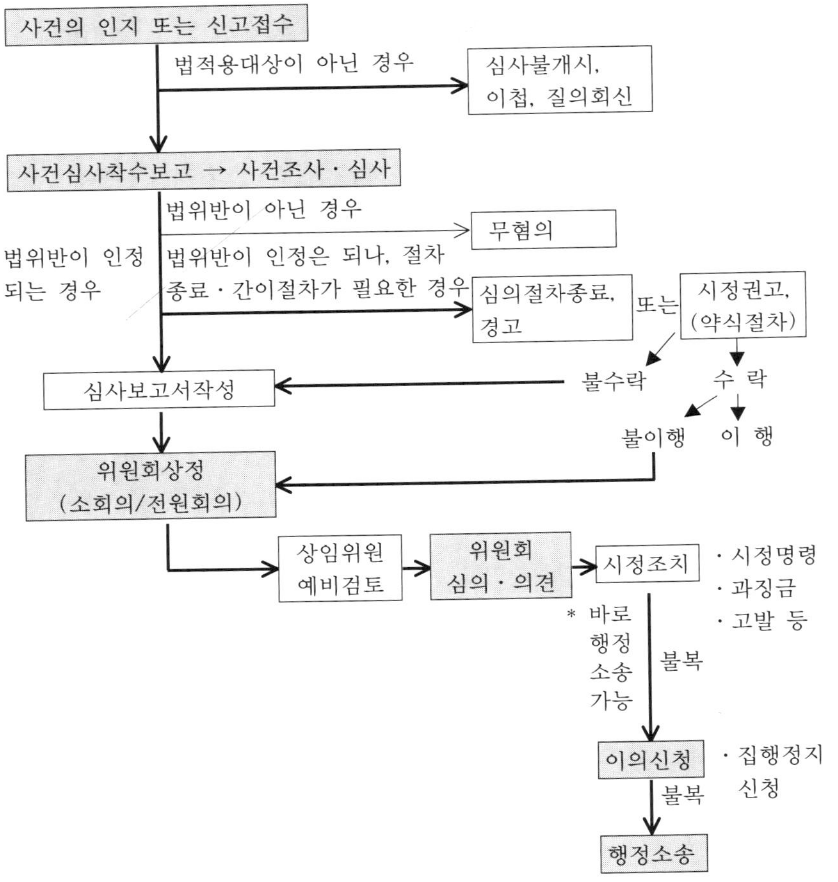

69) 「공정거래위원회의 운영 및 사건절차 등에 관한 규칙」(개정 2009. 12. 7. 공정거래위원회 고시 제2009-64호)을 요약한 것이다. 이하 '사건절차규칙'이라 한다. 그러나 사건절차규칙은 2009. 12. 7. 개정되었는데, 할부거래법은 그 이후 개정되었으므로 아직까지는 할부거래법에 대해서는 사건절차규칙이 적용되지 않으나, 적어도 선불식 할부거래에 대해서는 사건절차규칙이 적용될 것으로 예상되므로 반드시 필요한 부분에 대해서만 기술하기로 한다.

2. 사건조사를 시작할 수 있는 경우

(1) 공정거래위원회는 선불식 할부거래업자가 할부거래법을 위반한 경우에는 법 제35조 제1항에 의거하여 직권으로 사건을 조사할 수 있다.

(2) 소비자가 공정거래위원회에 신고를 한 경우에도 사건을 조사할 수 있다(법 제35조 제4항). 여기서 신고라 함은 인터넷을 통한 신고를 포함하나, 상담·공정거래모니터요원·공정거래 대민정보서비스시스템의 제보방을 통한 제보 등은 포함되지 않는다.

3. 소비자피해사건 자율처리(사건절차규칙 제11조의3)

(1) 공정거래위원회 담당심사관은 할부거래법위반행위와 관련한 소비자의 신고가 ① 소비자의 신고내용이 개별 피해구제를 목적으로 하고, ② 사업자가 공정거래위원회가 정한 기준에 따른 소비자불만 자율관리프로그램을 실질적으로 도입하여 운용하고 있으며, ③ 소비자가 사업자와의 자율처리를 수락하는 경우에는, 조사 및 심사절차를 진행하지 않고 해당 사업자에게 통보하여 자율적으로 처리하도록 할 수 있다.

(2) 다만, ① 다수피해자가 있는 신고사건이거나, ② 공정거래위원회가 정하는 일정기간 동안 자율처리가 완료되지 아니한 경우, ③ 자율처리가 공익에 반하는 경우 등 자율처리가 적절하지 아니하다고 심사관이 판단하는 경우에는 자율처리하도록 할 수 없다.

4. 심사절차를 개시하지 아니할 수 있는 경우(사건절차규칙 제12조)

공정거래위원회 담당심사관은 사전심사를 마친 후 ① 할부거래법 제2조(정의) 규정의 요건을 충족하지 아니하여 적용대상이 되지 않는 경우, ② 할부거래법 제3조(적용제외) 각항의 규정에 해당하는 경우 및 제4조(다른 법률과의 관계) 후단에 의하여 다른 법률을 적용하는 경우, ③ 신고인이 신고를 취하한 경우, ④ 사망, 해산, 폐업 또는 이에 준하는 사유가 발생한 사업자를 신고한 경우, ⑤ 이미 처리한 사건과 동일한 위반사실에 대하여 직권으로 인지하거나 다시 신고하여 온 경우 등에 해당하는 경우에는 심사절차를 개시하지 아니한다는 결정을 할 수 있다.

5. 조사의 중지 또는 종결처리를 할 수 있는 경우

공정거래위원회는 피심인, 신고인 또는 이해관계인 등에게 ① 부도 등으로 인한 영업중단, ② 일시적 폐업이라고 인정되는 경우, ③ 법인의 실체가 없는 경우, ④ 도피 등에 의한 소재불명, ⑤ 국외에 소재하는 외국인사업자를 신고한 경우로서 조사 등이 현저히 곤란한 경우, ⑥ 기타 이에 준하는 경우 등의 사유가 발생하여 조사 등을 계속하기가 곤란한 경우에는 그 사유가 해소될 때까지 조사 등의 중지를 의결할 수 있다(사건절차규칙 제49조).

또한, 공정거래위원회는 ① 피심인에게 사망·해산·파산·폐업 또는 이에 준하는 사유가 발생함으로써 시정조치 등의 이행을 확보하기가 사실상 불가능하다고 인정될 경우, ② 채무자 회생 및 파산에 관한 법률에 의한 회생채권에 관한 사건으로서 피심인이 채무자 회생 및 파산에 관한 법률에 의하여 보전처분 또는 회생절차개시결정을 받은 경우에는 종결처리를 의결할 수 있다(사건절차규칙 제48조).

6. 경고를 할 수 있는 경우

공정거래위원회는 피심인에게 ① 법위반의 정도가 경미한 경우, ② 법 위반행위를 한 피심인이 사건의 심사 또는 심의과정에서 당해 위반행위를 스스로 시정하여 시정조치의 실익이 없다고 인정하는 경우, ③ 할부거래법위반행위를 한 피심인이 공정거래위원회의 시정조치 또는 금지명령에 응하지 않아 심사관이 심사절차를 개시하였으나 사건의 심사 또는 심의과정에서 시정조치 또는 금지명령을 이행한 경우에는 경고를 의결할 수 있다(사건절차규칙 제50조). 여기서 '경고'는 행정처분의 성질을 갖지 않으며, 선불식 할부거래업자에게 재발을 방지하고 향후에는 할부거래법을 위반하지 않도록 주의를 촉구하는 것을 의미한다.

입법론

개정 할부거래법 제35조부터 제42조까지 공정거래위원회의 권한에 관한 규정은 선불식 할부거래업에 대해서만 규정하고 있다. 그러나 선불식 할부거래업 이외에 일반 할부거래업에 대해서도 사안에 따라서는 공정거래위원회의 조사와 행정처분이 필요함에도 불구하고 이에 대해 아무런 규정을 두고 있지 않은 것은 선불식 할부거래 이외에는 사실상 공정거래위원회가 아무런 감독도 하지 않겠다는 취지로 보여진다. 물론 선불식 할부거래업에 대한 감독부처인 특수거래과의 인원이 10명 내외에 불과하고 방문판매업과 다단계판매업 이외에 상조회사에 해당하는 선불식 할부거래업에 대해서도 감독하는 것이 어렵다 하더라도 개정 할부거래법에서 선불식 할부거래업에 대해서만 공정거래위원회가 감독권한 등을 행사한다는 것은 규제체계에도 맞지 않는다. 그러므로 선불식 할부거래업 이외에 할부거래업에 대해서도 공정거래위원회의 감독규정이 적용되어야 할 것이며, 만일 선불식 할부거래업에 대해서만 공정거래위원회의 감독규정을 적용하는 것이 필요하다고 한다면 차라리 선불식 할부거래업에 관한 규정을 현행 할부거래법에 두기보다는 별도의 개별법률에 의해 규제하는 것이 규제체계상 바람직하다.

제 6 절 형사처벌에 관한 규정

Ⅰ. 미등록 또는 등록취소 후의 선불식 할부거래 영업에 대한 형사처벌

1. 규 정

할부거래법 제48조는 미등록 선불식 할부거래영업에 대해 할부거래법상 최고의 형인 3년 이하의 징역 또는 1억원 이하의 벌금형을 선고할 수 있도록 규정하고 있다.

2. 취 지

법 제48조에서 미등록 선불식 할부거래영업 등에 대해 할부거래법상 최고의 형으로 형사처벌하도록 규정하고 있는 이유는 소비자피해보상보험계약을 체결하지 않고 선불식 할부거래영업을 할 경우에는 선불식 할부거래업이 갖는 유사금융업의 성격으로 인하여 대규모 소비자피해가 발생할 개연성이 크기 때문이다.

3. 구성요건

① 법 제18조 제1항을 위반하여 등록을 하지 않고 선불식 할부거래업을 하는 경우

② 거짓이나 그 밖의 부정한 방법으로 제18조 제1항에 따른 등록을 하고 선불식 할부거래업을 하는 경우

③ 법 제40조 제2항의 규정에 의하여 등록이 취소된 후에도 선불식 할부거래업을 하는 경우

④ 법 제27조 제1항에서 규정하고 있는 소비자피해보상보험계약을 체결하지 않고 선불식 할부거래업을 하는 경우

4. 병과규정

선불식 할부거래업자가 본 조항을 위반하였을 경우 징역형과 벌금형을 같이 부과할 수 있다. 이 경우 벌금형을 부과함에 있어 판매 또는 거래한 대금 총액의 3배에 상당하는 금액이 1억원을 초과한 때에는 3년 이하의 징역 또는 판매하거나 거래한 대금 총액의 3배에 상당하는 금액 이하의 벌금에 처한다.

Ⅱ. 양벌규정

1. 양벌규정

법인의 대표자나 법인 또는 개인의 대리인·사용인 그 밖의 종업원이 그 법인 또는 개인의 업무에 관하여 제48조, 제50조 또는 제51조의 위반행위를 하면 그 행위자를 벌하는 외에 그 법인 또는 개인에 대하여도 해당 조문의 벌금형을 과한다. 다만, 법인 또는 개인이 그 위반행위를 방지하기 위하여 해당 업무에 관하여 상당한 주의와 감독을 게을리하지 아니한 경우에는 그러하지 아니하다(법 제52조).

2. 양벌규정의 취지

위법행위를 한 행위자뿐만 아니라 행위자를 고용한 자 등에 대해서도 형사처벌을 하도록 한 취지는 당해 행위자를 고용한 자 등에게 행위자가 위법행위를 하지 않도록 감독의무를 부여하고 이를 위반했을 경우에는 법인 등 사업자를 형사처벌함으로써 벌칙의 실효성을 확보하기 위함이다. 다만, 종전의 양벌규정은 법인에게 무과실책임을 물었으나 무과실책임에 따른 형사처벌은 죄형법정주의에 위반되어 위헌이라는 판결이 선고되자 법인에게 과실이 없는 경우에는 형사처벌대상이 되지 않도록 단서조항을 신설하였고, 개정할부거래법도 단서조항을 신설하였다.

3. 구성요건

(1) 행위의 주체

행위의 주체는 법인의 대표자 또는 법인(또는 개인)의 대리인·사용인 그 밖의 종업원이다.

판례

대법원은 "'법인의 사용인'에는 법인과 정식 고용계약이 체결되어 근무하는 자뿐만 아니라 그 법인의 업무를 직접 또는 간접으로 수행하면서 법인의 통제·감독하에 있는 자도 포함된다"고 판시하고 있다.[70]

(2) 업무관련성

행위자들이 법인(또는 개인)의 업무에 대하여 또는 업무와 직접적으로 관련된 행위를 하여야 한다.

(3) 행위자들에 대한 할부거래법위반으로 인한 형사처벌

행위자들이 업무를 함에 있어 할부거래법 제48조, 제50조, 제51조의 위반행위를 하여야 한다.

70) 대법원 2004. 3. 12. 선고 2002도2298 판결.

4. 단서규정의 입증책임

법 제52조 단서는 "다만, 또는 개인이 그 위반행위를 방지하기 위하여 해당 업무에 관하여 상당한 주의와 감독을 게을리하지 아니한 경우에는 그러하지 아니하다"라고 규정하고 있으므로, 단서에 해당하는 사실은 형사처벌의 구성요건이 아니라 일종의 책임조각사유의 성질을 갖는다. 그러므로 위반행위를 방지하기 위하여 상당한 주의와 감독을 게을리하지 않았다는 사실에 대해서는 법인이 이를 입증하여야 한다.

Ⅲ. 형사처벌 및 과태료부과 규정

아래 표는 선불식 할부거래업자가 할부거래법상의 각종 의무를 위반할 경우 형사처벌과 과태료에 관한 규정이다. 그러므로 선불식 할부거래업자는 법인이나 그 종업원 등이 아래 표에 기재된 내용을 위반하지 않도록 유의하여야 한다(일반 할부거래업자에 대해서는 법 제53조 제4항 과태료에 관한 규정만 적용되므로 아래 표에서는 생략한다).

<table>
<tr><th>조 항</th><th>내 용</th><th>형사처벌 또는 과태료</th></tr>
<tr><td rowspan="5">제18조</td><td>① 등록의무
거짓 또는 부정한 방법으로 등록</td><td>제48조 제1항 제1호
(3년 이하 징역, 1억원 이하 벌금)</td></tr>
<tr><td>③ 변경사항발생시 신고의무</td><td rowspan="2">■ 거짓으로 신고한 경우
제53조 제1항 제1호(5천만원 이하의 과태료)
■ 신고하지 않은 경우 제53조 제2항 제1호
(3천만원 이하의 과태료)</td></tr>
<tr><td>④ 휴폐업 또는 재개시 신고의무</td></tr>
<tr><td>⑤ 정보공개</td><td>없음</td></tr>
<tr><td>⑥ 정보공개자료제출</td><td>제출하지 않거나 거짓 자료제출시
제53조 제2항 제2호(3천만원 이하의 과태료)</td></tr>
<tr><td rowspan="2">제22조</td><td>① 지위승계</td><td>없음</td></tr>
<tr><td>② 지위승계신고의무</td><td>■ 거짓으로 신고한 경우
제53조 제1항 제1호(5천만원 이하의 과태료)
■ 신고하지 않은 경우 제53조 제2항 제1호
(3천만원 이하의 과태료)</td></tr>
</table>

第23조	① 계약체결 전 설명의무	없음
	② 계약서교부의무	계약서를 교부하지 않거나 거짓으로 적은 계약서를 교부한 경우 제53조 제3항 제1호(1천만원 이하의 과태료)
第24조	⑤ 청약철회시 계약금, 할부금 또는 지연배상금을 환급의무	청약철회시 할부금 등을 환급하지 않은 경우 제53조 제3항 제2호(1천만원 이하의 과태료)
第25조	소비자의 계약해제	계약해제시 대금 또는 지연배상금을 환급하지 않거나 과다한 위약금을 청구하는 경우 제53조 제3항 제3호(1천만원 이하의 과태료)
第27조	① 소비자피해보상보험계약 체결의무	제48조 제1항 제2호 (3년 이하의 징역 또는 1억원 이하의 벌금)
	⑨ 소비자피해보상보험계약체결시 거짓 자료제출금지	소비자피해보상보험계약 등을 체결 또는 유지함에 있어 거짓으로 선수금 등의 자료를 제출하는 경우 제50조 제1항 제1호 (1년 이하의 징역, 3천만원 이하의 벌금)
第32조	휴업기간 등에서의 청약철회 등에 관한 업무처리	제53조 제3항 제4호 (1천만원 이하의 과태료)
第33조	거래기록 등의 열람의무	■ 소비자가 열람하는 내용을 허위작성 제53조 제2항 제4호(3천만원 이하의 과태료) ■ 소비자에게 열람 거부한 경우 제53조 제3항 제4호(1천만원 이하의 과태료)
第34조	1. 계약체결강요 또는 청약철회방해 등	제50조 제1항 제2호 (1년 이하 징역, 3천만원 이하 벌금)
	2. 허위, 과장 또는 기만적 거래	제50조 제1항 제2호 (1년 이하 징역, 3천만원 이하 벌금)
	3. 청약철회 등 목적으로 주소변경 등의 행위	제50조 제1항 제2호 (1년 이하 징역, 3천만원 이하 벌금)
	4. 분쟁 등 상당기간방치	없음
	5. 청약이 없음에도 대금청구	제51조 제1호(1천만원 이하의 벌금)
	6. 소비자의 의사에 반하여 전화 등으로 계약체결을 강요하는 행위	없음
	7. 소비자피해보상보험계약 미체결	제48조 제1항 제2호 (3년 이하의 징역, 1억원 이하 벌금)
	8. 소비자피해보상보험계약의 표지 등을 무단사용한 경우 등	제50조 제1항 제2호 (1년 이하 징역, 3천만원 이하 벌금)

	9. 소비자정보 무단이용	없음
	10. 소비자의 계약해제에 대한 미대응 등	제51조 제2호(1천만원 이하의 벌금)
	11. 소비자와 분쟁이 발생한 경우 대금을 지급받기 위해 위계 등 사용	제50조 제1항 제2호 (1년 이하 징역, 3천만원 이하 벌금)
	12. 소비자의 양도·양수행위제한	없음
	13. 명의대여 등	제50조 제1항 제2호 (1년 이하 징역, 3천만원 이하 벌금)
제39조	시정조치	시정조치 미이행 제48조 제1항 제3호 (3년 이하의 징역, 1억원 이하 벌금)
제40조	영업정지	영업정지 중 영업행위 제48조 제1항 제3호 (3년 이하의 징역, 1억원 이하 벌금)
공정거래법	제62조 비밀준수의무	2년 이하 징역, 200만원 이하 벌금
	제50조 제1항 제1호	2회 이상 불출석시 1천만원 이하 과태료
	제50조 제1항 제3호	미보고, 미제출 등 1천만원 이하 과태료
	제50조 제2항	조사거부, 방해 등 1천만원 이하 과태료

제7절 일본의 상조산업[71]

Ⅰ. 상조산업의 개념 및 역할

오늘날 일본의 장례식을 치르는 비율은 불교식 약 94%, 신도식 2%, 기독교식 1%, 무종교의 장례식은 3%로 대부분이 불교식으로 장례식[72]을 치르고 있으며, 과거 이는 혜심승 도원신(惠心僧 都源信)이 968년에 조직한 염불결사(念佛結社)인 25삼매회(三昧會)가 "임종예절"이나 "임종의 관념"에 대한 실천 "25 三昧서약서"를 작성하여, 이를 바탕으로 회원들이 사망시 남아 있는

71) 신수홍, "상조산업의 효율적 발전방안에 관한 연구", 명지대학교 석사논문, 7~9면, 18~24면 인용.

72) SOGI 통신 22호, 2005. 11월호.

회원들이 품앗이 형태로 장례를 치루어 주었으며, 이후 이와 같은 "25삼매회(三昧會)"가 일본 최초의 장례관련 호조회로 자리잡게 되었다.

따라서 일본의 상조산업은, 옛날부터 관혼장제에 많은 비용을 쓰고 그 때문에 몇년이나 가계에 큰 부담이 되어, 많은 사람들이 곤란한 상태에 이르렀으나, 장제와 관련해서는 당시의 일본국민들의 정서가 다년간 사회에서 활약하고 가정을 지킨 후 이 세상을 떠난 고인에 대해서는 진심으로 감사하고 이것을 표시하는 것은 인간으로서의 의무라고 생각하였으며, 이와 같은 이유로 장례의식을 장엄하고 엄숙하면서도 또한 간소하게 할 수 있는 방법[73]으로 "관혼장제호조회(冠婚葬祭互助會) 또는 호조회[74]"라는 이름으로 상조산업이 시작되었다. 상조회는 상조산업의 건전한 발전을 도모하기 위해 관혼장제에 필요한 시설, 의복, 제단 등의 이용과 소비의 합리화를 꾀하고 나아가 경제의 건전한 발전과 국민의 소비생활의 개선과 합리화, 복지의 향상을 위한 공적 역할을 담당하고 있다. 이는 일본 사회 내의 각종 관혼장제에 관한 전반적인 서비스업을 담당하고 있으며, 이러한 운영방식이 급속도로 발전하여 상호부조의 시스템이라는 독창적인 운영방법을 마련하고, 회원이 매월 정해진 회비를 납입하며, 계약액에는 혼례, 장례에 대한 시행내용에 따라서 진행하는 관혼장제서비스상품을 마련하여, 가정의례가 발생하는 경우에 각종 필요물품과 서비스제공을 함께 제공해 주고 있다.

Ⅱ. 발전과정

일본은 제2차 세계대전의 패전으로 폐허와 빈곤의 혼란에 빠졌다. 일본인의 생활은 물자부족, 식량결핍 등으로 예절의 풍습조차 지탱하기 어려웠으나, 옛날부터 전해온 미풍양속인 관혼장제의 의식만큼은 계속하고자 노력하였다. 일본의 이러한 환경 속에서 1948년 8월 요꼬스가시(市) 관혼장제상조회가 출발하였으며, 1953년 11월 이후 나고야시(市)에 고바야시 시장에 의해 나고야시(市) 관혼장제상조회가 발족되었다.

73) 장만석, 관혼상제 상조회사 성장전략 ― 일본의 급성장비결을 중심으로, 하늘문화, 2006, 13면.

74) 관혼장제호조회(冠婚葬祭互助會) 또는 호조회를 이하에서는 상조회(相助會)로 통칭함.

1959년 9월 1일 전국 6개의 상조회를 주축으로 경영이 잘못 되어 가입자에게 피해가 가는 경우 상조회는 세인들로부터 비난을 받을 것이므로 이러한 상조회가 나오지 않도록 하기 위해서 "전국관혼장제호조회연맹(약칭: 全互連)"을 발족하였다. 이후 1965년에 동 연맹에 가입된 상조회는 15개사로 증가했다.

1965년 6월에 야마모또씨가 새로 취임하면서 상조회의 전국적인 조직을 한층 강화화기 위해 전국을 4개의 블록으로 나눈 조직활동이 전개되었다.

1971년의 全互連은 "전호연공제제도(全互連共濟制度)"를 발족하고, 각 상조회의 힘의 격차를 조직력에 의해 극복하고 가입자에게 만전의 보증을 부여하였으며, 인원부족 및 시행에 관한 자금의 대출과 시행불능의 경우 지원체제 등이 확보되게 되었다.

일본의 상조회의 발전과정

기 간	발전과정	주요내용
1948년 8월	요꼬스가시(市)의 니시무라에 의해 최초 상조회 설립	기존 마을사람들이 의상이나 장례식에 필요한 용구를 순차적 사용하는 방식을 상조회시스템을 통해 저렴하고 다양하게 사용할 수 있도록 함
1953년 11월	나고야시(市)의 야마모또(山本信嗣)에 의해 나고야시 상조회가 설립	구리하리 지사(知事), 고바야시 시장 등의 노력에 의해 발족하였다는 점에서 단순한 할부판매가 아닌 "사회공공성," "복지성"이라고 하는 큰 사명을 가지고 활동
1959년 9월 1일	"전국 관혼장제호조회연맹(약칭: 全互連)"	전국 6개의 관혼장제호조회와 함께 피해자보호를 위한 연맹을 결성하고, 1965년 15개사로 증가함
1965년 6월	전호연(全互連)을 전국 4개의 블록으로 구분	야마모또가 회장으로 취임 후 상조회의 조직을 강화화기 위해 전국을 4개의 블록을 구분하고 활동전개
1971년	"전호연공제제도(全互連共濟制度)"	미국의 달러 방위책으로 인한 경제의 위기에서 가입자보호를 위한 보증기구를 발족함
1973년	상조회를 법률에 의해 적용	할부판매법이 개정되면서 상조회를 할부판매법에 의해 적용함

1973년은 석유쇼크로 일본경제에 큰 공황을 초래한 해이지만 상조회에 있어서는 가장 중요한 해가 되었다. 그것은 할부판매법이 개정되어 상조회도 법률에 적용되는 것이 결정되어 3월 15일부터 시행하게 되었다. 이 법률에 따라 상조회는 통산대신의 허가산업, 법인격, 상조부금의 반액공탁 등이 의무화되었다. 그리하여 '상조회보증주식회사'나 '사단법인 全일본관혼장제호조협회'가 통상성의 지도에 의해 설립되었다. 이러한 과정을 통해 오늘날 일본에서 운영되고 있는 "상호부조의 상조회시스템"이 완성되었다. 이에 따른 일본의 상조회의 발전과정을 요약하면 앞의 내용과 같다.

Ⅲ. 소비자보호제도

일본 상조회의 허가사업자는 할부판매법 제12조의 규정에 따라 경제산업대신의 허가를 받아 영업하고자 하는 자이며, 상조회의 자본금은 할부판매법에 근거하여 최저 2천만엔 이상이어야 한다. 또한 상조부금에 관하여 할부판매법에 근거하여 상조부금의 2분의 1을 공탁(供託) 등에 의해 보전할 의무가 있으며 공탁처는 ① 법무국, ② 경제산업대신이 지정하는 지정수탁기관(보증회사), ③ 은행 등으로 규정하고 있다.

이와 같이 일본의 상조회는 소비자보호제도가 할부판매법 이외의 기타 법률에 의해서도 규제를 받고 있다. 일본의 소비자보호제도의 발전과 함께 일본 상조회의 적용법률인 할부판매법 및 기타 법률에 관하여 이하에서 살펴보고자 한다.

1. 할부판매제도와 법률

일본에서는 할부판매제도가 국민소비활동에 크게 확대되면서 여러 문제가 발생하여 1961년 7월 1일에 할부판매법이 제정되었고, 1972년 6월 16일에 대거 개정하였으며, 1973년 개정되면서 관혼장제상조회도 동 법률의 적용을 받게 된다. 이러한 개정을 통해 소비자의 이익보호에 관한 개정이 보충・강화되어 소비자이익을 보호하는 것을 주된 목적으로 하고 있다. 이와 같이 소비자보호를 위한 방향으로 개정을 한 것은 소비자신용거래의 다양화 내지 양적 확대에 따른 금전・상품・법률 등 각 방면에 있어서 전문지식의 부족으로 인해 일반소비자가 부당하게 불이익을 받은 사례가 현저히 증가하는 실정에 비추어 특별히 소비자의 이익보호를 규정할 필요가 있었기 때문이며,[75] 1984년 5월 11일에 다시 그 일부를 개정하여 동년 6월 2일에 공포하였다. 이로써 과거의 중소상업자(中小商業者)의 보호를 도모하여 할부판매에 있어서 공정한 거래질서의 확립을 도모하려는 "거래질서법"의 성격에서 소비자이익의 보호를 목적으로 한 소비자보호법으로서의 내용이 강화되었다.[76] 따라서 이하에서는 일본의 할부판매법의 이해를 돕기 위해 기존 연구자료를 바탕으로 할부거래법에 관하여 살펴보고자 한다.

(1) 적용범위

일본에서의 할부판매는 동산 중 법률로 정한 지정상품, 즉 내구성이 있고 정형적인 조건으로 할부하기에 적합한 상품을 의미하며(동법 제2조 3항), 구매자로부터 2월 이상의 기간에 걸쳐 3회 이상 분할하여 수령하는 것을 조건으로 하는 판매에 적용한다(동법 제2조 1항). 그러나 같은 지정상품제라도 방문판매법 제2조 제3항에서는 "주로 일상생활에 사용되는 물품 중 전형적인 조건으로 판매하기에 적합한 물품을 정령(政令)으로 정한 것"으로 정의하여 내구품인 것을 요건으로 하지 않으나 화장품과 같은 소모품도 지정상품으로 될 수 있도록 그 적용범위를 확대하고 있다.

(2) 계약규제내용

① 소유권유보

할부판매된 지정상품에 대한 소유권은 할부금 전액이 지급되기까지 할부판매업자에게 유보된 것으로 추정하여(동법 제7조) 정지조건부 소유권이전을 인정하고 타국가의 입법례에서 찾아볼 수 없는 소유권유보추정주의를 명문화하고 있다.

② 계약의 해제

매수인의 할부금의 지급의무가 이행되지 않은 경우에 할부판매업자는 20

75) 打田畯一・ 稲村良平, 割賦販賣法, 東京, 第一法規出版株式會社, 1974, 30면.

76) 竹内昭夫, 割賦販賣の改正と今後課題, ジコリスト, No. 818, 1984. 7, 6면; 신종철, 할부거래에 관한 연구, 동아대학교 대학원 박사학위, 1995, 36면.

일 이상의 상당한 기간을 정하여, 그 지급을 서면으로 최고하고, 그 기간 내에 그 의무가 이행되지 않을 때가 아니면, 부금의 지급연체를 이유로 하여, 계약을 해제하거나 또는 지급시기가 도래하지 않은 부금을 청구할 수 없다(동법 제5조 제1항). 이에 위반하는 계약은 무효가 된다(동법 제5조 제2항).[77] 계약체결자에 판매업자가 제시한 안내서, 견본과 수령한 상품이 다른 경우 구매자는 계약을 해제할 수 있다. 계약이 해제되면 계약관계는 소급적으로 소멸되며 그 반환관계는 일본 민법 제545조에 따른 내용으로 규제된다. 계약이 해제된 때에 판매업자가 청구할 수 있는 손해배상액의 한도는 법정되어 있다(동법 제6조 제1호~3호). 그 내용은 해당 상품이 반환된 경우, 해당 상품의 통상의 사용료, 해당 상품이 반환되지 않은 경우에는 해당 상품의 할부판매가격에 상당하는 금액, 해당 계약의 해제가 해당 상품의 인도 전인 경우에는 계약의 체결 및 이행을 위하여 통상적으로 들어간 비용의 금액이다.[78]

③ 계약금비율과 지급기간

할부판매에 관한 유통질서를 건전화하고 소비자를 보호하기 위하여 지정상품마다 제1회 할부금과 그 지급기간을 주무관청이 공시하는 행정지도가 행해지고 있다(동법 제9조). 주무장관은 당해 지정상품의 유통을 담당하는 장관이므로 2인 이상일 수도 있으며, 조건을 고시하는 것은 주무장관의 자유재량에 속한다.[79]

④ 하자담보책임

계약한 목적물이 인도되지 않거나 인도된 목적물에 하자가 있는 경우에는 대금지급을 거절할 수 있고, 이에 반하는 특약을 무효로 규정함과 동시에, 항변을 가지고 대항하려고 하는 소비자는 신용판매회사의 요청에 응하여 판매업자에 대하여 갖고 있는 항변사유, 즉 교환·수선 등의 교섭경위(交涉經緯), 하자(瑕疵) 등의 내용 및 과정 등을 기재한 서문을 제출하기 위하여 노력하지 않으면 안 된다고 규정하고 있다(동법 제30조의4 및 5).

---

77) 打田畯一·稻村良平, 앞의 책, 91면; 신종철, 앞의 논문, 37면.
78) 김태환, 현행할부판매제도의 법률관계에 관한 연구, 청주대학교, 1985, 37면.
79) 打田畯一·稻村良平, 앞의 책, 130~131면; 김태환, 앞의 논문, 25면.

(3) 고지사항

할부판매를 업으로 하는 자는 할부판매의 방법으로 지정상품을 판매할 때에는 할부판매업자는 계약에 있어 상대방에게 그 상품에 대한 고지사항을 따라야 한다.

첫째, 계약 전에 상대방에게 그 상품에 대하여 ① 현금판매가격, ② 할부판매가격, ③ 할부금의 지급기간 및 회수, ④ 후불할부의 경우에는 수수료의 요율(實質年率), 이 표시를 의무화, ⑤ 선불식 할부의 경우에는 상품의 인도시기 등의 사항(동법 제3조 제1항)을 점포 내에 보기 쉬운 방법으로 표시하든지, 서면을 상대방에게 표시하는 방법으로 주지시켜야 한다(동법 시행규칙 제1조 제1항 제1호).[80] 그리고 소비자의 오해의 방지와 비교가능성을 확보하기 위하여 표준용어를 사용하여야 한다(동법 시행규칙 제1조 제1항 제2호).

둘째, 광고에 의한 고지의무는 지정상품의 할부판매조건에 대하여 광고할 때에는 상술한 동법 제3조 제1항의 소정의 사항 전부를 기재하여야 한다(동법 제3조 제2항).

셋째, 계약서에 의한 고지의무는 할부판매업자는 지정상품에 관한 계약을 체결할 때에는 지체없이 통상산업성령(通商産業省令)으로 정한 사항에 대하여 계약의 내용을 명확하게 한 서명을 구매자에게 교부하여야 한다(동법 제4조). 여기서 통상산업성령(通商産業省令)으로 정한 사항이란 시행규칙 제1조의2에 있어 제1호~13호까지의 계약상품명, 수량, 계약초회금의 액, 할부금의 지급회수, 하자담보에 따른 계약이 있으면 그 내용 등 13가지로 되어 있다.

넷째, 청약서면에 의한 고지의무는 할부판매업자는 영업소, 대리점 등 이외의 장소에서 할부구입의 청약을 받을 때에는 전술한 사항, 즉 동법 제4조의 소정의 계약체결시, 계약서에 기재한 사항으로서 기재한 서면을 청약자에게 교부하여야 한다.[81]

(4) 철회권유보사항

할부판매업자가 영업소 등 이외의 장소에서 지정상품에 관한 할부구입의

---

80) 竹内昭夫, 앞의 책 ,1984, 112면; 김태환, 앞의논문. 25면.

81) 판매원에 의한 방문판매시 소비자들이 주문서 등의 내용을 잘 읽지 않고 서명하고, 예상치 않은 구속을 받고 계약해제도 할 수 없는 일이 발생하기도 하여, 판매업자와 소비자 사이에 문제점이 많이 발생하여 1972년의 개정시 이 규정을 신설함.

청약을 받은 경우의 청약자 또는 영업소 등 이외의 장소에서 구입한 자는 동법 제4조의 계약서 또는 동법 제4조의 2의 청약서의 수령 후 매매업자로부터 그 청약의 철회 또는 계약의 해제를 할 수 있는 취지, 그 행사방법을 법령 소정의 방식으로 고지한 날로부터 기산하여 7일간은 어떠한 불이익도 받지 않고 청약의 철회 또는 계약의 해제를 할 수 있다. 이 적용은 영업소 등 이외의 장소에서 지정상품의 할부판매에 한정하고, 청약자 등에게 상행위로 되는 청약 또는 그러한 계약의 청약에 대하여는 적용되지 않는다(동법 제4조의 3의 제5항)고 명시하고 있다.[82]

(5) 제재사항

일본 할부판매법의 제재내용은 다른 나라의 규제내용에 비하여 대단히 구체적으로 규정하고 있으며, 선불식 할부판매업을 한 자는 2년 이하의 징역 또는 20만엔 이하의 범금에 처한다(동법 제49조). 동법 제30조의 규정에 위반하여 업으로 증표 등을 양수하거나 또는 자금의 유통에 관하여 증표 등의 제공을 받은 자, 통상산업성에 등록되지 않는 자가 할부구입알선업을 한 자(동법 제50조), 허가할부업자, 등록할부구입알선업자, 지정수탁기관의 대리인, 대표자, 사용인 기타 종업원이 동법 제20조 제1항, 제23조 제2항, 제34조 제2항 및 제35조의 14의 2에 위반시에는 1년 이하의 징역 또는 10만엔 이하의 벌금에 처한다(동법 제51조)고 명시하고 있다.

2. 일본 상조회의 소비자보호 요점

상조회와 계약을 할 때에는 동 규약을 전부 읽어보지 않으면 뜻밖에 착오가 생기는 수도 있다. 가입신청서에 도장을 찍기 전 또는 그 후에도 8일 이내에 정독하지 않으면 안 된다. 상조회의 영업담당 사원은 실적이 걸려있기 때문에 좋은 점만을 언급하는 경우가 많다. 반드시 규약을 받고, 받은 뒤에는 읽어보아야 하는 것이다. 보험계약처럼 복잡한 것이 아니기 때문이다. 상조회시스템은 계나 보험, 적금과 같이 필요할 때 혹은 사망했을 때 현금이 들어오는 것이 아니다. 혼례나 장례의 시행의 대가로서 먼저 지불하는 선불의 돈인 것이다. 계는 돈의 융통이라고 하는 점에서 먼저 받을 수 있으며, 보험

82) 竹內昭夫, 앞의 책, 1984, 8면; 신종철, 앞의 논문, 42면 인용.

은 만일의 경우 계약한 보험금을 받을 수 있다. 그러나 상조회의 회비에는 이자가 붙지 않으며, 상조회가 영업폐지시에는 불입한 회비에 연 6%의 이자를 붙인 금액이 반환된다.[83]

즉, 같은 상호부조의 정신에 입각한 생명보험과 비교되기 쉬우나 생명보험은 저축인 데 비해 상조회의 회비는 장래의 물적·인적 서비스를 받는 대가이다. 따라서 할부판매법의 적용을 받는 "선불식 특정거래"로 되어 있다. 상품 월부인 경우 후불과 선불이 있다. 상조회는 지정상품과 지정서비스의 제공이다.

상조회사의 경영에 있어서는 앞에서 기술한 할부판매법 못지 않게 중요한 법률이 2001년 4월 1일부터 시행된 "소비자계약법"이다.[84] 이러한 소비자권리의 완전한 실현을 촉진하기 위해서는 정부의 시책을 강화하고 행정조직을 개선하고 또 어떤 분야에 있어서는 새로운 법령의 제정이 필요하다는 것을 강조했다.

이와 같이 상조회의 가입자가 안전하기 위해서는 첫째, 상조부금이 안전할 것, 둘째, 혼례·장례의 완전한 시행이 보증되어 있을 것 등 2개항을 정하고 있다. 상조부금의 안전에 대해서는 앞에서 기술한 보전조치가 큰 진보였으나 가입자측에서 보면 충분치는 않았다. 이는 회사가 도산 또는 폐업을 하게 되는 경우 맡긴 돈의 절반 정도를 되돌려 받을 수 있는 공탁제도나 보증제도가 있다고 해도, 원래 관혼장제의 시행을 위해서 가입했는데 그것이 불가능할 뿐만이 아니라 불입한 회비를 절반밖에 못받는다는 것은 바람직한 것은 아니기 때문이다. 이 때문에 가입했을 때는 신용할 수 있는 상조회를 택하는 것이 중요하며 그러기 위해서는 상조회의 실정, 경영내용에 대해서 잘 알아야 한다. 그리고 소비자 의지가 반영되어 있는지 여부를 확인해야 한다. 이 점에 대해서는 일본 내 상조회 업계가 모든 면에서 대응하고 노력하고 있다. 더욱이나 일본의 상조회의 약관은 법정의 기준에 따라 크게 개선되고 있으며, 회비보전과의 관련사항을 살펴보면 다음과 같다.

약관에, 가입자는 상조회가 영업허가가 취소, 영업폐지, 서비스제공이 불능시에는 계약해제가 가능하고 그 경우 지불한 회비에 연리(年利) 6%의 이

---

83) 장만석, 앞의 책, 39면.

84) 위의 책, 37면.

자를 붙여 반환된다는 것이 명기되어 있다. 그리고 시행에 관해서는, 상조회 그룹에서는 공제제도가 있고 가입상조회가 경영부진에 빠져도 산하 상조회의 협력에 의해 시행을 완전보증한다고 하는 수익권보호의 체제를 취하고 있어 안심할 수 있다.

이는 소비자보호를 위해 소극적인 상조부금보전과 적극적인 시설투자의 조화에 의해 계속 달성되고 있는 상조회업계의 현상황을 긍정적으로 보고 있는 것과 함께 금후에도 동 업계의 견실성과 발전성의 쌍방을 강조한 것이라고 할 수 있다.

제 2 편

상조업과 할부거래법 관련사항

◈ 선불식 할부계약(**상조**)체결시 소비자가 꼭 알아야 할 사항

◈ 선불식 할부거래업(**상조서비스**) 표준약관

◈ 상조업의 중요한 표시·광고사항 고시

선불식 할부계약(상조)체결시 소비자가 꼭 알아야 할 사항[1)]

1. 반드시 확인해야 할 내용

가. 해당 업체의 소비자피해보상보험계약 체결 여부를 공정거래위원회 홈페이지에서 확인할 것(www.ftc.go.kr).

소비자피해보상보험계약은 "상조업체의 파산·부도 등의 경우 소비자가 낸 돈의 최대 50%까지 돌려받을 수 있는 보험계약·지급보증계약·예치계약·공제계약"을 말함.

나. 구체적인 상품내용을 해당 회사 홈페이지, 상품안내서 등에서 확인할 것.

(1) 제공되는 상품 및 서비스내용

(2) 수의원단제조에 소요되는 원사의 종류 및 원산지, 수의원단의 제조방법 및 제조지역

(3) 서비스에 제공되는 인력 및 인력추가시 요구되는 비용 등

다. 다른 회사 상조상품의 품질 및 가격과 비교

2. 계약체결시 주의하여야 할 사항

가. 계약조건에 대해 빠짐없이 설명을 들을 것.

나. 설명된 계약조건이 모두 기재된 계약서를 꼭 받을 것.

다. 소비자피해보상보험계약의 내용 등이 담겨져 있는 증서 2부를 꼭 받을 것.

(1) 해당 회사로부터 1부

1) 공정거래위원회의 2010. 10. 22.자 보도자료 참조.

(2) 해당 회사가 가입한 은행이나 공제조합으로부터 1부

3. 계약을 더 이상 유지하고 싶지 않은 경우

가. 계약체결 후 14일 이내에 서면으로 청약철회를 요청할 것.

나. 청약철회기간(계약서를 받은 날부터 14일 이내)이 지난 경우에는 계약해제를 요청할 것. 다만, 이 경우는 청약철회와 달리 이미 납부한 대금에서 위약금을 뺀 금액만 돌려받을 수 있음.

4. 신고 및 상담

가. 소비자피해보상보험계약을 체결하지 않은 업체에 대해서는 공정거래위원회, 경찰, 관할 시·도지사 또는 시장·군수·구청장에게 신고할 것.

나. 대금환급, 위약금, 서비스이행과 관련된 불만사항 등에 대해 소송을 하지 않고 조정 등을 통해 신속히 피해구제를 받고자 하신다면 소비자상담센터에 상담 및 피해구제를 신청할 것.

* 소비자상담센터 홈페이지: 국번없이 1372
* 소비자상담센터 홈페이지: www.ccn.go.kr

선불식 할부거래업(상조서비스) 표준약관

제1조(목적) 이 계약은 ____________(이하 '회사'라 한다)의 회원으로 가입한 사람이 매월 일정액의 납부의무를 지고 회사는 가정의례발생시 약정된 물품과 서비스(이하 '상조서비스'라 한다)를 제공하는 의무를 지는 것을 목적으로 하며 금전이나 금리의 지급을 대상으로 하지 않는다.

제2조(회원의 가입) ① 회사로부터 상조서비스를 제공받을 수 있는 회원으로 가입하고자 하는 사람은 회원가입신청서에 필요한 사항을 기재하고 기명날인 또는 서명한 후 이를 회사 또는 모집인에게 제출하여야 하며, 가입자는 가입과 동시에 가입상품에 따른 1회 이상의 납입금을 납부하여야 한다. 이는 전자거래 또는 통신매체를 통하여 가입하는 경우에도 마찬가지이다.

② 회사는 가입하고자 하는 사람이 가입하기 전 약관을 교부하고 약관의 중요한 내용을 설명하여야 하며, 직접 또는 모집인을 통하여 가입자가 납입한 납입금의 영수증을 발급하여야 한다.

③ 가입절차를 완료한 회원에 대하여 회사는 지체없이 회원증서를 교부한다.

④ 회원이 회원증서를 분실하여 회사에 재교부를 신청한 때에는 회사는 회원증서를 재발행하여 교부하고 실비수준의 수수료 (예:5,000)원을 받을 수 있으며, 이 경우 이미 교부된 회원증서는 무효가 된다.

제3조(단체회원의 가입) ① 제2조는 법인 기타 단체의 명의로 복수의 인원이 집단으로 가입할 경우에도 준용한다.

② 단체의 구성원 중 상조서비스대상이 되는 회원에 대한 개별적인 가입이 힘들거나, 개별적인 회원자격을 인정할 필요가 없을 때에는 회사

는 해당 단체의 구성원에게 포괄적인 회원자격을 인정할 수도 있다.

③ 포괄적인 회원자격은 소속단체별로 가입구좌수에 따른 상조서비스를 이용할 수 있음을 의미하며, 선택권은 소속단체장이 행사한다.

제4조(철회권의 행사) ① 직접 회사를 방문하여 회원에 가입하지 않고 모집인을 통하여 회원에 가입하거나, 전자거래 또는 통신매체를 이용하여 가입한 경우 회원은 약관을 받은 날부터 14일 이내에 계약철회권을 행사할 수 있다. 단, 약관 및 회원증서를 교부받지 못하였을 경우에는 계약일로부터 3월 이내에 계약철회권을 행사할 수 있다.

② 제1항의 회원가입계약에 대한 철회의 의사표시를 서면으로 하는 경우에는 서면을 발송한 날에 그 효력이 발생한다.

③ 제1항과 제2항에 따라 계약을 철회한 회원에 대하여 회사는 납입금을 철회일로부터 3영업일 이내에 반환하며, 회원은 상조서비스를 이용할 수 있는 자격을 상실한다. 단, 회사가 3영업일 내에 반환하지 않을 경우에는 납입금에 대해 연 24%의 지연이자를 지급한다.

제5조(회원의 월납입금납부의무) ① 회원은 이 계약에 따라 가입시에 정한 월납입금을 매월 약정한 기일에 납부하여야 한다.

② 가입상품에 따른 월납입금, 납입횟수는 다음과 같다.

(예시)

상품금액	월납입금	납입횟수
1,200,000원	20,000원	60회
2,160,000원	30,000원	72회
4,800,000원	50,000원	96회

③ 회원은 원칙적으로 은행지로 또는 계좌이체를 통하여 월납입금을 납부하며, 모집인을 통하거나 직접 회사에 납부할 수 있다.

④ 회사의 월납입금납부증빙내역에 이의가 있는 회원은 영수증을 첨부하여 잘못된 내역의 정정을 요구할 수 있다.

⑤ 제3항에 따라 회원이 모집인을 통하거나 직접 회사에 월납입금을 납부할 경우 회사는 영수증을 발행하며, 제4항의 영수증은 은행지로 또는 계좌이체를 통하여 납부한 경우 지로영수증, 거래원장, 입금확인서도 그에 갈음할 수 있다.

⑥ 회원은 언제든지 회사의 월납입금납부증빙내역에 대해 확인을 요구할 수 있다.

제6조(선납할인 및 모집수당할인) ① 회원이 납입금의 전부 또는 일부를 선납할 경우, 회사는 미리 약정한 비율로 총납입금을 할인할 수 있다.

(예시) 전액 선납한 경우 상품금액의 (예: 10)% 할인
12개월분을 선납한 경우 1회 납입금의 (예: 50)% 할인

② 회원이 모집인을 통하지 않고 전자거래 등 회사와 직접 거래함으로써 모집수당이 절약될 경우 회사는 미리 약정한 비율로 총납입금을 할인할 수 있다.

(예시) 회사방문, 홈페이지를 통해 가입한 경우 상품금액의 (예:5)% 할인

제7조(비용의 추가부담) 회사는 회원이 가입 후 아래 기간 이내에 상조서비스를 제공할 경우에는 기재된 비용을 추가로 받을 수 있다.

(예시)

(예: 120)만원 상품: 가입 후 6개월 이내 행사시: (예: 30,000)원

제8조(잔여납부금의 납부) 회원이 월부금의 완납 이전에 상조서비스를 제공받을 때에는 사후에 잔여납부금을 일시에 납부하여야 한다.

제9조(주소변경통보의무) ① 회원이 주소 및 연락처가 변경된 경우에는 회원은 15일 이내에 회사로 이를 통보하여야 한다.

② 회원이 주소 및 연락처의 변경을 통보하지 않은 경우에는, 회사는 종전에 신고된 주소 및 연락처로 통지함으로써 통지의무를 면하게 된다.

제10조(상조서비스의 이용) ① 회원본인과 배우자, 회원 및 그 배우자의 직계존속, 회원의 직계비속은 상조서비스를 이용할 권리를 갖는다.

② 회원은 계약체결시 상조서비스의 이용자와 상조서비스의 내용을 미리 정할 수 있으며, 이 경우 회사의 동의를 얻어 변경할 수 있다.

③ 회원은 계약체결 후 가입상품금액보다 많은 상품금액의 상조서비스를 이용하고자 할 경우에는 이용에 앞서 회사와 협의하여 추가비용을 결정하고 변경할 수 있다.

④ 상조서비스는 원칙적으로 1구좌당 1회에 한한다. 단, 회사가 납입금 범위 내에서 상품금액이 적은 상조서비스를 2회 이상 이용할 수 있게 하는 경우에는 예외로 한다.

제11조(단체계약과 상조서비스) ① 법인 또는 단체의 대표가 구성원들을 위하여 상조서비스이용계약을 체결한 경우, 그 단체의 구성원들은 가입된 구좌수 만큼 상조서비스를 이용할 수 있다.

② 구성원에게 이용권 및 이용서비스를 부여하는 것은 계약에서 합의된 내용에 따라 소속단체장이 결정한다.

제12조(상조서비스의 제공지역) ① 회사가 제공하는 상조서비스는 계약시에 예정된 지역에서 제공함을 원칙으로 하며, 회사의 사정으로 서비스제공지역을 변경하고자 하는 경우에는 적용일을 명시하여 변경지역과 그 적용일로부터 2월 전에 해당 지역회원에게 통지하여야 한다.

(상조서비스제공지역 표시)

② 이사 등 회원의 사정으로 상조서비스가 제공되어야 할 지역에 변경이 생긴 경우에는 회사는 이에 협력하여야 한다.

③ 회사가 서비스지역을 변경함으로써 상조서비스를 제공받을 수 없게 된 회원은 계약을 해지할 수 있다. 이 경우 회사는 회원의 신청일로부터 10일 이내에 회원이 납부한 납입금 전액과 납입금에 대하여 각각 그 받은 날부터 신청일까지 상사법정이율(연 6%)을 가산하여 반환하며, 지연시 제14조 제1항에 따른 지연이자를 지급하여야 한다.

제13조(상조서비스의 내용) ① 상조서비스는 계약시에 상품별로 확정한 내용대로 제공되어야 한다. 단, 회사는 확정된 물품 중 시간의 경과로 인한 단종, 품절 등 대상품목의 물품을 제공할 수 없는 경우에는 계약시의 확정된 물품과 실질적으로 동등한 물품으로 대체할 수 있다.

② 제1항의 회사가 제공하는 상품별 상조서비스의 내용은 회원증서에 명시하여 교부한다.

제14조(회원의 채무불이행효과) ① 회원이 정당한 사유 없이 월납입금의 납부를 지연한 경우에는 그 지연일수에 ( )%의 지연이자율을 적용한 지연이자를 지급하여야 한다. 단, 지연이자율은 연 24%를 초과할 수 없다.

② 회원이 3회 이상 월납입금의 납부를 연체한 경우 회사는 서면으로 월납입금의 납부를 최고하고, 회원이 최고의 통지를 받은 날부터 14일 이내에 연체된 월납입금을 납부하지 않을 경우에 회사는 계약을 해지할 수 있다.

③ 제2항에 따라 계약이 해지된 경우 회원은 제15조 제2항에 따라 해약환급금을 청구할 수 있다.

④ 제3항의 규정에 의한 해약환급금은 회원이 계약의 해지통지를 받은 날부터 5년 이내에 청구하여야 한다.

제15조(계약의 해지 및 해약환급금) ① 회원이 상조서비스를 이용할 의사가 없을 경우 계약을 해지할 수 있다.

② 회원의 사정으로 해지된 경우 회사는 회원의 납입금에서 모집수당, 기타 관리비 등을 공제한 아래 산식에 따른 해약환급금을 회원의 신청일로부터 10일 이내에 회원에게 환급하여야 한다. 단, 납입금의 범위 내에서 회원이 다른 상조서비스를 이용하였을 경우 해약환급금은 산식에 따른 환급금에서 회원이 이용한 상조서비스의 상품금액을 공제하여 환급한다.

〈해약환급금 산식〉 ☞ 【표준해약환급금(률)표 참조】

환급금＝(상조적립금－미상각모집수당)×0.9 (단, 100원 이하는 절삭, 환급금이 (－)인 경우는 0으로 함)

• 상조적립금＝납입금누계－관리비누계

• 미상각모집수당＝$\dfrac{\text{총납입기간 월수}-\text{총납입 월수}+1}{\text{총납입기간 월수}}$×모집수당

(모집수당은 최대 15.3%(상품금액대비), 관리비는 최대 10%(상품금액대비), 단 총납입기간월수≥60인 경우는 60, 미상각모집수당이 (-)면 0으로 함)

③ 회원이 제6조에 따라 납입금을 할인받았을 경우 제2항의 해약환급금 산식에 규정된 납입금은 할인에 의해 실제로 지급한 금액이 대상이 되며 할인분은 포함되지 아니한다.

④ 제2항의 규정에도 불구하고 회원이 계약 이후 기초생활수급자가 된 경우에는 납입금 전액을 환급한다.

⑤ 회원의 신청에도 불구하고, 10일 이내에 해약환급금을 지급하지 못할 경우에는 해약환급금에 제14조 제1항에 따른 지연이자를 가산하여 지급하여야 한다.

⑥ 제1항에 따라 회원이 계약을 해지하고자 할 경우 아래 구비서류를 제출하여야 한다.

- 회원본인: 신분증, 회원증서, 해약신청서
- 대 리 인: 회원증서, 위임장, 회원본인의 인감증명서, 대리인의 신분증, 해약신청서

⑦ 회사가 자기의 책임 있는 사유로 상조서비스제공의무를 이행하지 아니한 경우 회원은 계약을 해지하거나 손해배상을 청구할 수 있다.

제16조(회원지위의 양도 · 명의변경) ① 회원은 상조서비스를 받을 수 있는 회원으로서의 지위는 회사의 동의를 얻어 타인에게 양도할 수 있다.

② 회원의 지위가 양도된 경우 새로운 회원이 된 양수인은 회원으로서의 권리와 의무를 승계한다.

③ 회사는 회원지위의 양도 · 명의변경에 대하여 실비수준의 수수료(예: 5,000원)를 받을 수 있다.

제17조(분쟁해결 및 관할법원) ① 이 계약에 규정하지 아니한 사항은 회사와 회원이 합의하여 결정하되, 합의되지 아니할 경우에는 관계법령 및 일반관례에 따른다.

② 제1항의 규정에도 불구하고 법률상 분쟁이 발생한 경우에는 회사 또는 회원은 소비자기본법 등에 따른 분쟁조정기구에 분쟁조정을 신청하거나 중재법 등에 따라 운영중인 중재기관에 중재를 신청할 수 있다.

③ 이 계약과 관련된 분쟁에 관한 소송은 민사소송법상의 관할소재지 법원에 제기하여야 한다.

제15조 제2항 관련【표준해약환급금(률) 표】

1. 월 20,000원씩 총납입기간 5년(60회) 1,200,000원 상품의 경우

월납입금	관리비 비율	모집수당 비율
20,000	10%	15.3%

회차	납입금누계	관리비누계	상조적립금	미상각 모집수당	환급금	환급률
1	20,000	2,000	18,000	183,600	0	0.0%
2	40,000	4,000	36,000	180,540	0	0.0%
3	60,000	6,000	54,000	177,480	0	0.0%
4	80,000	8,000	72,000	174,420	0	0.0%
5	100,000	10,000	90,000	171,360	0	0.0%
6	120,000	12,000	108,000	168,300	0	0.0%
7	140,000	14,000	126,000	165,240	0	0.0%
8	160,000	16,000	144,000	162,180	0	0.0%
9	180,000	18,000	162,000	159,120	2,000	1.1%
10	200,000	20,000	180,000	156,060	21,000	10.5%
11	220,000	22,000	198,000	153,000	40,000	18.2%
12	240,000	24,000	216,000	149,940	59,000	24.6%
13	260,000	26,000	234,000	146,880	78,000	30.0%
14	280,000	28,000	252,000	143,820	97,000	34.6%
15	300,000	30,000	270,000	140,760	116,000	38.7%
16	320,000	32,000	288,000	137,700	135,000	42.2%
17	340,000	34,000	306,000	134,640	154,000	45.3%
18	360,000	36,000	324,000	131,580	173,000	48.1%
19	380,000	38,000	342,000	128,520	192,000	50.5%
20	400,000	40,000	360,000	125,460	211,000	52.8%
21	420,000	42,000	378,000	122,400	230,000	54.8%
22	440,000	44,000	396,000	119,340	248,000	56.4%
23	460,000	46,000	414,000	116,280	267,000	58.0%
24	480,000	48,000	432,000	113,220	286,000	59.6%
25	500,000	50,000	450,000	110,160	305,000	61.0%
26	520,000	52,000	468,000	107,100	324,000	62.3%
27	540,000	54,000	486,000	104,040	343,000	63.5%

28	560,000	56,000	504,000	100,980	362,000	64.6%
29	580,000	58,000	522,000	97,920	381,000	65.7%
30	600,000	60,000	540,000	94,860	400,000	66.7%
31	620,000	62,000	558,000	91,800	419,000	67.6%
32	640,000	64,000	576,000	88,740	438,000	68.4%
33	660,000	66,000	594,000	85,680	457,000	69.2%
34	680,000	68,000	612,000	82,620	476,000	70.0%
35	700,000	70,000	630,000	79,560	495,000	70.7%
36	720,000	72,000	648,000	76,500	514,000	71.4%
37	740,000	74,000	666,000	73,440	533,000	72.0%
38	760,000	76,000	684,000	70,380	552,000	72.6%
39	780,000	78,000	702,000	67,320	571,000	73.2%
40	800,000	80,000	720,000	64,260	590,000	73.8%
41	820,000	82,000	738,000	61,200	609,000	74.3%
42	840,000	84,000	756,000	58,140	628,000	74.8%
43	860,000	86,000	774,000	55,080	647,000	75.2%
44	880,000	88,000	792,000	52,020	665,000	75.6%
45	900,000	90,000	810,000	48,960	684,000	76.0%
46	920,000	92,000	828,000	45,900	703,000	76.4%
47	940,000	94,000	846,000	42,840	722,000	76.8%
48	960,000	96,000	864,000	39,780	741,000	77.2%
49	980,000	98,000	882,000	36,720	760,000	77.6%
50	1,000,000	100,000	900,000	33,660	779,000	77.9%
51	1,020,000	102,000	918,000	30,600	798,000	78.2%
52	1,040,000	104,000	936,000	27,540	817,000	78.6%
53	1,060,000	106,000	954,000	24,480	836,000	78.9%
54	1,080,000	108,000	972,000	21,420	855,000	79.2%
55	1,100,000	110,000	990,000	18,360	874,000	79.5%
56	1,120,000	112,000	1,008,000	15,300	893,000	79.7%
57	1,140,000	114,000	1,026,000	12,240	912,000	80.0%
58	1,160,000	116,000	1,044,000	9,180	931,000	80.3%
59	1,180,000	118,000	1,062,000	6,120	950,000	80.5%
60	1,200,000	120,000	1,080,000	3,060	969,000	80.8%

2. 월 30,000원씩 총납입기간 6년(72회) 2,160,000원 상품의 경우

월납입금	관리비 비율	모집수당 비율
30,000	10%	15.3%

회차	납입금누계	관리비누계	상조적립금	미상각 모집수당	환급금	환급률
1	30,000	3,000	27,000	330,480	0	0.0%
2	60,000	6,000	54,000	324,972	0	0.0%
3	90,000	9,000	81,000	319,464	0	0.0%
4	120,000	12,000	108,000	313,956	0	0.0%
5	150,000	15,000	135,000	308,448	0	0.0%
6	180,000	18,000	162,000	302,940	0	0.0%
7	210,000	21,000	189,000	297,432	0	0.0%
8	240,000	24,000	216,000	291,924	0	0.0%
9	270,000	27,000	243,000	286,416	0	0.0%
10	300,000	30,000	270,000	280,908	0	0.0%
11	330,000	33,000	297,000	275,400	19,000	5.8%
12	360,000	36,000	324,000	269,892	48,000	13.3%
13	390,000	39,000	351,000	264,384	77,000	19.7%
14	420,000	42,000	378,000	258,876	107,000	25.5%
15	450,000	45,000	405,000	253,368	136,000	30.2%
16	480,000	48,000	432,000	247,860	165,000	34.4%
17	510,000	51,000	459,000	242,352	194,000	38.0%
18	540,000	54,000	486,000	236,844	224,000	41.5%
19	570,000	57,000	513,000	231,336	253,000	44.4%
20	600,000	60,000	540,000	225,828	282,000	47.0%
21	630,000	63,000	567,000	220,320	312,000	49.5%
22	660,000	66,000	594,000	214,812	341,000	51.7%
23	690,000	69,000	621,000	209,304	370,000	53.6%
24	720,000	72,000	648,000	203,796	399,000	55.4%
25	750,000	75,000	675,000	198,288	429,000	57.2%
26	780,000	78,000	702,000	192,780	458,000	58.7%
27	810,000	81,000	729,000	187,272	487,000	60.1%
28	840,000	84,000	756,000	181,764	516,000	61.4%

29	870,000	87,000	783,000	176,256	546,000	62.8%
30	900,000	90,000	810,000	170,748	575,000	63.9%
31	930,000	93,000	837,000	165,240	604,000	64.9%
32	960,000	96,000	864,000	159,732	633,000	65.9%
33	990,000	99,000	891,000	154,224	663,000	67.0%
34	1,020,000	102,000	918,000	148,716	692,000	67.8%
35	1,050,000	105,000	945,000	143,208	721,000	68.7%
36	1,080,000	108,000	972,000	137,700	750,000	69.4%
37	1,110,000	111,000	999,000	132,192	780,000	70.3%
38	1,140,000	114,000	1,026,000	126,684	809,000	71.0%
39	1,170,000	117,000	1,053,000	121,176	838,000	71.6%
40	1,200,000	120,000	1,080,000	115,668	867,000	72.3%
41	1,230,000	123,000	1,107,000	110,160	897,000	72.9%
42	1,260,000	126,000	1,134,000	104,652	926,000	73.5%
43	1,290,000	129,000	1,161,000	99,144	955,000	74.0%
44	1,320,000	132,000	1,188,000	93,636	984,000	74.5%
45	1,350,000	135,000	1,215,000	88,128	1,014,000	75.1%
46	1,380,000	138,000	1,242,000	82,620	1,043,000	75.6%
47	1,410,000	141,000	1,269,000	77,112	1,072,000	76.0%
48	1,440,000	144,000	1,296,000	71,604	1,101,000	76.5%
49	1,470,000	147,000	1,323,000	66,096	1,131,000	76.9%
50	1,500,000	150,000	1,350,000	60,588	1,160,000	77.3%
51	1,530,000	153,000	1,377,000	55,080	1,189,000	77.7%
52	1,560,000	156,000	1,404,000	49,572	1,218,000	78.1%
53	1,590,000	159,000	1,431,000	44,064	1,248,000	78.5%
54	1,620,000	162,000	1,458,000	38,556	1,277,000	78.8%
55	1,650,000	165,000	1,485,000	33,048	1,306,000	79.2%
56	1,680,000	168,000	1,512,000	27,540	1,336,000	79.5%
57	1,710,000	171,000	1,539,000	22,032	1,365,000	79.8%
58	1,740,000	174,000	1,566,000	16,524	1,394,000	80.1%
59	1,770,000	177,000	1,593,000	11,016	1,423,000	80.4%
60	1,800,000	180,000	1,620,000	5,508	1,453,000	80.7%
61	1,830,000	183,000	1,647,000	0	1,482,000	81.0%

62	1,860,000	186,000	1,674,000	0	1,506,000	81.0%
63	1,890,000	189,000	1,701,000	0	1,530,000	81.0%
64	1,920,000	192,000	1,728,000	0	1,555,000	81.0%
65	1,950,000	195,000	1,755,000	0	1,579,000	81.0%
66	1,980,000	198,000	1,782,000	0	1,603,000	81.0%
67	2,010,000	201,000	1,809,000	0	1,628,000	81.0%
68	2,040,000	204,000	1,836,000	0	1,652,000	81.0%
69	2,070,000	207,000	1,863,000	0	1,676,000	81.0%
70	2,100,000	210,000	1,890,000	0	1,701,000	81.0%
71	2,130,000	213,000	1,917,000	0	1,725,000	81.0%
72	2,160,000	216,000	1,944,000	0	1,749,000	81.0%

3. 월 50,000원씩 총납입기간 8년(96회) 4,800,000원 상품의 경우

월납입금	관리비 비율	모집수당 비율
50,000	10%	15.3%

회차	납입금누계	관리비누계	상조적립금	미상각 모집수당	환급금	환급률
1	50,000	5,000	45,000	734,400	0	0.0%
2	100,000	10,000	90,000	722,160	0	0.0%
3	150,000	15,000	135,000	709,920	0	0.0%
4	200,000	20,000	180,000	697,680	0	0.0%
5	250,000	25,000	225,000	685,440	0	0.0%
6	300,000	30,000	270,000	673,200	0	0.0%
7	350,000	35,000	315,000	660,960	0	0.0%
8	400,000	40,000	360,000	648,720	0	0.0%
9	450,000	45,000	405,000	636,480	0	0.0%
10	500,000	50,000	450,000	624,240	0	0.0%
11	550,000	55,000	495,000	612,000	0	0.0%
12	600,000	60,000	540,000	599,760	0	0.0%
13	650,000	65,000	585,000	587,520	0	0.0%
14	700,000	70,000	630,000	575,280	49,000	7.0%
15	750,000	75,000	675,000	563,040	100,000	13.3%
16	800,000	80,000	720,000	550,800	152,000	19.0%

17	850,000	85,000	765,000	538,560	203,000	23.9%
18	900,000	90,000	810,000	526,320	255,000	28.3%
19	950,000	95,000	855,000	514,080	306,000	32.2%
20	1,000,000	100,000	900,000	501,840	358,000	35.8%
21	1,050,000	105,000	945,000	489,600	409,000	39.0%
22	1,100,000	110,000	990,000	477,360	461,000	41.9%
23	1,150,000	115,000	1,035,000	465,120	512,000	44.5%
24	1,200,000	120,000	1,080,000	452,880	564,000	47.0%
25	1,250,000	125,000	1,125,000	440,640	615,000	49.2%
26	1,300,000	130,000	1,170,000	428,400	667,000	51.3%
27	1,350,000	135,000	1,215,000	416,160	718,000	53.2%
28	1,400,000	140,000	1,260,000	403,920	770,000	55.0%
29	1,450,000	145,000	1,305,000	391,680	821,000	56.6%
30	1,500,000	150,000	1,350,000	379,440	873,000	58.2%
31	1,550,000	155,000	1,395,000	367,200	925,000	59.7%
32	1,600,000	160,000	1,440,000	354,960	976,000	61.0%
33	1,650,000	165,000	1,485,000	342,720	1,028,000	62.3%
34	1,700,000	170,000	1,530,000	330,480	1,079,000	63.5%
35	1,750,000	175,000	1,575,000	318,240	1,131,000	64.6%
36	1,800,000	180,000	1,620,000	306,000	1,182,000	65.7%
37	1,850,000	185,000	1,665,000	293,760	1,234,000	66.7%
38	1,900,000	190,000	1,710,000	281,520	1,285,000	67.6%
39	1,950,000	195,000	1,755,000	269,280	1,337,000	68.6%
40	2,000,000	200,000	1,800,000	257,040	1,388,000	69.4%
41	2,050,000	205,000	1,845,000	244,800	1,440,000	70.2%
42	2,100,000	210,000	1,890,000	232,560	1,491,000	71.0%
43	2,150,000	215,000	1,935,000	220,320	1,543,000	71.8%
44	2,200,000	220,000	1,980,000	208,080	1,594,000	72.5%
45	2,250,000	225,000	2,025,000	195,840	1,646,000	73.2%
46	2,300,000	230,000	2,070,000	183,600	1,697,000	73.8%
47	2,350,000	235,000	2,115,000	171,360	1,749,000	74.4%
48	2,400,000	240,000	2,160,000	159,120	1,800,000	75.0%
49	2,450,000	245,000	2,205,000	146,880	1,852,000	75.6%

50	2,500,000	250,000	2,250,000	134,640	1,903,000	76.1%
51	2,550,000	255,000	2,295,000	122,400	1,955,000	76.7%
52	2,600,000	260,000	2,340,000	110,160	2,006,000	77.2%
53	2,650,000	265,000	2,385,000	97,920	2,058,000	77.7%
54	2,700,000	270,000	2,430,000	85,680	2,109,000	78.1%
55	2,750,000	275,000	2,475,000	73,440	2,161,000	78.6%
56	2,800,000	280,000	2,520,000	61,200	2,212,000	79.0%
57	2,850,000	285,000	2,565,000	48,960	2,264,000	79.4%
58	2,900,000	290,000	2,610,000	36,720	2,315,000	79.8%
59	2,950,000	295,000	2,655,000	24,480	2,367,000	80.2%
60	3,000,000	300,000	2,700,000	12,240	2,418,000	80.6%
61	3,050,000	305,000	2,745,000	0	2,470,000	81.0%
62	3,100,000	310,000	2,790,000	0	2,511,000	81.0%
63	3,150,000	315,000	2,835,000	0	2,551,000	81.0%
64	3,200,000	320,000	2,880,000	0	2,592,000	81.0%
65	3,250,000	325,000	2,925,000	0	2,632,000	81.0%
66	3,300,000	330,000	2,970,000	0	2,673,000	81.0%
67	3,350,000	335,000	3,015,000	0	2,713,000	81.0%
68	3,400,000	340,000	3,060,000	0	2,754,000	81.0%
69	3,450,000	345,000	3,105,000	0	2,794,000	81.0%
70	3,500,000	350,000	3,150,000	0	2,835,000	81.0%
71	3,550,000	355,000	3,195,000	0	2,875,000	81.0%
72	3,600,000	360,000	3,240,000	0	2,916,000	81.0%
73	3,650,000	365,000	3,285,000	0	2,956,000	81.0%
74	3,700,000	370,000	3,330,000	0	2,997,000	81.0%
75	3,750,000	375,000	3,375,000	0	3,037,000	81.0%
76	3,800,000	380,000	3,420,000	0	3,078,000	81.0%
77	3,850,000	385,000	3,465,000	0	3,118,000	81.0%
78	3,900,000	390,000	3,510,000	0	3,159,000	81.0%
79	3,950,000	395,000	3,555,000	0	3,199,000	81.0%
80	4,000,000	400,000	3,600,000	0	3,240,000	81.0%
81	4,050,000	405,000	3,645,000	0	3,280,000	81.0%
82	4,100,000	410,000	3,690,000	0	3,321,000	81.0%

83	4,150,000	415,000	3,735,000	0	3,361,000	81.0%
84	4,200,000	420,000	3,780,000	0	3,402,000	81.0%
85	4,250,000	425,000	3,825,000	0	3,442,000	81.0%
86	4,300,000	430,000	3,870,000	0	3,483,000	81.0%
87	4,350,000	435,000	3,915,000	0	3,523,000	81.0%
88	4,400,000	440,000	3,960,000	0	3,564,000	81.0%
89	4,450,000	445,000	4,005,000	0	3,604,000	81.0%
90	4,500,000	450,000	4,050,000	0	3,645,000	81.0%
91	4,550,000	455,000	4,095,000	0	3,685,000	81.0%
92	4,600,000	460,000	4,140,000	0	3,726,000	81.0%
93	4,650,000	465,000	4,185,000	0	3,766,000	81.0%
94	4,700,000	470,000	4,230,000	0	3,807,000	81.0%
95	4,750,000	475,000	4,275,000	0	3,847,000	81.0%
96	4,800,000	480,000	4,320,000	0	3,888,000	81.0%

상조업의 중요한 표시·광고사항 고시

Ⅰ. 목 적

이 고시는 표시·광고의 공정화에 관한 법률(이하 "법"이라 한다) 제4조 제1항의 규정에 따라 소비자의 상품 또는 용역(이하 "상품등"이라 한다)의 구매선택에 영향을 미칠 수 있는 중요한 표시·광고사항(이하 "중요정보"라 한다)을 정함으로써 소비자가 합리적으로 선택하는 데 필요한 정보제공을 확대하여 정보부족으로 인한 소비자피해를 사전에 예방하는 데에 그 목적이 있다.

Ⅱ. 표시·광고에 관한 기본원칙

1. 사업자(독점규제 및 공정거래에 관한 법률 제2조 제4호의 규정에 의한 사업자단체를 포함한다. 이와 같다.)는 소비자가 상품등의 구매선택결정을 할 때 중대한 영향을 받을 수 있는 정보항목에 관해서는 소비자에게 진실되게 알릴 기본적 의무가 있고, 소비자는 자신이 구매하고자 하는 상품등에 관해 정확하게 알 권리가 있다. 소비자가 상품등에 관한 중요정보를 알고서 최종적인 구매선택 결정을 할 때 비로소 소비자권익이 보호됨과 더불어 사업자간 공정한 경쟁질서를 정착시킬 수 있다.

2. 따라서 사업자는 자신이 제조·판매하는 상품등에 관하여 표시·광고행위를 할 경우 중요정보를 소비자가 알아보기 쉽도록 명확하게 표시·광고내용에 포함하여야 한다.

3. 이 고시는 다음 각목의 경우에 적용한다.

가. 사업자가 법 제2조 제1호의 규정에 의한 "표시"행위를 하는 경우에 적용한다.

나. 사업자가 법 제2조 제2호의 규정에 의한 "광고"행위 중 방송 이외의 방법으로 광고행위를 하는 경우에 적용한다. 다만, 방송의 경우(라디오를 제외한다)에도 광고 1회당 2분 이상 상품등의 소개나 판매를 위한 광고행위에 대해서는 이 고시를 적용한다.

다. 분야 및 업종에 따라 별도로 방송의 방법으로 하는 광고행위에 대해 광고방법을 정하고 있는 경우에는 위의 나목을 적용하지 않고 분야 및 업종별로 정한 바에 따른다.

4. 제3호의 규정에 불구하고 다음 각목의 경우에는 이 고시를 적용하지 아니한다.

가. 사업자가 사업자명, 주소, 전화번호, 허가·등록번호 등 사업자에 관한 기본정보만을 광고하거나 당해 광고내용으로 보아 사업자의 특징, 사업내용소개 등 사업자 자신의 이미지를 표현하기 위한 목적이라고 인정되는 경우

나. 사업자가 사업장에 사업자명, 주소, 전화번호, 허가·등록번호 등 사업자에 관한 기본정보만을 표시하는 경우

다. 다른 법령에 의하여 이 고시에서 표시·광고의 중요정보항목으로 규정된 내용을 사업자가 계약체결 전에 소비자에게 고지하여야 하는 경우

5. 다음 각목의 경우에는 당해 중요정보를 표시·광고한 것으로 인정할 수 있다.

가. 방송매체를 이용한 광고에서 중요정보를 자막으로 처리한 경우

나. 표시·광고하여야 할 중요정보의 구체적인 내용이 별도로 규정되어 있는 경우 해당 규정을 인용하여 표시·광고하는 경우

【예시】 피해보상에 관한 내용이 소비자분쟁해결기준에 명시되어 있고 이 규정에 따라 소비자에게 피해보상을 하고자 하는 경우 "피해보상기준은 소비자분쟁해결기준(공정거래위원회고시)을 적용함"이라고 표시·광고하는 경우

6. 공정거래위원회는 소비자, 사업자 등 이해관계인에게 중요정보에 관

한 종합적인 정보를 제공하기 위하여 다른 법령에서 표시 · 광고를 하도록 한 사항 등을 통합하여 공고할 수 있다.

Ⅲ. 분야별 중요정보 (생략)

Ⅳ. 업종별 중요정보

1. 제 조 업

(가. 내지 라.항 생략)

마. 장의업종의 중요정보

마-1. 적용범위

장의용품 중 수의를 제조 · 판매하는 사업자에 대해 적용한다(상조업자에 대해서는 적용 제외한다).

마-2. 중요정보항목

(1) 표시대상 중요정보항목

(가) 수의 원단제조에 소요되는 원사의 종류 · 구성비율 및 원산지

(나) 수의 원단의 제조방법 및 제조지역

(다) 수의 완제품의 제조자명

(2) 광고대상 중요정보항목 : (1)과 동일

【표시장소】

- 제품의 라벨, 포장용기(제품이 보이지 않는 경우에는 포장용기에 표시) 중 한 곳

※ 통신판매를 통해 판매하는 경우 해당 매체에도 표시하여야 함

【표시 · 광고 예시】

- "원사의 종류 · 구성비율 · 원산지, 원단의 제조방법 · 제조지역, 완제품의 제조자명"을 구체적으로 명시
- 원사의 종류 · 구성비율 · 원산지: "대마100%" 또는 "대마70% 저마 30%," 국내산인 경우 "시 · 군단위 이하의 지역명," 외국산인 경우 "국가명"을 명시
- 원단의 제조방법 및 제조지역: " 수작업식 또는 기계식 여부"와 국

내제조인 경우 "시 · 군 단위 이하의 지역명," 외국제조인 경우 "국가명"을 명시

• 완제품의 제조자명: "제조자명"을 명시

9. 협회 및 단체, 수리 및 기타 개인서비스업

나. 상조업종의 중요정보

나-1. 적용범위

소비자로부터 관혼상제가 발생하기 전에 대금을 받고 관혼상제에 관한 물품이나 용역을 제공하는 사업자에 대해 적용한다.

나-2. 중요정보항목

(1) 표시대상 중요정보항목

(가) 중도해약환급금에 대한 환급기준 및 환급시기

(나) 구체적인 제공물품 및 서비스내용

1) 수의원단제조에 소요되는 원사의 종류 및 원산지, 수의원단의 제조방법 및 제조지역

2) 관의 재질 · 두께 및 원산지

3) 차량의 종류 및 무료로 제공되는 차량거리

4) 서비스에 제공되는 인력 및 인력 추가시 요구되는 비용

(다) 총고객환급의무액, 상조관련자산 및 이와 관련하여 공인회계사의 회계감사(검토)를 받았는지 여부(최근사업연도의 재무관련자료를 기준으로 표시하여야 함)

- '총고객환급의무액'은 기존 회원이 전부 계약해지를 요구할 경우 회사가 지불해야 하는 총금액을 의미함

- '상조관련자산'은 자산총계에서 고객불입금 이외의 부채를 제외한 금액을 의미함

(라) 고객불입금에 대한 관리방법

- 사업자가 소비자피해보상을 위해 별도로 「은행법」 제2조 제1항 제2호 및 같은 법 제5조에 따른 금융기관에 예치한 금액이 있는지 여부 및 그 비율(예치금액/총고객불입금)을 의미함. 다만 표시 · 광고기간 동안 표시 · 광고한 예치비율 이하로 예치비율이 떨

어져서는 아니 됨

(2) 광고대상 중요정보항목 : (1)과 동일(다만, (1)의 (나)는 제외)

【표시장소】

- 사업장 게시물(홈페이지), 상품설명서 및 계약서에 모두 표시

【표시 · 광고예시】

- "중도해약환급금에 대한 환급기준 및 환급시기"를 구체적으로 명시

• 중도해약환급금에 대한 환급기준: "구체적인 환급기준"을 명시하거나, "중도해약환급금지급에 대해서는 ○○보상규정(사업자 스스로 제정한 보상규정일 경우에는 당해 보상규정을 알 수 있는 방법을 제시하고, 공정거래위원회고시일 경우에는 공정거래위원회고시임을 명시)에 따라 환불가능함," 공정거래위원회가 승인한 상조업표준약관을 따르는 경우에는 "상조업표준약관에 따라 환급가능함" 등과 같이 명시

- 소비자분쟁해결기준 원용: "환불기준은 공정거래위원회 소비자분쟁해결기준에 따름"

• 환급시기: "환급금액은 신청 즉시 수령가능함" 또는 "환매금액은 신청일로부터 제○영업일에 수령할 수 있음" 등과 같이 명시

- "원사의 종류 · 구성비율 · 원산지, 원단의 제조방법 · 제조지역"을 구체적으로 명시

• 원사의 종류 · 원산지: "대마" 또는 "저마," 국내산인 경우 "국내산" 외국산인 경우 "국가명"을 명시

• 원단의 제조방법 및 제조지역: "수작업식 또는 기계식 여부"와 국내제조인 경우 "국내산," 외국제조인 경우 "국가명"을 명시

• 관의 재질 · 두께 및 원산지: 관의 재질은 "오동나무 ○○cm," "○○나무 ○○cm," 원산지는 "한국," "중국" 등으로 명시

- "차량의 종류 및 무료로 제공되는 차량거리"를 구체적으로 명시

• 차량의 종류: "○○브랜드 ○○년식 ○○영구차량," 여러 차종에서 택일하여 사용가능할 경우 "○○브랜드 ○○년식 ○○영구차량, □□브랜드 □□년식 □□영구차량 중 택일 가능" 등으로 명시

• 무료로 제공되는 차량거리: 모든 지역에 무료로 차량이 제공될 경우에는 "전지역 무료제공," 일부지역 또는 일정거리만 무료로 제공되고 다른 지역이나 추가적인 거리에 대해서는 별도의 비용을 부담해야 하는 경우에는 "○○ 지역만 무료제공되며, 그 지역을 벗어날 경우 추가적인 비용부담," "100Km 이내 무료제공, 10Km추가시마다 ○○원 추가 비용부담" 등으로 명시

- "총고객환급의무액, 상조관련자산 및 이와 관련하여 공인회계사의 감사(검토)를 받았는지 여부"를 구체적으로 명시

• 총고객환급의무액 및 상조관련자산을 아래와 같이 명시

• 회계사에 의해 외부감사(검토)를 받은 경우에는 "공인회계사의 회계감사(검토)를 받았음," 외부감사(검토)를 받은 적이 없는 경우에는 "공인회계사의 회계감사(검토)를 받지 않았음"이라고 명시

총고객환급의무액	상조관련자산
0,000만원	0,000만원
※ 공인회계사의 회계감사(검토)를 받았음(받지 않았음)	

* 만원 단위 이하는 사사오입을 원칙으로 함

- "고객불입금에 대한 관리방법"을 구체적으로 명시

• 고객불입금에 대한 관리방법: 고객불입금의 일부를 사업자의 자산과 분리하여 별도로 금융기관에 예치하고 있는 경우에는 "고객불입금의 ○○%는 별도의 계정으로 ○○은행에 예치하고 있음" 등으로 명시하고, 고객불입금을 사업자의 자산과 별도로 분리하여 예치하고 있지 않은 경우에는 "고객불입금은 별도의 계정으로 분리하여 예치하지 않고 있음" 등으로 명시

【광고방법】

- 2분 미만 방송(라디오 제외)의 방법으로 하는 광고행위의 경우에는 (1)의 (다), (라) 사항을 화면의 1/6 이상 크기로 방송시간의 1/5 이상 소비자가 쉽게 알아볼 수 있도록 자막으로 표시하여야 한다. 다만, 전화면(중요정보항목 관련내용정보가 화면의 1/2 이상 되어야 함)을 사용하여 표시하는 경우에는 방송 시간의 1/15 이상(최소 3초 이상)이 되도록 하여야 한다.

- 2분 이상 방송(라디오 제외)의 방법으로 하는 광고행위의 경우에는 모든 광고사항에 대해 전화면을 사용하여 방송시간의 1/15(한번 표시할 때 3초 이상) 이상 소비자가 쉽게 알아볼 수 있도록 표시하여야 한다.

제 3 편

할부거래법 · 시행령 · 시행규칙 · 서식

◈ 할부거래에 관한 법률

◈ 할부거래에 관한 법률 시행령

◈ 할부거래에 관한 법률 시행규칙

◈ 서　　식

- ◆ 선불식 할부거래업 등록신청서
- ◆ 선불식 할부거래업 등록증
- ◆ 선불식 할부거래업 등록변경신고서
- ◆ 선불식 할부거래업 휴업 · 폐업 · 영업재개 신고서
- ◆ 선불식 할부거래업 지위승계신고서
- ◆ 청약의 철회 및 계약해제의 권리행사에 필요한 서식
- ◆ 예치금 지급요청서
- ◆ 예치금 반환요청서
- ◆ 소비자피해보상 증서(선불식 할부거래업자 발급)
- ◆ 소비자피해보상 증서(지급의무자 발급)
- ◆ 사업자단체등록신청서

할부거래에 관한 법률 [법률 제10141호, 2010.3.17, 전부개정] [법률 제10303호, 2010.5.17, 타법개정]	할부거래에 관한 법률 시행령 [대통령령 제22388호, 2010.9.17, 전부개정]	할부거래에 관한 법률 시행규칙 [총리령 제939호, 2010.9.17, 전부개정]
제1장 총 칙		
제1조(목적) 이 법은 할부계약 및 선불식 할부계약에 의한 거래를 공정하게 함으로써 소비자의 권익을 보호하고 시장의 신뢰도를 높여 국민경제의 건전한 발전에 이바지 함을 목적으로 한다.	제1조(목적) 이 영은 「할부거래에 관한 법률」에서 위임된 사항과 그 시행에 필요한 사항을 규정함을 목적으로 한다.	제1조(목적) 이 규칙은 「할부거래에 관한 법률」 및 같은 법 시행령에서 위임된 사항과 그 시행에 필요한 사항을 규정함을 목적으로 한다.
제2조(정의) 이 법에서 사용하는 용어의 뜻은 다음과 같다. 1. "할부계약"이란 계약의 명칭·형식이 어떠하든 재화나 용역(일정한 시설을 이용하거나 용역을 제공받을 수 있는 권리를 포함한다)(이하 "재화등"이라 한다)에 관한 다음 각목의 계약을 말한다. 가. 소비자가 사업자에게 재화의 대금(代金)이나 용역의 대가(이하 "재화등의 대금"이라 한다)를 2		

개월 이상의 기간에 걸쳐 3회 이상 나누어 지급하고, 재화등의 대금을 완납하기 전에 재화의 공급이나 용역의 제공(이하 "재화등의 공급"이라 한다)을 받기로 하는 계약(이하 "직접할부계약"이라 한다)

나. 소비자가 신용제공자에게 재화등의 대금을 2개월 이상의 기간에 걸쳐 3회 이상 나누어 지급하고, 재화등의 대금을 완납하기 전에 사업자로부터 재화등의 공급을 받기로 하는 계약(이하 "간접할부계약"이라 한다)

2. "선불식 할부계약"이란 계약의 명칭 · 형식이 어떠하든 소비자가 사업자로부터 다음 각목의 어느 하나에 해당하는 재화등의 대금을 2개월 이상의 기간에 걸쳐 2회 이상 나누어 지급함과 동시에 또는 지급한 후에 재화등의 공급을 받기로 하는 계약을 말한다.

가. 장례 또는 혼례를 위한 용역(제공시기가 확정된 경우는 제외한다) 및 이에 부수한 재화

나. 가목에 준하는 소비자피해가 발생하는 재화등으로서 소비자의 피해를 방지하기 위하여 대통령령으로 정하는 재화등

3. "할부거래"란 할부계약에 의한 거래를 말하며, "할부거래업자"란 할부계약에 의한 재화등의 공급을 업으로 하는 자를 말한다.

4. "선불식 할부거래"란 선불식 할부계약에 의한 거래를 말하며, "선불식 할부거래업자"란 선불식 할부계약에 의한 재화등의 공급을 업으로 하는 자를 말한다.

5. "소비자"란 다음 각목의 어느 하나에 해당하는 자를 말한다.

가. 할부계약 또는 선불식 할부계약에 의하여 제공되는 재화등을 소비생활을 위하여 사용하거나 이용하는 자

나. 가목 외의 자로서 사실상 가목의 자와 동일한 지위 및 거래조건으로 거래하는 자 등 대통령령으로 정하는 자	**제 2 조(소비자의범위)** 「할부거래에 관한 법률」(이하 "법"이라한다) 제2조 제5호 나목에서 "사실상 가목의 자와 동일한 지위 및 거래조건으로 거래하는 자 등 대통령령으로 정하는 자"란 다음 각호의 어느 하나에 해당하는 자를 말한다. 1. 재화 또는 용역(이하 "재화등"이라 한다)을 최종적으로 사용하거나 이용하는 자. 다만, 재화등을 원재료[중간재(中間財)를 포함한다] 및 자본재로 사용하는 자는 제외한다. 2. 법 제3조 제1호 단서에 해당하는 사업자로서 재화등을 구매하는 자(해당 재화등에 대한 거래관계에 한정한다). 3. 재화등을 농업(축산업을 포함한다) 및 어업활동을 위하여 구입한 자로서 「원양산업발전법」 제6조 제1항에 따라 농림수산식품부장관의 허가를 받은 원양어업자 외의 자.	
6. "신용제공자"란 소비자 · 할부거래업자와의 약정에 따라 재화등의 대		

법	시행령	시행규칙
금에 충당하기 위하여 신용을 제공하는 자를 말한다. 7. "지배주주"란 다음 각목의 어느 하나에 해당하는 자를 말한다. 가. 대통령령으로 정하는 특수관계인과 함께 소유하고 있는 주식 또는 출자액의 합계가 해당 법인의 발행주식총수 또는 출자총액의 100분의 30 이상인 경우로서 그 합계가 가장 많은 주주 또는 출자자	**제3조(특수관계인의 범위)** ① 법 제2조 제7호 가목에서 "대통령령으로 정하는 특수관계인"이란 다음 각호의 어느 하나에 해당하는 자를 말한다. 1. 지배주주가 개인인 경우에는 다음 각목의 어느 하나에 해당하는 자 가. 배우자 나. 6촌 이내의 혈족이나 4촌 이내의 인척 다. 지배주주 단독으로 또는 그와 가목 및 나목의 관계에 있는 사람들과 합하여 100분의 30 이상을 출자한 법인 및 그 임원 라. 지배주주 단독으로 또는 그와 가목부터 다목까지의 관계에 있는 자들과 합하여 100분의 30 이상을 출자한 법인 및 그 임원 2. 지배주주가 법인인 경우에는 다음	

법	시행령	시행규칙
	각목의 어느 하나에 해당하는 자 가. 임원 나. 계열회사(「독점규제 및 공정거래에 관한 법률」 제2조 제3호에 따른 계열회사를 말한다) 및 그 임원	
나. 해당 법인의 경영을 사실상 지배하는 자. 이 경우 사실상 지배의 구체적인 내용은 대통령령으로 정한다.	② 법 제2조 제7호 나목에서 "해당 법인의 경영을 사실상 지배하는 자"란 다음 각호의 어느 하나에 해당하는 자를 말한다. 1. 단독으로 또는 다른 주주나 출자자와의 계약 또는 합의에 의하여 대표이사를 임면(任免)하거나 임원의 100분의 50 이상을 선임하거나 선임할 수 있는 자 2. 해당 법인의 조직변경 또는 신규사업에의 투자 등 주요의사결정이나 업무집행에 지배적인 영향력을 행사하고 있는 자	
제3조(적용제외) 이 법은 다음 각호의 거래에는 적용하지 아니한다. 1. 사업자가 상행위(商行爲)를 위하여		

재화등의 공급을 받는 거래. 다만, 사업자가 사실상 소비자와 같은 지위에서 다른 소비자와 같은 거래조건으로 거래하는 경우는 적용한다.

2. 성질상 이 법을 적용하는 것이 적합하지 아니한 것으로서 대통령령으로 정하는 재화등의 거래

제4조(다른 법률과의 관계) 할부거래 및 선불식 할부거래에서의 소비자보호와 관련하여 이 법과 다른 법률이 경합하

제4조(법적용에서 제외되는 거래) 법 제3조 제2호에서 "대통령령으로 정하는 재화등의 거래"란 다음 각호의 어느 하나에 해당하는 재화등의 거래를 말한다.

1. 농산물 · 수산물 · 축산물 · 임산물 · 광산물로서 「통계법」 제22조에 따라 작성한 한국표준산업분류표상의 제조업에 의하여 생산되지 아니한 것
2. 「약사법」 제2조 제4호에 따른 의약품
3. 「보험업법」에 따른 보험
4. 「자본시장과 금융투자업에 관한 법률」 제4조에 따른 증권 및 같은 법 제336조 제1항 제1호에 따른 어음
5. 부동산

여 적용되는 경우에는 이 법을 우선하여 적용한다. 다만, 다른 법률을 적용하는 것이 소비자에게 유리한 경우에는 그 법률을 적용한다.

제 2 장 할부거래

제5조(계약체결 전의 정보제공) 할부거래업자는 할부계약을 체결하기 전에 소비자가 할부계약의 내용을 이해할 수 있도록 총리령으로 정하는 바에 따라 다음 각호의 사항을 표시하여야 한다. 다만, 「여신전문금융업법」에 따른 신용카드회원과 신용카드가맹점간의 간접할부계약의 경우에는 제3호, 제4호, 제6호 및 제7호의 사항을 표시하지 아니할 수 있다.

1. 재화등의 종류 및 내용
2. 현금가격(할부계약에 의하지 아니하고 소비자가 재화등의 공급을 받은 때에 할부거래업자에게 지급하여야 할 대금 전액을 말한다. 이하

제 2 조(할부계약내용의 표시 방법) 할부거래업자는 「할부거래에 관한 법률」(이하 "법"이라 한다) 제5조에 따라 할부계약의 내용을 다음 각호의 방법으로 표시하여야 한다.

1. 사업소에 게시하거나 서면으로 제시하되, 사업소에 게시하는 경우에는 법 제2조 제5호에 따른 소비자(이하 "소비자"라 한다)가 보기 쉬운 장소에 붙여야 하며, 서면으로 제시하는 경우에는 9호 이상의 활자를 사용할 것
2. 법 제7조 및 「할부거래에 관한 법률 시행령」(이하 "영"이라 한다) 제5조에 따른 할부수수료의 실제연간요

같다)

3. 할부가격(소비자가 할부거래업자나 신용제공자에게 지급하여야 할 계약금과 할부금의 총합계액을 말한다. 이하 같다)
4. 각 할부금의 금액 · 지급횟수 및 지급시기
5. 할부수수료의 실제연간비율
6. 계약금(최초지급금 · 선수금 등 명칭이 무엇이든 할부계약을 체결할 때에 소비자가 할부거래업자에게 지급하는 금액을 말한다. 이하 같다)
7. 제12조 제1항에 따른 지연손해금산정시 적용하는 비율

제6조(할부계약의 서면주의) ① 할부거래업자는 총리령으로 정하는 바에 따라 다음 각호의 사항을 적은 서면(「전자거래기본법」 제2조 제1호에 따른 전자문서를 포함한다. 이하 같다)으로 할부계약을 체결하여야 한다. 다만, 「여신전문금융업법」에 따른 신용카드회원과

율은 소수점 이하 1단위 이상까지 표시할 것

제3조(계약서의 작성방법) ① 법 제6조 제1항에 따른 할부계약의 계약서는 다음 각호의 방법으로 작성하여야 한다.

1. 계약서의 글자는 9호 이상의 활자를 사용할 것
2. 법 제6조 제1항 제9호부터 제13호까지의 규정에 따른 기재사항은 일반

신용카드가맹점간의 간접할부계약의 경우 제4호, 제5호 중 지급시기 및 제11호의 사항을 적지 아니할 수 있다.

1. 할부거래업자 · 소비자 및 신용제공자의 성명 및 주소
2. 재화등의 종류 · 내용 및 재화등의 공급시기
3. 현금가격
4. 할부가격
5. 각 할부금의 금액 · 지급횟수 · 지급기간 및 지급시기
6. 할부수수료의 실제연간요율
7. 계약금
8. 재화의 소유권유보에 관한 사항
9. 제8조에 따른 청약철회의 기한 · 행사방법 · 효과에 관한 사항
10. 제11조 제1항에 따른 할부거래업자의 할부계약의 해제에 관한 사항
11. 제12조 제1항에 따른 지연손해금 산정시 적용하는 비율
12. 제13조에 따른 소비자의 기한의 이익상실에 관한 사항

기재사항의 글씨와 다른 색의 글씨 또는 굵은 글씨 등을 사용하여 명확히 드러나게 할 것

3. 소비자의 철회권 및 항변권행사를 위한 서식을 포함시킬 것

② 할부거래업자는 소비자와의 할부계약체결 당시에 법 제2조 제6호에 따른 신용제공자(이하 "신용제공자"라 한다)의 성명 및 주소가 확정되지 아니한 경우에는 계약서에 할부의 유형(자체할부, 은행할부 또는 보험할부 등을 말한다)을 적고, 신용제공자가 확정되었을 때에 그 성명 및 주소를 소비자에게 지체없이 서면으로 알려야 한다.

13. 제16조에 따른 소비자의 항변권과 행사방법에 관한 사항

② 할부거래업자는 할부계약을 체결할 경우에는 제1항에 따른 계약서를 소비자에게 발급하여야 한다. 다만, 「여신전문금융업법」에 따른 신용카드회원과 신용카드가맹점간의 간접할부계약의 경우 소비자의 동의를 받아 해당 계약의 내용을 팩스나 「전자거래기본법」 제2조 제1호에 따른 전자문서(이하 이 조에서 "전자문서"라 한다)로 보내는 것으로 대신할 수 있으며, 팩스나 전자문서로 보낸 계약서의 내용이나 도달에 다툼이 있으면 할부거래업자가 이를 증명하여야 한다.

③ 신용제공자는 제1항 제4호부터 제6호까지, 제9호, 제11호부터 제13호까지의 사항을 적은 서면을 소비자에게 발급하여야 한다.

④ 할부계약이 제1항 각호의 요건을 갖추지 못하거나 그 내용이 불확실한 경우에는 소비자와 할부거래업자간의 특

약이 없으면 그 계약내용은 어떠한 경우에도 소비자에게 불리하게 해석되어서는 아니 된다.

제7조(할부수수료의 실제연간요율) 제5조 제5호 및 제6조 제1항 제6호에 따른 할부수수료의 실제연간요율의 계산방법과 최고한도는 「이자제한법」에서 정한 이자의 최고한도의 범위에서 대통령령으로 정한다.

제8조(청약의 철회) ① 소비자는 다음 각 호의 기간(거래당사자가 그보다 긴 기간을 약정한 경우에는 그 기간을 말한다) 이내에 할부계약에 관한 청약을 철회할 수 있다.

1. 제6조 제1항에 따른 계약서를 받은 날부터 7일. 다만, 그 계약서를 받은 날보다 재화등의 공급이 늦게 이루어진 경우에는 재화등을 공급받은 날부터 7일
2. 다음 각목의 어느 하나에 해당하는 경우에는 그 주소를 안 날 또는 알 수 있었던 날 등 청약을 철회할 수

제5조(할부수수료의 실제연간요율 계산방법 등) ① 법 제7조에 따른 할부수수료의 실제연간요율의 계산방법은 별표 1과 같다.

② 제1항에 따른 할부수수료의 실제연간요율의 최고한도는 연 100분의 30으로 한다.

있는 날부터 7일

가. 제6조 제1항에 따른 계약서를 받지 아니한 경우

나. 할부거래업자의 주소 등이 적혀 있지 아니한 계약서를 받은 경우

다. 할부거래업자의 주소변경 등의 사유로 제1호의 기간 이내에 청약을 철회할 수 없는 경우

3. 제6조 제1항에 따른 계약서에 청약의 철회에 관한 사항이 적혀 있지 아니한 경우에는 청약을 철회할 수 있음을 안 날 또는 알 수 있었던 날부터 7일

4. 할부거래업자가 청약의 철회를 방해한 경우에는 그 방해행위가 종료한 날부터 7일

② 소비자는 다음 각호의 어느 하나에 해당하는 경우에는 제1항에 따른 청약의 철회를 할 수 없다. 다만, 할부거래업자가 청약의 철회를 승낙하거나 제6항에 따른 조치를 하지 아니한 경우에는 제2호부터 제4호까지에 해당하는

법	시행령	시행규칙
경우에도 청약을 철회할 수 있다. 1. 소비자에게 책임있는 사유로 재화등이 멸실되거나 훼손된 경우. 다만, 재화등의 내용을 확인하기 위하여 포장 등을 훼손한 경우는 제외한다. 2. 사용 또는 소비에 의하여 그 가치가 현저히 낮아질 우려가 있는 것으로서 대통령령으로 정하는 재화등을 사용 또는 소비한 경우	**제 6 조(소비자가 청약의 철회를 할 수 없는 경우)** ① 법 제8조 제2항 제2호에서 "대통령령으로 정하는 재화등"이란 다음 각호의 어느 하나에 해당하는 재화등을 말한다. 1. 「선박법」에 따른 선박 2. 「항공법」에 따른 항공기 3. 「철도사업법」 및 「도시철도법」에 따른 궤도를 운행하는 차량 4. 「건설기계관리법」에 따른 건설기계 5. 「자동차관리법」에 따른 자동차 6. 설치에 전문인력 및 부속자재 등이 요구되는 것으로서 다음 각목에 해당하는 재화를 설치한 경우 가. 「고압가스안전관리법」 제3조 제4호에 따른 냉동기 나. 전기냉방기(난방겸용인 것을 포	

3. 시간이 지남으로써 다시 판매하기 어려울 정도로 재화등의 가치가 현저히 낮아진 경우 4. 복제할 수 있는 재화등의 포장을 훼손한 경우 5. 그 밖에 거래의 안전을 위하여 대통령령으로 정하는 경우	함한다) 다. 보일러 ② 법 제8조 제2항 제5호에서 "대통령령으로 정하는 경우"란 다음 각호의 어느 하나에 해당하는 경우를 말한다. 1. 할부가격이 10만원 미만인 할부계약. 다만, 「여신전문금융업법」에 따른 신용카드를 사용하여 할부거래를 하는 경우에는 할부가격이 20만원 미만인 할부계약을 말한다. 2. 소비자의 주문에 따라 개별적으로 제조되는 재화등의 공급을 목적으로 하는 할부계약	
③ 소비자가 제1항에 따라 청약을 철회할 경우 제1항에 따른 기간 이내에 할부거래업자에게 청약을 철회하는 의사표시가 적힌 서면을 발송하여야 한다.		

④ 제1항에 따른 청약의 철회는 제3항에 따라 서면을 발송한 날에 그 효력이 발생한다.

⑤ 제1항 또는 제2항을 적용함에 있어서 계약서의 발급사실과 그 시기, 재화등의 공급사실과 그 시기 및 제2항 각 호 중 어느 하나에 해당하는지 여부에 관하여 다툼이 있는 경우에는 할부거래업자가 이를 입증하여야 한다.

⑥ 할부거래업자는 제2항 제2호부터 제4호까지의 규정에 따라 청약을 철회할 수 없는 재화등에 대하여는 그 사실을 재화등의 포장이나 그 밖에 소비자가 쉽게 알 수 있는 곳에 분명하게 표시하거나 시용(試用)상품을 제공하는 등의 방법으로 소비자가 청약을 철회하는 것이 방해받지 아니하도록 조치하여야 한다.

제9조(간접할부계약에서의 청약의 철회통보) ① 소비자가 할부거래업자에게 간접할부계약에 관한 청약을 철회한 경우 제8조 제1항에 따른 기간 이내에 신

용제공자에게 청약을 철회하는 의사표시가 적힌 서면을 발송하여야 한다.

② 소비자가 신용제공자에게 제1항에 따른 서면을 발송하지 아니한 경우 신용제공자의 할부금지급청구를 거절할 수 없다. 다만, 다음 각호의 어느 하나에 해당하는 경우에는 소비자가 그 서면을 발송하지 아니한 경우라도 신용제공자의 할부금지급청구를 거절할 수 있다.

1. 신용제공자가 제8조 제1항의 기간 이내에 할부거래업자에게 재화등의 대금을 지급한 경우
2. 신용제공자가 할부거래업자로부터 제10조 제4항에 따른 할부금청구의 중지 또는 취소를 요청받은 경우

제10조(청약의 철회효과) ① 소비자는 제8조에 따라 청약을 철회한 경우 이미 공급받은 재화등을 반환하여야 한다.

② 소비자가 제8조에 따라 청약을 철회한 경우 할부거래업자(소비자로부터 재화등의 계약금 또는 할부금을 지급받은 자 또는 소비자와 할부계약을 체

제7조(지연배상금의이율) 법 제10조 제2항 각호 외의 부분 후단에서 "대통령령으로 정하는 이율"이란 연 100분의 20을 말한다.

결한 자를 포함한다. 이하 이 조에서 같다)는 다음 각호의 어느 하나에 해당하는 영업일 이내에 이미 지급받은 계약금 및 할부금을 환급하여야 한다. 이 경우 할부거래업자가 소비자에게 재화등의 계약금 및 할부금의 환급을 지연한 때에는 그 지연기간에 따라 「이자제한법」에서 정한 이자의 최고한도의 범위에서 대통령령으로 정하는 이율을 곱하여 산정한 지연이자(이하 "지연배상금"이라 한다)를 함께 환급하여야 한다.

1. 재화를 공급한 경우에는 제1항에 따라 재화를 반환받은 날부터 3영업일
2. 용역을 제공한 경우에는 제8조 제3항에 따른 청약을 철회하는 서면을 수령한 날부터 3영업일

③ 할부거래업자는 제1항의 경우에 이미 용역(일정한 시설을 이용하거나 용역을 제공받을 권리는 제외한다)이 제공된 때에는 이미 제공된 용역과 동일한 용역의 반환을 청구할 수 없다.

④ 할부거래업자는 간접할부계약의 경

우 제8조 제3항에 따른 청약을 철회하는 서면을 수령한 때에는 지체없이 해당 신용제공자에게 재화등에 대한 할부금의 청구를 중지 또는 취소하도록 요청하여야 한다. 이 경우 할부거래업자가 신용제공자로부터 해당 재화등의 대금을 이미 지급받은 때에는 지체없이 이를 신용제공자에게 환급하여야 한다.

⑤ 신용제공자는 제4항에 따라 할부거래업자로부터 할부금의 청구를 중지 또는 취소하도록 요청받은 경우 지체없이 이에 필요한 조치를 취하여야 한다. 이 경우 소비자가 이미 지불한 할부금이 있는 때에는 지체없이 이를 환급하여야 한다.

⑥ 할부거래업자가 제4항에 따른 요청을 지연하여 소비자로 하여금 신용제공자에게 할부금을 지불하게 한 경우 소비자가 지불한 금액에 대하여 소비자가 환급받는 날까지의 기간에 대한 지연배상금을 소비자에게 지급하여야 한다.

⑦ 신용제공자가 제5항에 따른 환급을 지연한 경우 그 지연기간에 따른 지연배상금을 소비자에게 지급하여야 한다. 다만, 할부거래업자가 제4항에 따른 요청을 지연하여 신용제공자로 하여금 소비자에 대한 할부금의 환급을 지연하게 한 경우에는 그 할부거래업자가 지연배상금을 지급하여야 한다.

⑧ 할부거래업자 또는 신용제공자는 소비자가 청약을 철회함에 따라 소비자와 분쟁이 발생한 경우 분쟁이 해결될 때까지 할부금지급거절을 이유로 해당 소비자를 약정한 기일 이내에 채무를 변제하지 아니한 자로 처리하는 등 소비자에게 불이익을 주는 행위를 하여서는 아니 된다.

⑨ 할부거래업자는 소비자가 제8조에 따라 청약을 철회한 경우 이미 재화등이 사용되었거나 일부 소비된 경우에는 그 재화등을 사용하거나 일부 소비하여 소비자가 얻은 이익 또는 그 재화등의 공급에 든 비용에 상당하는 금액

제8조(재화등이 일부사용된 경우 등의 비용청구범위) 법 제10조 제9항에서 "대통령령으로 정하는 범위의 금액"이란 다음 각호의 어느 하나에 해당하는 금액을 말한다.

1. 재화등의 사용으로 소모성 부품을

할부거래법	시행령	시행규칙
으로서 대통령령으로 정하는 범위의 금액을 초과하여 소비자에게 청구할 수 없다.	재판매하기 곤란하거나 재판매가격이 현저히 하락하는 경우에는 해당 소모성 부품을 공급하는 데에 든 금액 2. 여러 개의 가분물(可分物)로 구성된 재화등의 경우에는 소비자의 일부소비로 소비된 부분을 공급하는 데에 든 금액	
⑩ 할부거래업자는 소비자가 제8조에 따라 청약을 철회한 경우 공급받은 재화등의 반환에 필요한 비용을 부담하며, 소비자에게 청약의 철회를 이유로 위약금 또는 손해배상을 청구할 수 없다. **제11조(할부거래업자의 할부계약해제)** ① 할부거래업자는 소비자가 할부금지급의무를 이행하지 아니하면 할부계약을 해제할 수 있다. 이 경우 할부거래업자는그 계약을 해제하기 전에 14일 이상의 기간을 정하여 소비자에게 이행할 것을 서면으로 최고(催告)하여야 한다. ② 할부거래업자 또는 소비자는 제1항에		

법	시행령	시행규칙
따라 할부계약이 해제된 경우에는 상대방에게 원상회복(원상회부)하여 줄 의무를 진다. 이 경우 상대방이 원상회복할 때까지 자기의 의무이행을 거절할 수 있다. ③ 할부거래업자는 재화등의 소유권이 할부거래업자에게 유보된 경우 그 할부계약을 해제하지 아니하고는 그 반환을 청구할 수 없다.		
제12조(할부거래업자 등의 손해배상청구금액의 제한) ① 할부거래업자 또는 신용제공자가 할부금지급의무를 이행하지 아니한 것을 이유로 소비자에게 청구하는 손해배상액은 지연된 할부금에 「이자제한법」에서 정한 이자의 최고한도의 범위에서 대통령령으로 정하는 이율을 곱하여 산정한 금액에 상당하는 지연손해금을 초과하지 못한다. ② 할부거래업자가 제11조 제1항에 따라 할부계약을 해제한 경우에 소비자에게 청구하는 손해배상액은 다음 각 호의 어느 하나에 해당하는 금액과 제1	**제9조(지연손해금의 산정)** 법 제12조 제1항에서 "대통령령으로 정하는 이율"이란 할부거래업자 또는 신용제공자가 소비자와 약정한 이율을 말한다.	

항에 따른 지연손해금의 합계액을 초과하지 못한다.

1. 재화등의 반환 등 원상회복이 된 경우에는 통상적인 사용료와 계약체결 및 그 이행을 위하여 통상 필요한 비용의 합계액. 다만, 할부가격에서 재화등이 반환된 당시의 가액을 공제한 금액이 그 사용료와 비용의 합계액을 초과하는 경우에는 그 공제한 금액
2. 재화등의 반환 등 원상회복이 되지 아니한 경우에는 할부가격에 상당한 금액. 다만, 용역이 제공된 경우에는 이미 제공된 용역의 대가 또는 그 용역에 의하여 얻어진 이익에 상당하는 금액
3. 재화등의 공급이 되기 전인 경우에는 계약체결 및 그 이행을 위하여 통상 필요한 금액

③ 할부거래업자 또는 신용제공자는 손해배상액의 예정, 위약금, 그 밖에 명칭 · 형식이 어떠하든 제1항 또는 제2

법	시행령	시행규칙
항에 따른 금액을 초과하여 손해배상을 청구할 수 없다. ④ 할부거래업자 또는 신용제공자는 손해배상을 청구하는 경우 소비자의 손해가 최소화되도록 신의에 따라 성실히 하여야 한다.		
제13조(소비자의 기한의 이익상실) ① 소비자는 다음 각호의 어느 하나에 해당하는 경우에는 할부금의 지급에 대한 기한의 이익을 주장하지 못한다. 1. 할부금을 다음 지급기일까지 연속하여 2회 이상 지급하지 아니하고 그 지급하지 아니한 금액이 할부가격의 100분의 10을 초과하는 경우 2. 국내에서 할부금채무이행보증이 어려운 경우로서 대통령령으로 정하는 경우	제10조(소비자의 기한의 이익상실) 법 제13조 제1항 제2호에서 "대통령령으로 정하는 경우"란 다음 각호의 어느 하나에 해당하는 경우를 말한다. 1. 생업에 종사하기 위하여 외국에 이주하는 경우 2. 외국인과의 혼인 및 연고관계(緣故關係)로 인하여 외국에 이주하는 경우	

② 할부거래업자 또는 신용제공자가 제1항에 따라 소비자로부터 한꺼번에 지급받을 금액은 나머지 할부금에서 나머지 기간에 대한 할부수수료를 공제한 금액으로 한다. 이 경우 할부수수료는 일단위로 계산한다.

제14조(소비자의 기한 전 지급) ① 소비자는 기한이 되기 전이라도 나머지 할부금을 한꺼번에 지급할 수 있다.

② 소비자가 제1항에 따라 할부거래업자 또는 신용제공자에게 지급하는 금액은 제13조 제2항에 따른 금액으로 한다.

제15조(할부대금채권의 소멸시효) 할부계약에 의한 할부대금채권은 3년간 행사하지 아니하면 소멸시효가 완성한다.

제16조(소비자의 항변권) ① 소비자는 다음 각호의 어느 하나에 해당하는 사유가 있는 경우에는 할부거래업자에게 그 할부금의 지급을 거절할 수 있다.

1. 할부계약이 불성립 · 무효인 경우
2. 할부계약이 취소 · 해제 또는 해지

법	시행령	시행규칙
된 경우 3. 재화등의 전부 또는 일부가 제6조 제1항 제2호에 따른 재화등의 공급 시기까지 소비자에게 공급되지 아니한 경우 4. 할부거래업자가 하자담보책임을 이행하지 아니한 경우 5. 그 밖에 할부거래업자의 채무불이행으로 인하여 할부계약의 목적을 달성할 수 없는 경우 6. 다른 법률에 따라 정당하게 청약을 철회한 경우 ② 소비자는 간접할부계약인 경우 제1항 각호의 어느 하나에 해당하는 사유가 있으면 할부가격이 대통령령으로 정한 금액 이상인 경우에만 신용제공자에게 할부금의 지급을 거절하는 의사를 통지한 후 할부금의 지급을 거절할 수 있다. ③ 소비자가 제2항에 따라 신용제공자에게 지급을 거절할 수 있는 금액은 할부금의 지급을 거절한 당시에 소비자	**제11조(소비자의 항변권제한)** 법 제16조 제2항에서 "대통령령으로 정한 금액"이란 10만원을 말한다. 다만, 「여신전문금융업법」에 따른 신용카드를 사용하여 할부거래를 하는 경우에는 20만원을 말한다.	

가 신용제공자에게 지급하지 아니한 나머지 할부금으로 한다.

④ 소비자가 제1항에 따른 항변권의 행사를 서면으로 하는 경우 그 효력은 서면을 발송한 날에 발생한다.

⑤ 할부거래업자 또는 신용제공자는 소비자의 항변을 서면으로 수령한 경우 지체없이 그 항변권의 행사가 제1항에 해당하는지를 확인하여야 한다. 제1항에 해당하지 아니하는 경우 소비자의 항변을 수령한 날부터 다음 각호의 어느 하나에 해당하는 영업일 이내에 서면으로 소비자의 항변을 수용할 수 없다는 의사(意思)와 항변권의 행사가 제1항 각호의 어느 하나에 해당하지 아니한다는 사실을 소비자에게 서면으로 통지하여야 한다.

1. 할부거래업자는 5영업일
2. 신용제공자는 7영업일

⑥ 할부거래업자 또는 신용제공자가 제5항에 따른 통지를 하지 아니한 경우에는 소비자의 할부금지급거절의사를

수용한 것으로 본다.

⑦ 할부거래업자 또는 신용제공자는 제1항부터 제6항까지의 규정에 따라 소비자가 할부금의 지급을 거절한 경우 소비자와 분쟁이 발생하면 분쟁이 해결될 때까지 할부금지급거절을 이유로 해당 소비자를 약정한 기일 이내에 채무를 변제하지 아니한 자로 처리하는 등 소비자에게 불이익을 주는 행위를 하여서는 아니 된다.

제17조(휴업기간 등에서의 청약의 철회에 관한 업무처리) 할부거래업자 또는 신용제공자는 그 휴업기간 또는 영업정지기간 중에도 제10조에 따른 청약의 철회에 관한 업무를 계속하여야 한다.

제 3 장 선불식 할부거래

제 1 절 영업의 등록 등

제18조(영업의 등록 등) ① 선불식 할부거래업자는 대통령령으로 정하는 바에 따

제12조(선불식 할부거래업자의 등록절차 등) ① 법 제18조 제1항에 따라 등록을

제 4 조(선불식 할부거래업의 등록신청 첨부서류 등) ① 법 제18조 제1항 및 영

라 다음 각호의 서류를 갖추어 특별시장 · 광역시장 · 도지사 또는 특별자치도지사(이하 "시 · 도지사"라 한다)에게 등록하여야 한다. 1. 상호 · 주소 · 전화번호 · 전자우편주소(영업소 및 대리점을 포함한다) · 대표자의 이름 · 주민등록번호 · 주소 등을 적은 신청서 2. 자본금이 3억원 이상임을 증명하는 서류 3. 제27조에 따른 소비자피해보상보험계약 등의 체결증명서류	하려는 선불식 할부거래업자는 총리령으로 정하는 신청서에 법 제18조 제1항 제2호부터 제4호까지의 서류를 첨부하여 주된 사무소의 소재지를 관할하는 특별시장 · 광역시장 · 도지사 또는 특별자치도지사(이하 "시 · 도지사"라 한다)에게 제출하여야 한다. ② 제1항에 따른 신청서를 받은 시 · 도지사는 그 신청서에 법 제18조 제1항 제2호부터 제4호까지의 서류가 첨부되지 않았거나, 그 서류에 잘못된 점이나 부족한 부분이 있으면 10일 이내의 기간을 정하여 이를 보완할 것을 선불식 할부거래업자에게 요청할 수 있다. ③ 제1항에 따른 등록신청을 받은 시 · 도지사는 그 신청이 등록요건에 적합한 경우에는 총리령으로 정하는 등록증을 발급하여야 한다.	제12조 제1항에 따라 선불식 할부거래업의 등록을 하려는 자는 별지 제1호서식의 선불식 할부거래업등록신청서를 특별시장 · 광역시장 · 도지사 또는 특별자치도지사(이하 "시 · 도지사"라 한다)에게 제출하여야 한다. ② 제1항에 따른 선불식 할부거래업등록신청서를 받은 시 · 도지사는 영 제12조제3항에 따라 별지 제2호서식의 선불식 할부거래업등록증을 교부하여야 한다.
4. 그 밖에 선불식 할부거래업자의 신원을 확인하기 위하여 필요한 사항으로서 총리령으로 정하는 서류		③ 법 제18조 제1항 제4호에서 "총리령으로 정하는 서류"란 회사의 영업일을 기재한 서류를 말한다. ④ 제1항에 따라 선불식 할부거래업등

법	시행령	시행규칙
② 제1항에 따라 선불식 할부거래업의 등록을 한 경우 시·도지사는 지체없이 선불식 할부거래업등록증을 교부하여야 한다. ③ 선불식 할부거래업자는 제1항에 따라 등록한 사항 중 같은 항 제1호부터	④ 법 제18조 제3항에 따라 변경신고를 하려는 자는 변경사항이 발생한 날부	록신청서를 받은 시·도지사는 「전자정부법」 제36조 제1항에 따른 행정정보의 공동이용을 통하여 다음 각호의 서류를 확인하여야 한다. 다만, 제2호 및 제3호의 경우 신청인이 확인에 동의하지 아니하는 경우에는 해당 서류를 첨부하도록 하여야 한다. 1. 법인등기사항증명서등본 2. 발기인의 주민등록표등본(법인인 신청인이 법인의 설립등기 전에 신청을 하는 경우에만 해당한다) 3. 사업자등록증사본. 다만, 신청인이 사업자등록을 하기 전인 경우에는 사업자등록 후 즉시 담당공무원에게 통보하여 확인하도록 하거나 이를 제출하도록 하여야 한다. **제5조(선불식 할부거래업의 등록사항변경 신고)** 법 제18조 제3항 및 영 제12조

제3호까지의 사항이 변경된 경우에는 대통령령으로 정하는 바에 따라 시·도지사에게 신고하여야 한다.	터 15일 이내에 총리령으로 정하는 신고서에 그 변경사항을 증명하는 서류를 첨부하여 시·도지사에게 제출하여야 하고, 해당 신고를 받은 시·도지사는 변경사항을 확인하고 변경사항이 적힌 등록증을 다시 발급하여야 한다. 다만, 법 제18조 제1항 제3호에 따른 소비자피해보상보험계약 등의 해지·만료 등에 따른 변경사항은 계약의 해지일·만료일 1개월 전에 그 변경사항을 증명하는 서류를 시·도지사에게 제출하여야 한다.	제4항에 따라 변경신고를 하려는 선불식 할부거래업자는 별지 제3호 서식의 선불식 할부거래업 등록변경 신고서에 그 변경사항을 증명하는 서류 및 선불식 할부거래업등록증(등록증 기재사항을 변경하는 경우만 해당한다)을 첨부하여 시·도지사에게 제출하여야 한다.
④ 선불식 할부거래업자는 휴업 또는 폐업을 하거나 휴업 후 영업을 다시 시작할 때에는 대통령령으로 정하는 바에 따라 시·도지사에게 신고하여야 한다. 이 경우 시·도지사는 폐업신고를 받은 때에는 그 등록을 말소하여야 한다. 다만, 폐업신고 전 등록취소요건에 해당되는 경우에는 폐업신고일에 등록이 취소된 것으로 본다. ⑤ 공정거래위원회는 선불식 할부거래	⑤ 법 제18조 제4항에 따라 휴업 또는 폐업을 하거나 및 휴업 후 영업을 다시 시작하는 신고를 하려는 자는 그 사유가 발생하기 1개월 전에 총리령으로 정하는 신고서를 시·도지사에게 제출하여야 한다. 이 경우 폐업을 신고하는 경우에는 종전의 등록증을 첨부하여야 한다. **제13조(선불식 할부거래업자에 관한 정보**	**제 6 조(선불식 할부거래업의 휴·폐업등의 신고)** 법제18조제4항 및 영제12조제5항에 따라 휴업 또는 폐업을 하거나 휴업 후 영업을 다시 시작하는 신고를 하려는 선불식 할부거래업자는 별지 제4호서식의 선불식 할부거래업 휴업·폐업·영업 재개신고서를 시·도지사에게 제출하여야 한다.

업자에 대한 다음 각호의 사항을 대통령령으로 정하는 바에 따라 공개하여야 한다. 다만, 선불식 할부거래업자의 경영·영업상 비밀에 관한 사항으로서 공개될 경우 선불식 할부거래업자의 정당한 이익을 현저히 해칠 우려가 있다고 인정되는 사항과 개인에 관한 사항으로서 사생활의 비밀 또는 자유를 침해할 우려가 있다고 인정되는 사항에 대하여는 공개하지 아니한다.

1. 제1항에 따라 등록한 사항 및 제3항에 따라 신고한 사항

2. 그 밖에 공정거래위원회가 공정거래질서확립 및 소비자보호를 위하여 필요하다고 인정하여 총리령으로 정하는 사항

의 공개절차) ① 공정거래위원회는 법 제18조 제5항에 따라 선불식 할부거래업자의 정보를 공개하는 경우 해당 선불식 할부거래업자에게 정보공개의 목적, 내용, 기간 및 방법 등을 정보공개일 15일 전까지 통지하여야 한다.

② 제1항에 따른 통지를 받은 선불식 할부거래업자는 공개하는 내용 중 사실과 다른 내용이 있거나 법 제18조 제5항 각호 외의 부분 단서에 해당하는 내용이 있는 경우에는 정보공개일 5일 전까지 그 사실을 증명하는 서류를 첨부하여 서면으로 공정거래위원회에 그 내용의 정정 또는 비공개를 요구할 수 있다. 이 경우 공정거래위원회는 선불식 할부거래업자의 요구가 정당하다고 인정되면 공개내용을 변경하거나 해당 정보를 공개하지 아니할 수 있다.

제7조(선불식 할부거래업자에 관한 정보의 공개) 법 제18조 제5항 제2호에서 "총리령으로 정하는 사항"이란 다음 각호의 어느 하나에 해당하는 사항을 말한다.

⑥ 공정거래위원회는 제5항에 따른 공개를 위하여 필요한 경우에는 선불식 할부거래업자에게 관련자료의 제출을 요구할 수 있다. 이 경우 선불식 할부거래업자는 정당한 사유가 없으면 관련 자료를 제출하여야 한다.

제19조(자본금) 제18조에 따라 등록하려는 자는 「상법」상 회사로서 자본금이 3억원 이상이어야 한다.

제20조(결격사유) 다음 각호의 어느 하나

③ 공정거래위원회는 법 제18조 제6항에 따라 선불식 할부거래업자가 제출한 자료가 불명확한 경우 적당한 기간을 정하여 선불식 할부거래업자에게 필요한 내용의 변경 또는 보완을 요구할 수 있다.

④ 제1항부터 제3항까지에서 규정한 사항 외에 선불식 할부거래업자의 정보공개에 관하여 필요한 사항은 공정거래위원회가 정하여 고시한다.

1. 선불식 할부거래업자의 등록번호 및 등록일
2. 선불식 할부거래업자가 판매하는 재화 또는 용역(이하 "재화등"이라 한다)의 판매품목
3. 선불식 할부거래업자의 자산 · 부채 및 법 제27조 제1항에 따른 선수금(이하 "선수금"이라 한다) 내역

에 해당하는 자는 제18조에 따른 등록을 할 수 없다.

1. 다음 각목의 어느 하나에 해당하는 사람이 임원인 회사
   가. 미성년자
   나. 한정치산 또는 금치산의 선고를 받은 사람
   다. 파산선고를 받고 복권되지 아니한 사람
   라. 이 법을 위반하여 징역형을 선고받고 그 집행이 끝나거나(집행이 끝난 것으로 보는 경우를 포함한다) 집행이 면제된 날부터 5년이 지나지 아니한 사람
   마. 이 법을 위반하여 형의 집행유예를 선고받고 그 유예기간 중에 있는 사람
   바. 이 법을 위반하여 벌금형을 선고받고 3년이 지나지 아니한 사람
2. 다음 각목의 어느 하나에 해당하는 사람이 지배주주인 회사
   가. 이 법을 위반하여 징역형을 선

고받고 그 집행이 끝나거나(집행이 끝난 것으로 보는 경우를 포함한다) 집행이 면제된 날부터 5년이 지나지 아니한 사람

나. 이 법을 위반하여 형의 집행유예를 선고받고 그 유예기간 중에 있는 사람

3. 제40조에 따라 등록이 취소된 후 5년이 지나지 아니한 회사
4. 제40조에 따른 등록취소 당시 임원 또는 지배주주였던 사람이 임원 또는 지배주주인 회사

제21조(등록의 직권말소) 제18조에 따라 등록한 선불식 할부거래업자가 파산선고를 받거나 관할세무서에 폐업신고를 한 경우 또는 6개월을 초과하여 영업을 하지 아니하는 등 실질적으로 영업을 할 수 없다고 판단되는 경우에는 시·도지사는 그 등록을 직권으로 말소할 수 있다.

제22조(지위의승계) ① 선불식 할부거래업자가 사업의 전부를 양도하거나 선

법	시행령	시행규칙
불식 할부거래업자에 대하여 합병 또는 분할이 있는 경우 해당 사업의 전부를 양수한 회사, 합병 후 존속하는 회사, 합병에 의하여 설립된 회사 또는 분할에 의하여 해당 사업의 전부를 승계한 회사는 그 선불식 할부거래업자의 지위를 승계한다. 다만, 지위를 승계하려는 자가 제20조의 결격사유에 해당하는 경우에는 승계할 수 없다. ② 제18조에 따라 등록한 선불식 할부거래업자의 지위를 승계한 회사는 대통령령으로 정하는 바에 따라 그 사항을 증명하는 서류를 첨부하여 시·도지사에 신고하여야 한다.	제14조(선불식 할부거래업자의 지위승계신고) ① 법 제22조 제2항에 따라 선불식 할부거래업자의 지위승계신고를 하려는 자는 그 지위를 승계한 날부터 15일 이내에 총리령으로 정하는 신고서에 지위승계사실을 증명하는 서류를 첨부하여 시·도지사에게 제출하여야 한다. ② 제1항에 따른 신고서를 받은 시·도지사는 지위승계사항을 확인하고 지위승계사항이 적힌 등록증을 다시 발급하여야 한다.	제8조(선불식 할부거래업자의 지위승계신고) 법 제22조 제2항 및 영 제14조 제1항에 따라 지위승계신고를 하려는 선불식 할부거래업자는 별지 제5호 서식의 선불식 할부거래업 지위승계신고서를 시·도지사에게 제출하여야 한다.

제2절 소비자권익의 보호

제23조(계약체결 전의 정보제공 및 계약체결에 따른 계약서발급) ① 선불식 할부거래업자는 선불식 할부계약을 체결하기 전에 소비자가 계약의 내용을 이해할 수 있도록 다음 각호의 사항을 설명하여야 한다.

1. 선불식 할부거래업자의 상호·주소·전화번호·전자우편주소·대표자의 이름
2. 재화등의 종류 및 내용
3. 재화등의 가격과 그 지급의 방법 및 시기
4. 재화등을 공급하는 방법 및 시기
5. 계약금
6. 청약의 철회 및 계약해제의 기한·행사방법·효과에 관한 사항 및 청약의 철회 및 계약해제의 권리행사에 필요한 서식으로서 총리령으로 정하는 것
7. 소비자피해보상, 재화등에 대한 불

제9조(청약의 철회 및 계약해제의 권리행사에 필요한 서식) 법 제23조 제1항 제6호에서 "총리령으로 정하는 것"이란 별지 제6호 서식을 말한다.

만 및 소비자와 사업자 사이의 분쟁 처리에 관한 사항 8. 선불식 할부거래에 관한 약관 9. 그 밖에 소비자의 구매 여부 판단에 영향을 주는 거래조건 또는 소비자의 피해구제에 필요한 사항으로서 대통령령으로 정하는 사항	**제15조(계약체결 전의 정보제공 및 계약서의 기재사항)** 법 제23조 제1항 제9호에서 "대통령령으로 정하는 사항"이란 다음 각호의 어느 하나에 해당하는 사항을 말한다. 1. 재화등의 가격 외에 소비자가 추가로 부담하여야 할 사항이 있는 경우 그 내용 및 금액 2. 판매일시 · 판매지역 · 판매수량 · 인도지역 등 판매조건과 관련하여 제한이 있는 경우 그 내용 3. 선불식 할부거래업자가 선불식 할부계약의 주된 목적이 되는 재화등이 제공되기 전에 소비자에게 공급하는 재화등이 있는 경우 그 가격	
② 선불식 할부거래업자는 선불식 할부계약을 체결할 경우에는 제1항 각호의 사항을 적은 계약서를 소비자에게 발급하여야 한다.		

제24조(소비자의 청약의 철회) ① 소비자는 다음 각호의 기간(거래당사자가 다음 각호의 기간보다 긴 기간으로 약정한 경우에는 그 기간을 말한다) 이내에 선불식 할부계약에 관한 청약을 철회할 수 있다.

1. 제23조 제2항에 따른 계약서를 받은 날부터 14일
2. 다음 각목의 어느 하나에 해당하는 경우에는 그 주소를 안 날 또는 알 수 있었던 날 등 청약을 철회할 수 있는 날부터 14일
   가. 선불식 할부거래업자의 주소 등이 적혀 있지 아니한 계약서를 받은 경우
   나. 선불식 할부거래업자의 주소변경 등의 사유로 제1호의 기간 이내에 청약을 철회할 수 없는 경우
3. 제23조 제2항에 따른 계약서에 청약의 철회에 관한 사항이 적혀 있지 아니한 경우에는 청약을 철회할 수 있음을 안 날 또는 알 수 있었던 날

부터 14일

4. 선불식 할부거래업자가 청약의 철회를 방해한 경우에는 그 방해행위가 종료한 날부터 14일
5. 제23조 제2항에 따른 계약서를 받지 아니한 경우에는 계약일부터 3개월

② 소비자가 제1항에 따라 청약을 철회할 경우 제1항에 따른 기간 이내에 선불식 할부거래업자에게 청약을 철회하는 의사표시가 적힌 서면을 발송하여야 한다.

③ 제1항에 따른 청약의 철회는 제2항에 따라 서면을 발송한 날에 그 효력이 발생한다.

④ 제1항을 적용함에 있어서 계약서의 발급사실과 그 시기 등에 관하여 다툼이 있는 경우에는 선불식 할부거래업자가 이를 입증하여야 한다.

⑤ 소비자가 제1항에 따라 청약을 철회한 경우 선불식 할부거래업자는 제2항에 따른 청약철회의 서면을 접수한 날부터 3영업일 이내에 이미 지급받은 계

약금 및 할부금을 환급하여야 한다. 이 경우 선불식 할부거래업자가 환급을 지연한 때에는 그 지연기간에 따라 지연배상금을 함께 환급하여야 한다.

제25조(소비자의 선불식 할부계약해제)

① 소비자가 선불식 할부계약을 체결하고, 그 계약에 의한 재화등의 공급을 받지 아니한 경우에는 그 계약을 해제할 수 있다.

② 선불식 할부거래업자는 제1항에 따라 계약이 해제된 경우 소비자에게 해제로 인한 손실을 초과하는 위약금을 청구하여서는 아니 된다.

③ 선불식 할부거래업자는 소비자가 다음 각호의 어느 하나에 해당하는 사유로 계약을 해제하는 경우에는 위약금을 청구하여서는 아니 된다.

1. 휴업 또는 폐업신고를 한 때
2. 영업정지처분을 받은 때
3. 등록이 취소되거나 말소된 때
4. 「은행법」에 따른 은행으로부터 당좌거래의 정지처분을 받은 때

5. 파산 또는 화의(和議)개시의 신청이 있는 때

④ 선불식 할부거래업자는 선불식 할부계약이 해제된 경우에는 해제된 날부터 3영업일 이내에 이미 지급받은 대금에서 위약금을 뺀 금액을 소비자에게 환급하여야 한다. 이 경우 선불식 할부거래업자가 환급을 지연한 때에는 그 지연기간에 따라 지연배상금을 함께 환급하여야 한다.

⑤ 공정거래위원회는 총리령으로 정하는 바에 따라 위약금 및 대금의 환급에 관한 산정기준을 정하여 고시할 수 있다.

제26조(선불식 할부거래업자의 선불식 할부계약해제) 선불식 할부거래업자는 소

제10조(위약금 및 대금의 환급에 관한 산정기준) 공정거래위원회는 법 제25조 제5항에 따라 위약금 및 대금의 환급에 관한 산정기준을 정하는 경우에는 다음 각호의 사항을 고려하여야 한다.

1. 법 제25조 제1항에 따른 소비자계약해제권의 실질적 보장가능성
2. 선불식 할부거래업자가 선불식 할부계약체결 및 영업관리를 하는 데 드는 비용

비자가 대금지급의무를 이행하지 아니하면 선불식 할부계약을 해제할 수 있다. 이 경우 선불식 할부거래업자는 그 계약을 해제하기 전에 14일 이상의 기간을 정하여 소비자에게 이행할 것을 서면으로 최고(催告)하여야 한다.

제27조(소비자피해보상보험계약 등) ① 선불식 할부거래업자가 제18조에 따라 등록할 경우 소비자로부터 선불식 할부계약과 관련되는 재화등의 대금으로서 미리 수령한 금액(이하 "선수금"이라 한다)을 보전하기 위하여 다음 각 호의 어느 하나에 해당하는 계약(이하 "소비자피해보상보험계약 등"이라 한다)을 체결하여야 한다.

1. 소비자피해보상을 위한 보험계약
2. 소비자피해보상금의 지급을 확보하기 위한 「은행법」에 따른 은행과의 채무지급보증계약

제16조(소비자피해보상보험계약 등) ① 법 제27조 제1항 각호의 어느 하나에 해당하는 계약(이하 "소비자피해보상보험계약 등"이라 한다)은 다음 각호의 사항을 충족하여야 한다.

1. 법 제27조 제4항에서 규정한 사유에 해당하는 경우 소비자피해를 보상하는 것을 그 내용으로 할 것
2. 피보험자 또는 수혜자는 해당 소비자피해보상보험계약 등을 체결한 자가 판매하는 재화등의 구매자로 하고, 피해보상금은 해당 구매자가 수령할 수 있도록 할 것
3. 소비자가 신속하고 쉽게 피해보상을 받을 수 있도록 하고 보상이 지연되는 경우에는 지연배상금이 지

급되도록 할 것

4. 정당한 사유 없이 소비자의 의사표시방법을 제한하거나 소비자에게 지나친 입증책임의 부담을 부과하지 아니할 것
5. 정당한 사유 없이 피해보상의 범위나 법 제27조 제4항에 따른 지급의무자(이하 "지급의무자"라 한다) 또는 재화등의 판매자의 책임을 한정하지 아니할 것
6. 소비자에게 예상하기 어려운 위험이나 손해를 줄 우려가 있거나 부당하게 불리한 약정을 두지 아니할 것
7. 보험계약 또는 채무지급보증계약은 「보험업법」 제2조 제5호에 따른 보험회사 또는 「은행법」 제2조 제1항 제2호에 따른 은행과 체결할 것
8. 선불식 할부거래업자가 소비자피해보상보험계약 등의 계약을 체결하여 거래하는 기간은 1년 이상의 기간으로 하고, 정당한 사유 없이 계약해지의 요건을 용이하게 정하여 소

	비자에게 불이익을 주지 아니할 것 9. 지급의무자는 소비자가 방문·전화 또는 인터넷을 통하여 해당 소비자에 관한 소비자피해보상보험계약 등의 내용 및 이에 따라 보전(補塡)된 소비자피해보상금의 액수를 쉽게 열람할 수 있도록 필요한 조치를 할 것
3. 소비자피해보상금의 지급을 확보하기 위한 대통령령으로 정하는 기관(이하 "예치기관"이라 한다)과의 예치계약	② 법 제27조 제1항 제3호에서 "대통령령으로 정하는 기관"이란 다음 각호의 기관을 말한다. 1. 「은행법」 제2조 제1항 제2호 및 같은 법 제5조에 따른 금융회사 2. 「우체국 예금·보험에 관한 법률」에 따른 체신관서 3. 「보험업법」에 따른 보험회사
4. 제28조에 따라 설립된 공제조합과의 공제계약	
② 제1항에 따라 선불식 할부거래업자가 소비자피해보상보험계약 등에 따라 보전하여야 할 금액(제1항 각호 중 둘 이상의 계약을 체결한 경우에는 각 계	③ 법 제27조 제2항에 따라 선불식 할부거래업자가 소비자피해보상보험계약 등에 따라 보전하여야 할 금액은 다음 계산식에 따른 금액으로 한다. 이 경우

약에 따라 보전되는 금액을 합산한다) 및 그 산정기준은 선수금 합계액의 100분의 50을 초과하지 아니하는 범위에서 대통령령으로 정한다. ③ 누구든지 제1항 제3호에 따른 예치금을 상계 · 압류(가압류를 포함한다)하지 못하며, 선불식 할부거래업자는 대통령령으로 정하는 경우 외에는 예치금을 양도하거나 담보로 제공하여서는 아니 된다. ④ 소비자피해보상보험계약 등에 따라 소비자피해보상금을 지급할 의무가 있는 자(이하 "지급의무자"라 한다)는 다음 각호의 어느 하나에 해당하는 지급사유가 발생한 경우에는 지체없이 이를 지급하여야 한다. 정당한 사유 없이 이를 지연한 경우에는 지연배상금을 지급하여야 한다. 1. 선불식 할부거래업자가 폐업한 경우 2. 선불식 할부거래업자가 「은행법」에	선불식 할부거래업자가 재화등을 실제로 인도하지 아니한 경우는 재화등이 공급된 것으로 보지 아니한다. 〔(선수금－선불식 할부거래업자가 소비자에게 공급한 재화등의 가액)×50/100〕 ④ 법 제27조 제3항에서 "대통령령으로 정하는 경우"란 다음 각호의 어느 하나에 해당하는 경우를 말한다. 1. 다른 선불식 할부거래업자에 대한 선불식 할부계약당사자로서의 지위 양도 2. 영업의 양도	

따른 은행으로부터 당좌거래의 정지처분을 받은 경우

3. 제21조에 따라 등록이 말소된 경우 및 제40조에 따라 등록이 취소된 경우

4. 그 밖에 선불식 할부거래업자의 채무불이행 등으로 인한 소비자피해보상을 위하여 대통령령으로 정하는 경우

⑤ 예치기관은 제4항에 따른 지급사유가 발생한 경우에는 예치금을 인출하여 해당 선불식 할부거래업자와 선불식 할부계약을 체결한 소비자에게 우선하여 지급하여야 하며, 예치 및 예치금의 지급 등에 대한 구체적인 절차 및 방법에 대하여는 총리령으로 정한다.

⑤ 법 제27조 제4항 제4호에서 “대통령령으로 정하는 경우”란 다음 각호의 어느 하나에 해당하는 경우를 말한다.

1. 선불식 할부거래업자가 「채무자 회생 및 파산에 관한 법률」에 따른 파산선고를 받은 경우
2. 선불식 할부거래업자에 대하여 「채무자 회생 및 파산에 관한 법률」에 따른 회생절차개시의 결정이 있는 경우

제11조(선수금보전금액의 예치 및 예치금의 지급 등) ① 법 제27조 제5항에 따른 선수금보전금액의 예치에 대한 구체적인 절차 및 방법은 다음 각호와 같다.

1. 선불식 할부거래업자가 법 제27조 제1항 제3호에 따른 예치계약(이하

"예치계약"이라 한다)을 체결하려는 경우에는 영 제16조 제2항 각호에 해당하는 기관(이하 "예치기관"이라 한다)과 선수금보전금액의 예치에 관한 계약을 체결하여야 한다.

2. 선불식 할부거래업자가 제1호에 따라 예치계약을 체결한 경우에는 영 제16조 제3항에 해당하는 선수금보전금액을 예치기관에 예치하도록 하여야 한다.
3. 제1호에 따른 예치계약의 내용에는 선불식 할부거래업자는 예치기관에 선수금보전금액의 예치만을 위한 계좌를 개설하도록 하고, 예치기관은 해당 선수금보전금액을 다른 금융자산과 분리하여 관리하도록 한다는 사항이 포함되어야 한다.

② 법 제27조 제5항에 따른 예치금의 지급 등에 대한 구체적인 절차 및 방법은 다음 각호와 같다.

1. 소비자가 법 제27조 제4항 및 영 제16조 제1항 제2호에 따라 예치기관

에 예치금의 지급을 요청하는 경우에는 별지 제7호 서식의 예치금지급요청서에 법 제27조 제4항 각호의 어느 하나에 해당하는 사실을 증명하는 서류 또는 선불식 할부거래업자의 확인서를 첨부하여 예치기관에 제출하여야 한다.

2. 선불식 할부거래업자는 다음 각목의 어느 하나에 해당하는 사유가 있는 경우에는 예치기관에 예치금의 반환을 요청할 수 있다.
   가. 선불식 할부계약의 내용에 따른 재화등의 공급을 완료하는 등 선불식 할부계약과 관련된 소비자와의 법률관계가 모두 종료된 경우
   나. 예치계약을 갈음하여 법 제27조 제1항 제1호 · 제2호 및 제4호의 어느 하나에 해당하는 계약을 체결한 경우
3. 선불식 할부거래업자가 제2호에 따라 예치금의 반환을 요청하려는 경우에는

별지 제8호 서식의 예치금반환요청서에 다음 각목의 어느 하나에 해당하는 서류를 첨부하여 예치기관에 제출하여야 한다.

가. 해당 소비자와 선불식 할부계약과 관련한 법률관계가 모두 종료되었음을 증명하는 서류 또는 해당 소비자의 확인서

나. 법 제27조 제1항 제1호 · 제2호 및 제4호의 어느 하나에 해당하는 계약을 체결하였음을 증명하는 서류

4. 예치기관은 「정보통신망이용촉진 및 정보보호 등에 관한 법률」 제2조 제1항 제1호에 따른 정보통신망을 이용하여 선수금보전금액의 예치신청 · 지급 및 반환 등에 필요한 절차를 수행할 수 있다. 이 경우 예치기관은 선불식 할부거래업자와 소비자의 신원파악을 위하여 「전자서명법」 제2조 제8호에 따른 공인인증서를 사용하도록 할 수 있다.

5. 예치기관은 소비자 또는 선불식 할부

법	시행령	시행규칙
⑥ 제1항에 따라 소비자피해보상보험계약 등을 체결한 선불식 할부거래업자 및 지급의무자는 소비자에게 소비자피해보상증서를 발급하여야 하며, 그 구체적인 절차 · 발급방법 및 내용 등에 대하여는 총리령으로 정한다.	⑥ 제1항과 제3항에서 규정한 사항 외에 재화등이나 거래의 특성에 따른 소비자피해보상보험계약 등의 구체적인 기준, 피해보상의 내용 및 절차와 소비자피해보상보험계약 등의 표지사용에 관하여 필요한 사항은 총리령으로 정한다.	거래업자가 제1호 및 제3호에 따라 제출한 서류 등을 해당 예치금을 지급한 날 또는 반환한 날부터 5년간 보관하여야 한다. 6. 그 밖에 선수금의 예치 · 지급 및 반환 등에 필요한 사항은 공정거래위원회가 정하여 고시할 수 있다. 제12조(소비자피해보상증서 발급절차 등) ① 법 제27조 제1항에 따라 소비자피해보상보험계약 등을 체결한 선불식 할부거래업자는 법 제27조 제6항에 따라 소비자피해보상금의 지급의무자 및 계약기간 등이 적힌 별지 제9호 서식의 소비자피해보상증서를 소비자에게 발급하여야 하고, 선불식 할부거래업자가 소비자와 선불식 할부계약을 체결한 경우에는 그 사실 및 내용을 법 제27조 제4항에 따른 지급의무자에게 알려야 한다. ② 제1항에 따른 통지를 받은 지급의무자는 법 제27조 제6항에 따라 선불식 할부거래업자명 및 계약기간 등이 기

재된 별지 제10호 서식의 소비자피해보상 증서를 소비자에게 발급하여야 한다. 다만, 다른 법령에 따른 불가피한 사유가 있는 경우에는 별지 제10호 서식의 기재사항이 포함된 별도 서식의 소비자피해보상증서를 발급할 수 있다.
③ 제1항 및 제2항에서 규정한 사항 외에 소비자피해보상증서의 발급절차 및 내용 등에 관하여 필요한 사항은 공정거래위원회가 정하여 고시한다.

⑦ 공정거래위원회는 소비자피해보상업무의 감독을 위하여 필요한 경우 지급의무자에게 선수금보전과 관련된 자료의 제출을 요구할 수 있다.
⑧ 공정거래위원회는 지급의무자의 업무집행 등이 법령에 적합하지 아니한 경우 이의 시정을 명할 수 있고, 그 밖에 소비자의 피해구제 등과 관련하여 필요한 경우에는 적합한 조치를 요구할 수 있다.
⑨ 선불식 할부거래업자는 소비자피해보상보험계약 등을 체결 또는 유지하

는 경우 선수금 등의 자료를 제출함에 있어 거짓의 자료를 제출하여서는 아니된다.

⑩ 그 밖에 소비자피해보상보험계약 등의 운영에 관하여 필요한 사항은 대통령령으로 정한다.

제28조(공제조합의 설립) ① 선불식 할부거래업자는 제27조 제1항 제4호에 따른 공제사업을 운영하기 위하여 공정거래위원회의 인가를 받아 공제조합을 설립할 수 있다.

② 공제조합은 법인으로 하며, 주된 사무소의 소재지에서 설립등기를 함으로써 성립한다.

③ 공제조합에 가입한 자는 공제사업의 수행에 필요한 출자금 등을 공제조합에 내야 한다.

④ 공제조합의 기본재산은 조합원의 출자금 등으로 조성하되 출자금은 200억원 이상으로서 대통령령으로 정하는 규모 이상이어야 한다. 다만, 정부는 예산의 범위에서 출연(出捐)하거나 보조

제17조(출자금) 법제28조 제4항 본문에서 "대통령령으로 정하는 규모"란 200억원을 말한다.

할 수 있다. ⑤ 공제조합의 설립인가기준 및 절차, 운영 및 감독 등에 관하여 필요한 사항은 대통령령으로 정한다.	제18조(공제조합의 인가 등) ① 법 제28조 제1항에 따른 공제조합을 설립하려는 경우에는 10인 이상이 발기인(發起人)이 되어 정관을 작성하고 창립총회의 의결을 거쳐 공정거래위원회에 인가를 신청하여야 한다. ② 공정거래위원회는 공제조합의 설립을 인가하였을 때에는 이를 공고하여야 한다.	
⑥ 공제조합에 관하여 이 법에 규정된 것을 제외하고는 「민법」 중 사단법인에 관한 규정을 준용한다.		
제29조(공제조합의 사업) ① 공제조합은 다음 각호의 사업을 수행한다. 1. 소비자피해보상을 위한 공제사업 및 소비자의 권익보호를 위한 공익사업 2. 소비자피해예방과 홍보를 위한 출판 및 교육사업 3. 시장의 건전한 발전을 위한 자율정화사업	제19조(공제조합의 운영 및 감독) ① 공제조합은 매 사업연도의 총수입과 총지출을 예산으로 편성하여 사업연도개시 1개월 전까지 공정거래위원회에 제출하여야 한다. ② 공제조합은 매 사업연도 경과 후 2개월 이내에 결산을 완료하고 결산보고서에 재무상태표와 손익계산서를 첨부하여 공정거래위원회에 제출하여야	

법	시행령	시행규칙
4. 공정거래위원회로부터 위탁받은 사업 ② 이 법에 따른 공제조합의 사업에 대하여는 「보험업법」을 적용하지 아니한다. **제30조(공제조합의 정관 및 공제규정)** ① 공제조합은 다음 각호의 사항을 적은 정관을 정하여 공정거래위원회의 인가를 받아야 한다. 정관을 변경하는 경우에도 또한 같다. 1. 조합원의 자격과 가입 · 탈퇴에 관한 사항 2. 임원에 관한 사항 3. 출자금의 부담기준에 관한 사항 4. 이사회에 관한 사항 5. 이사장선임에 관한 사항	한다. ③ 공제조합은 제2항에 따라 공정거래위원회에 제출한 재무상태표와 손익계산서를 주된 사무소 및 지부에 갖추어 두고, 재무상태표는 공고하여야 한다.	
6. 그 밖에 대통령령으로 정하는 사항	**제20조(공제조합의 정관 기재사항)** 법 제30조 제1항 제6호에서 "대통령령으로 정하는 사항"이란 다음 각호의 사항을 말한다. 1. 목적 2. 명칭 3. 사무소의 소재지	

② 공제조합은 공제사업의 범위와 방식에 관한 공제규정을 정하여 공정거래위원회의 인가를 받아야 한다. 공제규정을 변경하는 경우에도 또한 같다.

제31조(공제조합의 감독) ① 공정거래위원회는 필요하다고 인정하면 공제조합에 대하여 업무 및 회계에 관한 보고서의 제출 또는 그 밖에 필요한 조치를 명하거나 소속공무원으로 하여금 공제조합의 업무 및 회계상황을 조사하거

4. 출자 1좌(座)의 금액과 그 납입방법 및 지분계산에 관한 사항
5. 자산 및 회계에 관한 사항
6. 총회의 구성 및 운영에 관한 사항
7. 임원추천위원회의 구성, 추천위원의 결격사유 및 운영에 관한 사항
8. 직원에 관한 사항
9. 융자에 관한 사항
10. 업무와 그 집행에 관한 사항
11. 정관의 변경에 관한 사항
12. 해산과 남은 재산의 처리에 관한 사항
13. 공고의 방법에 관한 사항

나 장부 또는 그 밖의 서류를 검사하게 할 수 있다.

② 공정거래위원회는 공제조합의 운영 및 업무집행 등이 법령이나 정관 등에 적합하지 아니한 경우 그 시정을 명할 수 있고, 그 밖에 소비자의 피해구제 등과 관련하여 필요한 경우에는 적합한 조치를 요구할 수 있다.

③ 공정거래위원회는 공제조합의 임직원이 다음 각호의 어느 하나에 해당하는 경우에는 관련 임직원에 대한 징계·해임을 요구하거나 해당 위반행위를 시정하도록 명할 수 있다.

1. 제30조 제2항에 따른 공제규정을 위반하여 업무를 처리한 경우
2. 제2항에 따른 시정명령이나 조치를 이행하지 아니한 경우

④ 제1항에 따라 조사 또는 검사를 하는 공무원은 그 권한을 표시하는 증표를 지니고 이를 관계인에게 보여주어야 한다.

제32조(휴업기간 등에서의 청약의 철회 등

법	시행령	시행규칙
에 관한 업무처리) 선불식 할부거래업자는 그 휴업기간 또는 영업정지기간 중에도 제24조에 따른 청약의 철회나 제25조에 따른 계약의 해제업무를 계속하여야 한다.		
제33조(거래기록 등의 열람) 선불식 할부거래업자는 대통령령으로 정하는 바에 따라 재화등의 거래기록·소비자피해보상보험계약 등의 체결내용을 언제든지 소비자가 열람할 수 있게 하여야 한다.	**제21조(선불식 할부거래업자의 거래기록 등의 열람)** 선불식 할부거래업자는 법 제33조에 따라 재화등의 거래기록 등을 방문·전화 또는 인터넷 등을 통하여 즉시 열람할 수 있도록 필요한 조치를 하여야 하고, 소비자가 우편 등의 방법으로 열람할 수 있도록 요청하는 경우 3영업일 이내에 관련자료를 발송하여야 한다.	
제34조(금지행위) 선불식 할부거래업자는 다음 각호의 어느 하나에 해당하는 행위를 하여서는 아니 된다. 1. 계약의 체결을 강요하거나 청약의 철회 또는 계약의 해제를 방해할 목적으로 상대방을 위협하는 행위 2. 거짓·과장된 사실을 알리거나 기만적 방법을 사용하여 상대방과의		

거래를 유도하거나 청약의 철회 또는 계약의 해제를 방해하는 행위
3. 청약의 철회 또는 계약의 해제를 방해할 목적으로 주소·전화번호 등을 변경하는 행위
4. 분쟁이나 불만처리에 필요한 인력 또는 설비가 부족한 상태를 상당기간 방치하여 상대방에게 피해를 주는 행위
5. 상대방의 청약이 없음에도 재화등의 대금을 청구하는 행위
6. 소비자가 계약을 체결할 의사가 없음을 밝혔음에도 전화, 팩스, 컴퓨터통신 등을 통하여 계약체결을 강요하는 행위
7. 소비자피해보상보험계약 등을 체결하지 아니하고 영업하는 행위
8. 소비자피해보상보험계약 등을 체결하지 아니하였음에도 소비자피해보상보험계약 등을 체결한 사실을 나타내는 표지나 이와 유사한 표지를 제작 또는 사용하는 행위

9. 본인의 허락을 받지 아니하거나 허락받은 범위를 넘어 소비자에 관한 정보를 이용(제3자에게 제공하는 경우를 포함한다)하는 행위. 다만, 다음 각목의 어느 하나에 해당하는 경우는 제외한다. 가. 재화등의 배송 등 소비자와의 계약이행에 불가피한 경우로서 대통령령으로 정하는 경우	**제22조(소비자에 관한 정보이용이 가능한 경우)** ① 법 제34조 제9호 가목에서 "대통령령으로 정하는 경우"란 다음 각호의 어느 하나에 해당하는 경우를 말한다. 1. 소비자와의 계약을 이행하기 위하여 재화등의 배송 또는 전송을 업(業)으로 하는 자에게 소비자에 관한 정보를 제공하는 경우 2. 소비자와의 계약을 이행하기 위하여 재화등의 설치, 사후 서비스, 그 밖에 약정한 서비스의 제공을 업으로 하는 자에게 소비자에 관한 정보를 제공하는 경우 3. 소비자피해보상보험계약 등을 체결한 지급의무자에게 소비자에 관한 정보를 제공하는 경우	

법	시행령	시행규칙
나. 재화등의 거래에 따른 대금을 정산하기 위하여 필요한 경우 다. 도용을 방지하기 위하여 본인임을 확인할 때 필요한 경우로서 대통령령으로 정하는 경우	② 법 제34조 제9호 다목에서 "대통령령으로 정하는 경우"란 다음 각호의 어느 하나에 해당하는 경우를 말한다. 1. 소비자의 신원 및 실명이나 본인의 진의(眞意)를 확인하기 위하여 다음 각목의 어느 하나 해당하는 자에게 소비자에 관한 정보를 제공하는 경우 가. 「전기통신사업법」 제5조 제3항 제1호에 따른 기간통신사업자 나. 「신용정보의 이용 및 보호에 관한 법률」 제2조 제5호에 따른 신용정보회사 다. 해당 거래에 따른 대금결제와 직접관련된 결제업자 라. 법령에 따라 또는 법령에 따른 인·허가를 받아 도용방지를 위한 실명확인을 업으로 하는 자 2. 미성년자와 거래할 때 법정대리인의 동의 여부를 확인하기 위하여 정	

라. 다른 법률에 따라 불가피한 사유가 있는 경우 10. 소비자가 계약을 해제하였음에도 불구하고 정당한 사유 없이 이에 따른 조치를 지연하거나 거부하는 행위 11. 청약의 철회 또는 계약의 해제와 관련하여 분쟁이 발생한 경우 대금을 지급받기 위하여 소비자에게 위계를 사용하거나 위력을 가하는 행위 12. 자신이 공급하는 재화등을 소비자가 양도·양수하는 것을 상당한 이유 없이 제한하거나 양도·양수함에 있어 과다한 비용을 부과하는 행위 13. 다른 사람에게 자기의 명의 또는 상호를 사용하여 선불식 할부거래업을 하게 하거나 선불식 할부거래업등록증을 대여하는 행위	보를 이용하는 경우	

제 3 절 조사 및 감독

제35조(위반행위의 조사) ① 공정거래위원회, 시 · 도지사 또는 시장 · 군수 · 구청장(자치구의 구청장을 말한다. 이하 같다)은 선불식 할부거래업자가 이 법을 위반한 사실이 있다고 인정할 때에는 직권으로 필요한 조사를 할 수 있다.
② 시 · 도지사 또는 시장 · 군수 · 구청장이 제1항에 따른 조사를 하려는 경우에는 공정거래위원회에 통보하여야 하며, 공정거래위원회는 조사 등이 중복될 우려가 있는 경우에는 시 · 도지사 또는 시장 · 군수 · 구청장에게 조사의 중지를 요청할 수 있다. 이 경우 요청을 받은 시 · 도지사 또는 시장 · 군수 · 구청장은 상당한 이유가 없으면 그 조사를 중지하여야 한다.
③ 공정거래위원회, 시 · 도지사 또는 시장 · 군수 · 구청장은 제1항에 따라 조사를 한 경우에는 그 결과(조사결과 시정조치명령 등의 처분을 하려는 경

우에는 그 처분의 내용을 포함한다)를 해당 사건의 당사자에게 문서로 알려야 한다. ④ 누구든지 선불식 할부거래업자가 이 법을 위반한 사실이 있다고 인정할 때에는 그 사실을 공정거래위원회, 시·도지사 또는 시장·군수·구청장에게 신고할 수 있다. ⑤ 공정거래위원회는 선불식 할부거래업자의 이 법위반행위가 끝난 날부터 5년이 지난 경우 그 위반행위에 대하여는 이 법에 따른 시정조치를 명하지 아니하거나 과징금을 부과하지 아니한다. 다만, 시정조치 또는 과징금부과처분이 판결의 취지에 따라 취소된 경우로서 그 판결이유에 따라 새로운 처분을 하는 경우에는 그러하지 아니하다.		
⑥ 공정거래위원회는 제1항의 조사를 위하여 「소비자기본법」 제33조에 따른 한국소비자원(이하 이 조에서 "한국소비자원"이라 한다)과 합동으로 조사반을 구성할 수 있다. 이 경우 조사반의	**제23조(조사반의 구성 등)** ① 법 제35조 제6항에 따른 조사반 (이하 이 항에서 "조사반"이라 한다)은 반장 및 반원(班員)으로 구성하며, 반장은 공정거래위원회 소속공무원으로 하고, 반원은	

법	시행령	시행규칙
구성과 조사에 관한 구체적 방법과 절차, 그 밖에 필요한 사항은 대통령령으로 정한다.	공정거래위원회 소속공무원 및 한국소비자원장이 지정한 소속직원으로 한다. ② 공정거래위원회는 조사반을 구성할 필요가 있는 경우에는 미리 조사기간, 조사대상, 조사에 필요한 인원 등을 적은 문서로 한국소비자원장에게 반원을 지정하여 줄 것을 요청하여야 한다. ③ 조사반의 조사 등의 활동은 반장의 지휘·감독을 받아 실시한다.	
⑦ 제6항에 따라 해당 업무를 담당하는 한국소비자원의 임직원은 「형법」 제129조부터 제132조까지의 규정에 따른 벌칙을 적용할 때에는 공무원으로 본다.		
제36조(부당행위에 대한 정보의 공개) 공정거래위원회는 선불식 할부거래에서의 공정거래질서확립과 소비자피해예방을 위하여 필요한 경우에는 대통령령으로 정하는 바에 따라 선불식 할부거래업자의 이 법위반행위에 대한 조사결과 등 부당행위에 대한 정보를 공개할 수 있다.	제24조(부당행위등에 대한 정보공개 등) ① 공정거래위원회는 법 제36조에 따라 부당행위에 대한 정보를 공개하려는 경우에는 해당 선불식 할부거래업자에게 정보공개의 목적, 내용, 기간 및 방법 등을 정보공개일 15일 전까지 통지하여야 한다. ② 제1항에 따른 통지를 받은 선불식	

법	시행령
	할부거래업자는 공개하는 내용 중 사실과 다른 내용이 있는 경우에는 정보공개일 5일 전까지 그 사실을 증명하는 서류를 첨부하여 서면으로 공정거래위원회에 그 내용의 정정 또는 비공개를 요구할 수 있다. 이 경우 공정거래위원회는 선불식 할부거래업자의 요구가 정당하다고 인정되면 공개내용을 변경하거나 해당 정보를 공개하지 아니할 수 있다. ③ 제1항과 제2항에서 규정한 사항 외에 선불식 할부거래업자의 부당행위에 대한 정보공개의 구체적인 방법과 절차 등에 관하여 필요한 사항은 공정거래위원회가 정하여 고시한다.
제37조(보고 및 감독) ① 시·도지사 또는 시장·군수·구청장은 제38조에 따른 시정권고를 하는 경우에는 대통령령으로 정하는 바에 따라 공정거래위원회에 보고하여야 한다. ② 공정거래위원회는 이 법의 효율적인 시행을 위하여 필요하다고 인정할	**제25조(보고의무)** 시·도지사 또는 시장·군수·구청장(자치구의 구청장을 말한다)은 법 제37조 제1항에 따라 시정권고를 한 경우에는 지체없이 공정거래위원회에 보고하여야 한다.

때에는 그 소관 사항에 관하여 시 · 도지사 또는 시장 · 군수 · 구청장에게 조사 · 확인 또는 자료의 제출을 요구하거나 그 밖에 시정에 필요한 조치를 하도록 요구할 수 있다. 이 경우 시 · 도지사 또는 시장 · 군수 · 구청장은 특별한 사유가 없으면 이에 따라야 한다.

제 4 절 시정조치 및 과징금부과

제38조(위반행위의 시정권고) ① 공정거래위원회, 시 · 도지사 또는 시장 · 군수 · 구청장(이하 이 조에서 "행정청"이라 한다)은 선불식 할부거래업자가 이 법에 위반되는 행위를 하거나 이 법에 따른 의무를 이행하지 아니하는 경우 제39조에 따른 시정조치를 하기 전에 그 선불식 할부거래업자가 해당 행위의 중지, 이 법에 따른 의무의 이행, 그 밖에 소비자피해예방 및 구제에 필요한 조치를 하도록 시정방안을 정하여 그 선불식 할부거래업자에게 이에 따를 것을 권고할 수 있다. 이 경우 해

당 선불식 할부거래업자가 그 권고를 수락한 경우에는 제3항에 따라 시정조치가 내려진 것으로 본다는 뜻을 함께 통지하여야 한다.

② 제1항에 따라 시정권고를 받은 선불식 할부거래업자는 그 통지를 받은 날부터 10일 이내에 그 권고의 수락 여부를 시정권고를 한 행정청에 통지하여야 한다.

③ 제1항에 따라 시정권고를 받은 선불식 할부거래업자가 이를 수락한 때에는 제39조에 따른 시정조치가 내려진 것으로 본다.

제39조(시정조치) ① 공정거래위원회는 선불식 할부거래업자가 다음 각호의 어느 하나에 해당하는 행위를 하거나 이 법에 따른 의무를 이행하지 아니한 경우 해당 선불식 할부거래업자에게 그 시정을 위한 조치를 명할 수 있다.

1. 제18조 제1항 · 제3항 · 제4항 · 제6항, 제19조, 제20조, 제22조부터 제26조까지, 제27조 제1항 · 제3항부터 제6

법	시행령	시행규칙
항까지 · 제9항, 제32조, 제33조를 위반하는 경우 2. 제34조 각호의 어느 하나에 해당하는 금지행위를 한 경우 ② 제1항에 따른 시정을 위한 조치에는 다음 각호의 어느 하나에 해당하는 조치를 포함한다. 1. 해당 위반행위의 중지 2. 이 법에 규정된 의무의 이행 3. 시정조치를 받은 사실의 공표 4. 소비자피해예방 및 구제에 필요한 조치 5. 그 밖에 시정을 위하여 필요한 조치 ③ 제2항 제3호에 따른 시정조치를 받은 사실의 공표에 관하여 필요한 사항은 대통령령으로 정한다.	**제26조(시정조치를 받은 사실의 공표)** 공정거래위원회는 법 제39조 제2항 제3호에 따라 선불식 할부거래업자에 대하여 시정조치를 받은 사실의 공표를 명하는 경우에는 다음 각호의 사항을 고려하여 공표의 내용 및 그 횟수 등을 정한다. 1. 위반행위의 내용 및 정도 2. 위반행위의 기간 및 횟수	

제40조(영업정지 등) ① 공정거래위원회는 선불식 할부거래업자가 다음 각호의 어느 하나에 해당하는 경우로서 제39조에 따른 시정조치에도 불구하고 위반행위가 반복되거나 시정조치를 이행하지 아니한 경우에는 대통령령으로 정하는 바에 따라 1년 이내의 기간을 정하여 그 영업의 전부 또는 일부의 정지를 명할 수 있다.

1. 제18조 제3항 또는 제4항에 따른 신고를 하지 아니하거나 거짓으로 신고한 경우
2. 제34조 제1호부터 제3호까지, 제8호 또는 제11호에 해당하는 금지행위를 한 경우

② 시 · 도지사는 선불식 할부거래업자가 다음 각호의 어느 하나에 해당하는 경우 그 등록을 취소할 수 있다. 다만, 제1호 및 제2호에 해당하는 경우에는 그 등록을 취소하여야 한다.

3. 위반행위로 인하여 발생한 소비자 피해의 범위 및 정도

제27조(영업정지의 기준) 법 제40조 제1항에 따른 영업정지의 기준은 별표 2와 같다.

1. 거짓이나 그 밖의 부정한 방법으로 제18조 제1항에 따른 등록을 한 경우
2. 제20조 각호의 결격사유에 해당하게 된 경우
3. 소비자피해보상보험계약 등이 해지된 경우
4. 영업정지기간 중에 영업을 하는 경우

③ 시 · 도지사가 제2항에 따라 선불식 할부거래업자의 등록을 취소하려면 청문을 하여야 한다.

제41조(소비자피해분쟁조정의 요청) ① 공정거래위원회, 시 · 도지사 또는 시장 · 군수 · 구청장은 이 법위반행위와 관련하여 소비자의 피해구제신청이 있으면 제38조에 따른 시정권고 또는 제39조에 따른 시정조치를 하기 전에 선불식 할부거래에 관한 소비자보호 관련업무를 수행하는 기관 또는 단체등 대통령령으로 정하는 소비자피해 분쟁조정기구에 그 조정을 의뢰할 수 있다. 이 경우 공정거래위원회, 시 · 도지사 또는 시장 · 군수 · 구청장은 조정안을

제28조(소비자피해분쟁조정기구) 법 제41조 제1항 전단에서 "선불식 할부거래에 관한 소비자보호 관련업무를 수행하는 기관 또는 단체 등 대통령령으로 정하는 소비자피해분쟁조정기구"란 다음 각호의 어느 하나에 해당하는 기구를 말한다.

1. 「소비자기본법」 제33조에 따라 설립된 한국소비자원
2. 시 · 도지사가 「소비자기본법」 제16조 및 같은 법 시행령 제7조에 따라 설치한 소비자피해구제기구

당사자가 수락하고 이행하는 경우에는 제39조에 따른 시정조치를 하지 아니한다는 뜻을 당사자에게 알려야 한다.	3. 그 밖에 소비자보호 관련법령에 따라 설치·운영되는 분쟁조정기구	
② 제1항에 따른 소비자피해분쟁조정기구의 조정안에 대하여 당사자가 수락하고 이행한 경우에는 대통령령으로 정하는 바에 따라 제39조에 따른 시정조치를 하지 아니한다.	**제29조(분쟁조정조정안 수락 및 이행시 시정조치를 하지 아니하는 절차 등)** ① 법 제41조에 따른 분쟁조정의 당사자는 소비자피해 분쟁조정기구의 권고안 또는 조정안을 이행하였음을 확인하는 서류를 그 이행한 날부터 10일 이내에 공정거래위원회에 제출하고, 법 제39조에 따른 시정조치를 하지 아니한다는 확인을 요청할 수 있다. ② 제1항에 따른 요청을 받은 공정거래위원회는 시정조치를 하지 아니하는 대상 등을 사업자에게 통지하여야 한다.	
③ 공정거래위원회는 제1항에 따라 분쟁의 조정을 요청하는 경우 예산의 범위에서 해당 분쟁의 조정에 필요한 예산을 지원할 수 있다.		
제42조(과징금) ① 공정거래위원회는 제40조 제1항에 따라 영업정지를 명하여	**제30조(위반행위 관련매출액의 산정)** ① 법 제42조 제1항 전단에서 "대통령령	

야 할 경우로서 영업정지가 소비자에게 심한 불편을 주거나 공익을 해할 우려가 있으면 영업정지를 갈음하여 해당 선불식 할부거래업자에 대하여 대통령령으로 정하는 위반행위 관련매출액을 초과하지 아니하는 범위에서 과징금을 부과할 수 있다. 이 경우 관련매출액이 없거나 이를 산정할 수 없는 경우 등에는 5천만원을 초과하지 아니하는 범위에서 과징금을 부과할 수 있다.

② 공정거래위원회는 제1항에 따른 과징금을 부과할 때 다음 각호의 사항을 고려하여야 한다.

1. 위반행위로 인한 소비자피해 정도
2. 소비자피해에 대한 선불식 할부거래업자의 보상노력 정도
3. 위반행위로 인하여 취득한 이익의 규모
4. 위반행위의 내용 · 기간 및 횟수 등

으로 정하는 위반행위 관련매출액"이란 해당 선불식 할부거래업자가 위반행위의 발생시부터 그 종료시(해당 행위가 과징금부과처분을 명하는 공정거래위원회의 심의일까지 종료되지 아니한 경우에는 그 심의일을 위반행위의 종료일로 본다)까지 선불식 할부계약과 관련하여 소비자로부터 지급받은 재화 등의 대금의 100분의 30에 해당하는 금액을 말한다.

② 제1항에서 규정한 사항 외에 위반행위 관련매출액의 산정에 필요한 사항은 공정거래위원회가 정한다.

③ 공정거래위원회는 이 법을 위반한 선불식 할부거래업자인 회사의 합병이 있는 경우에는 그 회사가 행한 위반행위를 합병 후 존속하거나 합병으로 새로 설립된 회사가 한 행위로 보아 과징금을 부과·징수할 수 있다.

④ 제1항에 따른 과징금의 납부기한의 연장, 분할납부, 징수, 체납처분 및 환급가산금에 관하여는 「독점규제 및 공정거래에 관한 법률」 제55조의4, 제55조의6 및 제55조의7을 준용한다.

⑤ 제1항에 따른 과징금의 부과기준은 대통령령으로 정한다.

제31조(과징금의 부과기준) ① 법 제42조 제1항에 따른 과징금의 부과기준은 별표 3과 같다.

② 이 영에서 규정한 사항 외에 과징금의 부과에 필요한 세부기준은 공정거래위원회가 정한다.

제 4 장 보 칙

제43조(소비자에게 불리한 계약의 금지) 제6조부터 제13조까지, 제15조, 제16조,

제23조부터 제26조까지의 규정을 위반한 약정으로서 소비자에게 불리한 것은 효력이 없다.

제44조(전속관할) 할부거래 및 선불식 할부거래와 관련된 소(訴)는 제소 당시 소비자의 주소를, 주소가 없는 경우에는 거소를 관할하는 지방법원의 전속관할로 한다. 다만, 제소 당시 소비자의 주소 및 거소가 분명하지 아니한 경우에는 「민사소송법」의 관련규정을 준용한다.

제45조(사업자단체의 등록) ① 할부거래 및 선불식 할부거래의 건전한 발전과 소비자의 신뢰도 제고, 그 밖에 공동이익의 증진을 목적으로 설립된 사업자단체는 대통령령으로 정하는 바에 따라 공정거래위원회에 등록할 수 있다.
② 제1항에 따른 등록의 요건, 방법 및 절차 등에 관하여 필요한 사항은 대통령령으로 정한다.

제32조(사업자단체의 등록) ① 법 제45조 제1항에 따라 등록하려는 사업자단체는 총리령으로 정하는 신청서에 다음 각호의 사항을 적어 공정거래위원회에 제출하여야 한다.

제13조(사업자단체의 등록) 법 제45조 제1항 및 영 제32조에 따라 등록하려는 사업자단체는 별지 제11호 서식의 사업자단체등록신청서를 공정거래위원회에 제출하여야 한다.

법	시행령	시행규칙
제46조(사무의 위탁) ① 공정거래위원회는 이 법을 효율적으로 집행하기 위하	1. 목적 2. 명칭 3. 주된 사무소 · 지부의 주소 및 인터넷 홈페이지 주소 4. 대표자의 성명 · 주민등록번호 · 주소 · 전화번호 · 전자우편주소 5. 설립연월일 6. 회원의 수(지부의 수를 포함한다) 7. 사업내용 ② 제1항에 따른 신청서에는 정관과 다음 각호에 관한 자료를 첨부하여야 한다. 1. 인력 · 재정상황 및 재원확보방안 2. 주요설비의 목록 및 성능 ③ 법 제45조 제1항에 따라 등록한 사업자단체는 제1항 제1호부터 제4호까지, 제6호 및 제7호와 제2항 각호의 사항이 변경된 경우에는 그 변경사항이 발생한 날부터 20일 이내에 공정거래위원회에 통보하여야 한다.	

여 필요한 경우 사무의 일부를 제45조에 따라 등록한 사업자단체에 위탁할 수 있다.

② 제1항에 따라 위탁한 사무에 대한 감독, 처리 · 보고, 조사 · 확인, 자료의 제출 또는 시정에 필요한 조치의 요구 등에 관하여 필요한 사항은 대통령령으로 정한다.

③ 제1항에 따라 사무를 위탁받은 사업자단체의 임직원은 「형법」 제129조부터 제132조까지의 규정에 따른 벌칙을 적용할 때에는 공무원으로 본다.

제47조(「독점규제 및 공정거래에 관한 법률」의 준용) ① 이 법에 따른 공정거래위원회의 심의 · 의결에 관하여는 「독점규제 및 공정거래에 관한 법률」 제42조, 제43조, 제43조의2, 제44조, 제45조 및 제52조를 준용한다.

② 이 법 시행을 위한 공정거래위원회, 시 · 도지사 또는 시장 · 군수 · 구청장의 조사 등에 관하여는 「독점규제 및 공정거래에 관한 법률」 제50조 제1항

부터 제4항까지의 규정을 준용한다.

③ 이 법에 따른 공정거래위원회의 처분 및 시·도지사의 처분에 대한 이의신청, 시정조치명령의 집행정지, 소의 제기 및 불복의 소의 전속관할에 관하여는 「독점규제 및 공정거래에 관한 법률」 제53조, 제53조의2, 제54조, 제55조 및 제55조의2를 준용한다.

④ 이 법에 따른 직무에 종사하거나 종사하였던 공정거래위원회의 위원 또는 공무원에 대하여는 「독점규제 및 공정거래에 관한 법률」 제62조를 준용한다.

제5장 벌 칙

제48조(벌칙) ① 다음 각호의 어느 하나에 해당하는 자는 3년 이하의 징역 또는 1억원 이하의 벌금에 처한다. 이 경우 다음 각호의 어느 하나에 해당하는 자가 해당 법위반행위와 관련하여 판매 또는 거래한 대금 총액의 3배에 상당하는 금액이 1억원을 초과하는 때에

는 3년 이하의 징역 또는 판매하거나 거래한 대금 총액의 3배에 상당하는 금액 이하의 벌금에 처한다.

1. 제18조 제1항을 위반하여 등록을 하지 아니하고(제40조 제2항에 따라 등록이 취소된 경우를 포함한다) 선불식 할부거래업을 하는 자
2. 거짓이나 그 밖의 부정한 방법으로 제18조 제1항에 따른 등록을 하고 선불식 할부거래업을 하는 자(제34조 제7호의 금지행위를 한 자를 포함한다)
3. 제39조 제1항에 따른 시정조치명령에 응하지 아니한 자
4. 제40조 제1항에 따른 영업정지명령을 위반하여 영업을 한 자

② 제1항의 징역형과 벌금형은 병과(倂科)할 수 있다.

제49조(벌칙) 제47조 제4항에 따라 준용되는 「독점규제 및 공정거래에 관한 법률」 제62조를 위반한 자는 2년 이하의 징역 또는 200만원 이하의 벌금에 처한다.

제50조(벌칙) ① 다음 각호의 어느 하나에 해당하는 자는 1년 이하의 징역 또는 3천만원 이하의 벌금에 처한다.

1. 제27조 제9항을 위반하여 소비자피해보상보험계약 등을 체결 또는 유지함에 있어 거짓으로 선수금 등의 자료를 제출한 자
2. 제34조 제1호부터 제3호까지, 제8호·제11호 및 제13호에 해당하는 금지행위를 한 자

② 제1항의 징역형과 벌금형은 병과할 수 있다.

제51조(벌칙) 다음 각호의 어느 하나에 해당하는 자는 1천만원 이하의 벌금에 처한다.

1. 제34조 제5호의 금지행위를 한 자
2. 제34조 제10호의 금지행위를 한 자

제52조(양벌규정) 법인의 대표자나 법인 또는 개인의 대리인, 사용인, 그 밖의 종업원이 그 법인 또는 개인의 업무에 관하여 제48조, 제50조 또는 제51조의 위반행위를 하면 그 행위자를 벌하는

외에 그 법인 또는 개인에게도 해당 조문의 벌금형을 과(科)한다. 다만, 법인 또는 개인이 그 위반행위를 방지하기 위하여 해당 업무에 관하여 상당한 주의와 감독을 게을리하지 아니한 경우에는 그러하지 아니하다.

제53조(과태료) ① 다음 각호의 어느 하나에 해당하는 자에게는 5천만원 이하의 과태료를 부과한다.

1. 제18조 제3항 또는 제4항에 따른 신고를 거짓으로 한 자
2. 제22조 제2항에 따른 신고를 거짓으로 한 자

② 다음 각호의 어느 하나에 해당하는 자에게는 3천만원 이하의 과태료를 부과한다.

1. 제18조 제3항 또는 제4항에 따른 신고를 하지 아니한 자
2. 제18조 제6항을 위반하여 자료를 제출하지 아니하거나 거짓 자료를 제출한 자
3. 제22조 제2항에 따른 신고를 하지

제33조(과태료의 부과기준) 법 제53조 제1항부터 제5항까지의 규정에 따른 과태료의 부과기준은 별표 4와 같다.

아니한 자

4. 제33조에 따른 소비자의 열람에 제공하는 재화등의 거래기록 · 소비자피해보상보험계약 등의 체결내용을 거짓으로 작성한 자

③ 다음 각호의 어느 하나에 해당하는 자에게는 1천만원 이하의 과태료를 부과한다.

1. 제23조 제2항에 따른 계약서를 발급하지 아니하거나 거짓으로 적은 계약서를 발급한 자
2. 제24조 제5항을 위반하여 계약금, 할부금 또는 지연배상금을 환급하지 아니한 자
3. 제25조를 위반하여 대금 또는 지연배상금을 환급하지 아니하거나 과다한 위약금을 청구한 자
4. 제32조를 위반하여 휴업기간 또는 영업정지기간 중에 청약의 철회 등에 관한 업무를 계속하지 아니한 자
5. 제33조에 따른 재화등의 거래기록 · 소비자피해보상보험계약 등의 체결

내용을 소비자가 열람할 수 있도록 하지 아니한 자 6. 제47조 제2항에 따라 준용되는 「독점규제 및 공정거래에 관한 법률」 제50조 제1항 제1호에 따른 출석처분을 받은 당사자 중 정당한 사유 없이 2회 이상 응하지 아니한 자로서 이 법을 위반한 자 7. 제47조 제2항에 따라 준용되는 「독점규제 및 공정거래에 관한 법률」 제50조 제1항 제3호 또는 제3항에 따른 보고 또는 필요한 자료나 물건의 제출을 하지 아니하거나 거짓 보고 또는 자료나 물건을 제출한 자 8. 제47조 제2항에 따라 준용되는 「독점규제 및 공정거래에 관한 법률」 제50조 제2항에 따른 조사를 거부·방해 또는 기피한 자 ④ 다음 각호의 어느 하나에 해당하는 자(간접할부계약의 경우 신용제공자를 포함한다)에게는 500만원 이하의 과태료를 부과한다.		

1. 제5조를 위반하여 표시를 하지 아니하거나 거짓 표시를 한 자
2. 제6조 제2항에 따른 계약서를 발급하지 아니하거나 거짓으로 적은 계약서를 발급한 자
3. 제6조 제3항에 따른 서면을 발급하지 아니한 자
4. 제7조에 따른 할부수수료의 실제연간요율의 최고한도를 위반하여 할부수수료를 받은 자
5. 제10조를 위반하여 계약금, 할부금 또는 지연배상금을 환급하지 아니하거나 환급에 필요한 조치를 취하지 아니한 자
6. 제10조 제8항 또는 제16조 제7항을 위반하여 소비자에게 불이익을 주는 행위를 한 자
7. 제12조 제1항에 따른 지연손해금산정시 적용하는 이율의 최고한도를 위반하여 지연손해금을 받은 자
8. 제17조를 위반하여 휴업기간 또는 영업정지기간 중에 청약의 철회에

관한 업무를 계속하지 아니한 자 ⑤ 제47조 제1항에 따라 준용되는 「독점규제 및 공정거래에 관한 법률」 제43조의2에 따른 질서유지명령에 따르지 아니한 자에게는 100만원 이하의 과태료를 부과한다. ⑥ 제1항부터 제3항까지 및 제5항에 따른 과태료는 공정거래위원회, 시 · 도지사 또는 시장 · 군수 · 구청장이 부과 · 징수한다. ⑦ 제4항에 따른 과태료는 시장 · 군수 · 구청장이 부과 · 징수한다. ⑧ 제1항부터 제5항까지의 규정에 따른 과태료의 부과기준은 대통령령으로 정한다.		
부 칙〈제10141호, 2010.3.17〉	부 칙〈제22388호, 2010.9.17〉	부 칙〈제939호, 2010.9.17〉
제1조(시행일) 이 법은 공포 후 6개월이 경과한 날부터 시행한다. 제2조(청약의 철회에 관한 경과조치) ① 이 법 시행 전에 체결된 할부계약의 청	제1조(시행일) 이 영은 2010년 9월 18일부터 시행한다. 제2조(다른 법률의 인용에 따른 경과조치) ① 2010년 11월 17일까지는 제16조 제1	이 규칙은 2010년 9월 18일부터 시행한다.

약의 철회에 대하여는 제8조부터 제10조까지의 개정규정에도 불구하고 종전의 규정에 따른다.

② 이 법 시행 전에 체결된 선불식 할부계약의 청약의 철회에 대하여는 제24조의 개정규정을 적용한다.

제3조(선불식 할부거래업자의 등록에 관한 경과조치) 이 법 시행 당시 선불식 할부거래업자에 해당되는 자는 이 법 시행일부터 6개월 이내에 제18조의 개정규정에 따라 등록하여야 한다.

제4조(계약해제에 대한 적용례) 이 법 시행 전에 체결된 선불식 할부계약의 해제에 대하여는 제25조의 개정규정을 적용한다.

제5조(소비자피해보상보험계약 등에 대한 적용례) ① 이 법 시행 전에 체결된 선불식 할부계약에 따라 선불식 할부거래업자가 수령한 선수금에 대하여는 제27조의 개정규정을 적용한다.

② 이 법 시행 당시 선불식 할부거래업자에 해당된 자가 소비자피해보상보험

항 제7호의 개정규정 중 "「은행법」 제2조 제1항 제2호에 따른 은행"을 "「은행법」 제2조 제1항 제2호에 따른 금융기관"으로 본다.

② 2010년 9월 23일까지는 제22조 제2항 제1호 가목의 개정규정 중 "「전기통신사업법」 제5조 제3항 제1호에 따른 기간통신사업자"를 "「전기통신사업법」 제4조 제3항 제1호에 따른 기간통신사업자"로 본다.

제3조(다른 법령과의 관계) 이 영 시행 당시 다른 법령에서 종전의 「할부거래에 관한 법률 시행령」의 규정을 인용한 경우에 이 영 가운데 그에 해당하는 규정이 있으면 종전의 규정을 갈음하여 이 영의 해당 규정을 인용한 것으로 본다.

계약 등에 의하여 보전하여야 할 금액은 제27조 제2항의 개정규정에도 불구하고 다음 각호의 비율로 한다.

1. 이 법 공포일부터 1년까지는 대통령령으로 정하는 금액의 100분의 20
2. 이 법 공포일부터 1년이 경과한 날부터 2년까지는 대통령령으로 정하는 금액의 100분의 40
3. 이 법 공포일부터 2년이 경과한 날부터 3년까지는 대통령령으로 정하는 금액의 100분의 60
4. 이 법 공포일부터 3년이 경과한 날부터 4년까지는 대통령령으로 정하는 금액의 100분의 80

제6조(벌칙 및 과태료에 관한 경과조치) 이 법 시행 전의 행위에 대한 벌칙 및 과태료의 적용에 있어서는 종전의 규정에 따른다.

제7조(다른 법령과의 관계) 이 법 시행 당시 다른 법령에서 종전의 「할부거래에 관한 법률」의 규정을 인용하고 있는 경우 이 법 중 그에 해당하는 규정이 있

는 때에는 종전의 규정을 갈음하여 이 법의 해당 규정을 인용한 것으로 본다. **부 칙〈제10303호, 2010.5.17〉 (은행법)** 제1조(시행일) 이 법은 공포 후 6개월이 경과한 날부터 시행한다. 〈단서 생략〉 제2조부터 제8조까지 생략 제9조(다른 법률의 개정) ① 부터 〈84〉 까지 생략 〈85〉 법률 제10141호 할부거래에 관한 법률 전부개정법률 일부를 다음과 같이 개정한다. 제25조 제3항 제4호, 제27조 제1항 제2호 및 같은 조 제4항 제2호 중 "금융기관"을 각각 "은행"으로 한다. 〈86〉 생략 제10조 생략		

[별지 제1호서식]

(앞 쪽)

<table>
<tr><td colspan="5">선불식 할부거래업 등록신청서</td><td>처리기간
7일</td></tr>
<tr><td rowspan="8">신청인</td><td rowspan="3">법인</td><td>상 호</td><td></td><td>법인등록번호
사업자등록번호</td><td></td></tr>
<tr><td>소 재 지</td><td colspan="3">(전화번호:)</td></tr>
<tr><td>자본금의규모</td><td></td><td>전자우편주소</td><td></td></tr>
<tr><td rowspan="2">영업소</td><td>영 업 소 명</td><td></td><td>전자우편주소</td><td></td></tr>
<tr><td>소 재 지</td><td colspan="3">(전화번호:)</td></tr>
<tr><td rowspan="3">대표자</td><td>대 표 자(성 명)</td><td>서명 또는 인</td><td>주민등록번호</td><td></td></tr>
<tr><td>주 소</td><td colspan="3">(전화번호:)</td></tr>
<tr><td>전자우편주소</td><td colspan="3"></td></tr>
</table>

「할부거래에 관한 법률」 제18조제1항, 같은 법 시행령 제12조제1항 및 같은 법 시행규칙 제4조제1항에 따라 위와 같이 등록을 신청합니다.

년 월 일

신청인 : (서명 또는 인)

※ 위 신청인과 동일인이 아닌 경우에만 적습니다.

특별시장·광역시장·도지사·특별자치도지사 귀하

구비서류	신청인(대표자) 제출서류	담당 공무원 확인사항	수수료
	1. 자본금의 규모를 증명하는 서류 2. 「할부거래에 관한 법률」 제27조에 따른 소비자피해보상보험계약 등의 체결을 증명하는 서류	1. 선불식 할부거래업자로 등록하려는 법인의 등기사항증명서 2. 발기인의 주민등록표 등본(법인인 신청인이 법인의 설립등기 전에 신청을 하는 경우에만 해당하며, 발기인이 확인에 동의하지 않는 경우에는 직접 제출합니다.) 3. 사업자등록증(확인에 동의하지 않는 경우에는 사본을 제출합니다.) ※ 사업자등록을 하기 전인 경우에는 사업자등록 후 즉시 담당공무원에게 통보하여야 합니다.	없 음

본인은 이 건 업무처리와 관련하여 「전자정부법」 제36조제1항에 따른 행정정보의 공동이용을 통하여 담당 공무원이 위의 담당 공무원 확인사항을 확인하는 것에 동의합니다.

신청인(대표자) (서명 또는 인)

210㎜×297㎜(신문용지 54g/㎡(재활용품))

(뒤 쪽)

이 신청서는 아래와 같이 처리됩니다.

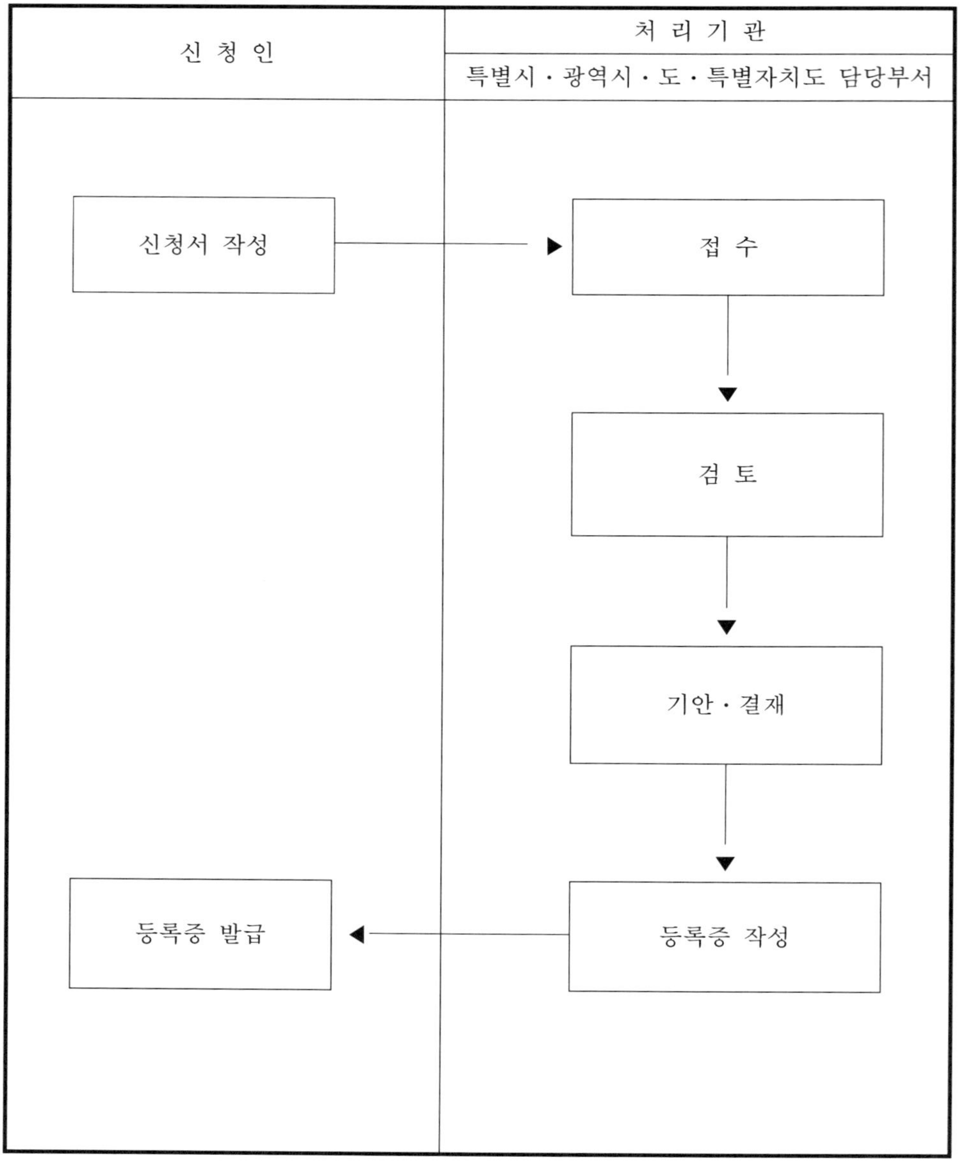

[별지 제2호서식]

(앞 쪽)

선불식 할부거래업 등록증

등 록 번 호			
상 호			
소 재 지			
대 표 자 (성 명)		생년월일(남・여)	
전 자 우 편 주 소			

「할부거래에 관한 법률」 제18조제2항, 같은 법 시행령 제12조제3항 및 같은 법 시행규칙 제4조제2항에 따라 위와 같이 선불식 할부거래업을 등록하였음을 증명합니다.

년 월 일

특별시장・광역시장・도지사・특별자치도지사 인

210㎜×297㎜(신문용지 54g/㎡(재활용품))

(뒤 쪽)

변경사항 및 처분사항 등

연 월 일	변경내용 및 처분내용	담당자(서명 또는 인)

[별지 제3호서식]

(앞 쪽)

<table>
<tr><td colspan="5">선불식 할부거래업 등록변경신고서</td><td>처리기간
3일</td></tr>
<tr><td rowspan="8">신고인</td><td rowspan="3">법인</td><td>상 호</td><td></td><td>법인등록번호
사업자등록번호</td><td></td></tr>
<tr><td>소 재 지</td><td colspan="3">(전화번호:)</td></tr>
<tr><td>자본금의 규모</td><td></td><td>전자우편주소</td><td></td></tr>
<tr><td rowspan="2">영업소</td><td>영 업 소 명</td><td></td><td>전자우편주소</td><td></td></tr>
<tr><td>소 재 지</td><td colspan="3">(전화번호:)</td></tr>
<tr><td rowspan="3">대표자</td><td>대표자(성명)</td><td>서명 또는 인</td><td>주민등록번호</td><td></td></tr>
<tr><td>주 소</td><td colspan="3">(전화번호:)</td></tr>
<tr><td>전자우편주소</td><td colspan="3"></td></tr>
<tr><td rowspan="2">신고사항</td><td colspan="3">변 경 전</td><td colspan="2">변 경 후</td></tr>
<tr><td colspan="3"></td><td colspan="2"></td></tr>
<tr><td>변경사유</td><td colspan="5"></td></tr>
<tr><td colspan="6">「할부거래에 관한 법률」 제18조제3항, 같은 법 시행령 제12조제4항 및 같은 법 시행규칙 제5조에 따라 위와 같이 선불식 할부거래업 등록변경을 신고합니다.

년 월 일

신고인 : (서명 또는 인)

※ 위 신고인과 동일인이 아닌 경우에만 적습니다.

특별시장·광역시장·도지사·특별자치도지사 귀하</td></tr>
<tr><td colspan="5">구비서류
1. 등록 변경사항을 증명하는 서류
2. 선불식 할부거래업 등록증(등록증 기재사항을 변경하는 경우에만 제출합니다)</td><td>수수료
없음</td></tr>
</table>

210㎜×297㎜(신문용지 54g/㎡(재활용품))

(뒤 쪽)

이 신고서는 아래와 같이 처리됩니다.

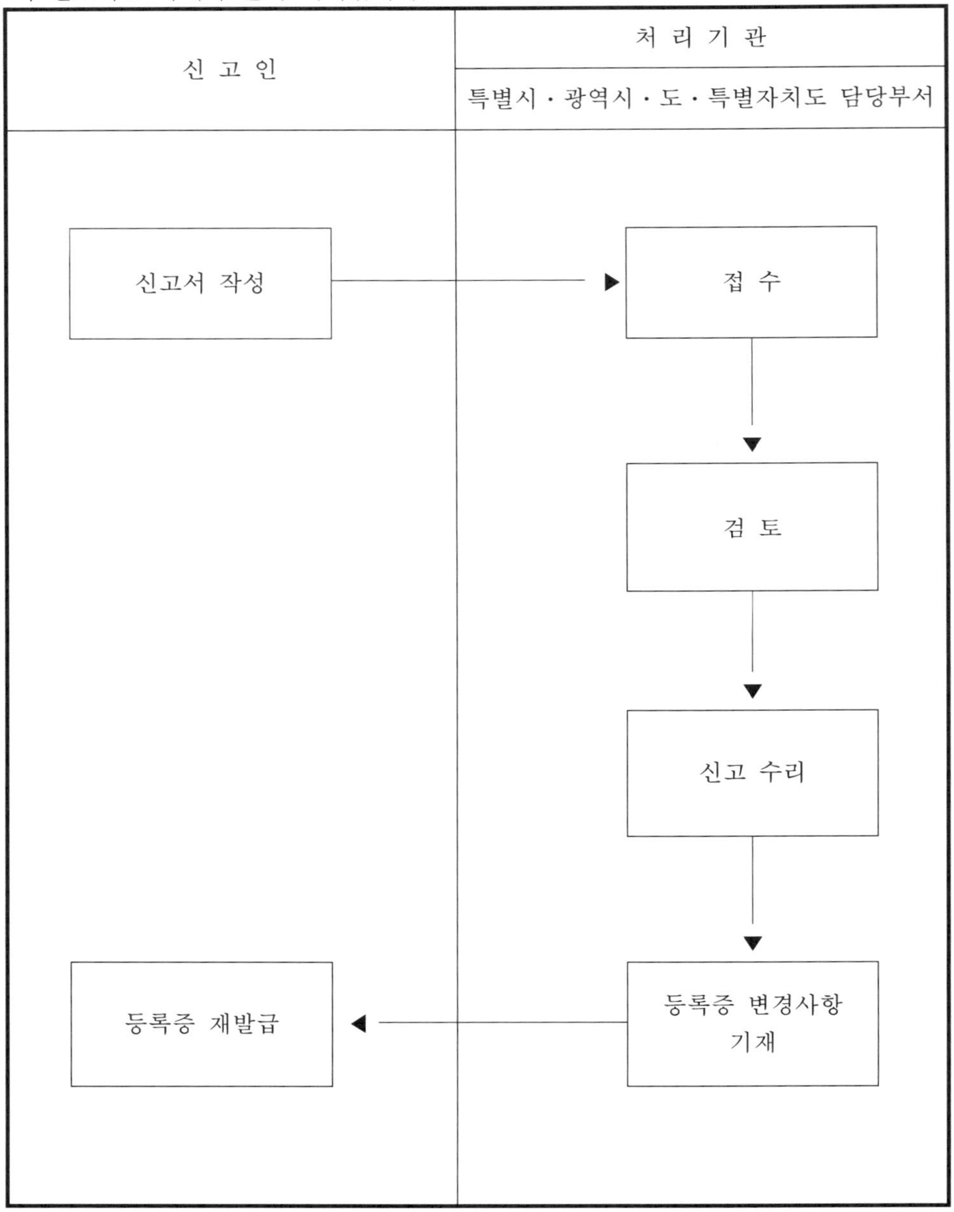

[별지 제4호서식]

(앞 쪽)

<table>
<tr><td colspan="4">선불식 할부거래업 □휴 업 □폐 업 □영업재개 신고서</td><td>처리기간
3일</td></tr>
<tr><td rowspan="3">신고인</td><td>상 호</td><td></td><td>등록번호</td><td></td></tr>
<tr><td>소 재 지</td><td colspan="3">(전화번호:)</td></tr>
<tr><td>대표자(성명)</td><td colspan="3">서명 또는 인</td></tr>
<tr><td colspan="2">구 분</td><td>부 터</td><td colspan="2">까 지</td></tr>
<tr><td colspan="2">휴 업</td><td></td><td colspan="2"></td></tr>
<tr><td colspan="2">폐 업</td><td colspan="3"></td></tr>
<tr><td colspan="2">영 업 재 개</td><td colspan="3"></td></tr>
<tr><td colspan="2">사 유</td><td colspan="3"></td></tr>
</table>

「할부거래에 관한 법률」 제18조제4항, 같은 법 시행령 제12조제5항 및 같은 법 시행규칙 제6조에 따라 위와 같이 □휴업 □폐업 □영업재개를 신고합니다.

년 월 일

신고인 : (서명 또는 인)

※ 위 신고인과 동일인이 아닌 경우에만 적습니다.

특별시장·광역시장·도지사·특별자치도지사 귀하

※ 구비서류	수수료
선불식 할부거래업 등록증 원본(폐업의 경우에만 제출합니다)	없 음

210㎜×297㎜(신문용지 54g/㎡(재활용품))

(뒤 쪽)

이 신고서는 아래와 같이 처리됩니다.

신 고 인	처 리 기 관
	특별시·광역시·도·특별자치도 담당부서
신고서 작성 →	접 수 ↓ 검 토 ↓ 신고 수리

[별지 제5호서식]

(앞 쪽)

<table>
<tr><td colspan="5">선불식 할부거래업 지위승계신고서</td><td>처리기간
5일</td></tr>
<tr><td colspan="3">승계해 주는 회사</td><td colspan="3">승계를 받는 회사</td></tr>
<tr><td>상 호</td><td colspan="2"></td><td>상 호</td><td colspan="2"></td></tr>
<tr><td>소 재 지</td><td colspan="2"></td><td>소 재 지</td><td colspan="2"></td></tr>
<tr><td>대 표 자</td><td colspan="2"></td><td>대 표 자</td><td colspan="2"></td></tr>
<tr><td rowspan="8">신고인</td><td rowspan="3">법인</td><td>상 호</td><td></td><td>법인등록번호
사업자등록번호</td><td></td></tr>
<tr><td>소 재 지</td><td colspan="3">(전화번호:)</td></tr>
<tr><td>자본금의 규모</td><td></td><td>전자우편주소</td><td></td></tr>
<tr><td rowspan="2">영업소</td><td>영 업 소 명</td><td></td><td>전자우편주소</td><td></td></tr>
<tr><td>소 재 지</td><td colspan="3">(전화번호:)</td></tr>
<tr><td rowspan="3">대표자</td><td>대 표 자(성 명)</td><td>서명 또는 인</td><td>주민등록번호</td><td></td></tr>
<tr><td>주 소</td><td colspan="3">(전화번호:)</td></tr>
<tr><td>전자우편주소</td><td colspan="3"></td></tr>
<tr><td colspan="6">「할부거래에 관한 법률」 제22조제2항, 같은 법 시행령 제14조제1항 및 같은 법 시행규칙 제8조에 따라 위와 같이 신고합니다.

년 월 일

신고인 : (서명 또는 인)

※ 위 신고인과 동일인이 아닌 경우에만 적습니다.

특별시장 · 광역시장 · 도지사 · 특별자치도지사 귀하</td></tr>
<tr><td colspan="5">구비서류
지위승계 사실을 증명하는 서류(승계해 주는 회사의 선불식 할부거래업 등록증을 포함합니다.)</td><td>수수료
없음</td></tr>
</table>

210㎜×297㎜(신문용지 54g/㎡(재활용품))

(뒤 쪽)

이 신고서는 아래와 같이 처리됩니다.

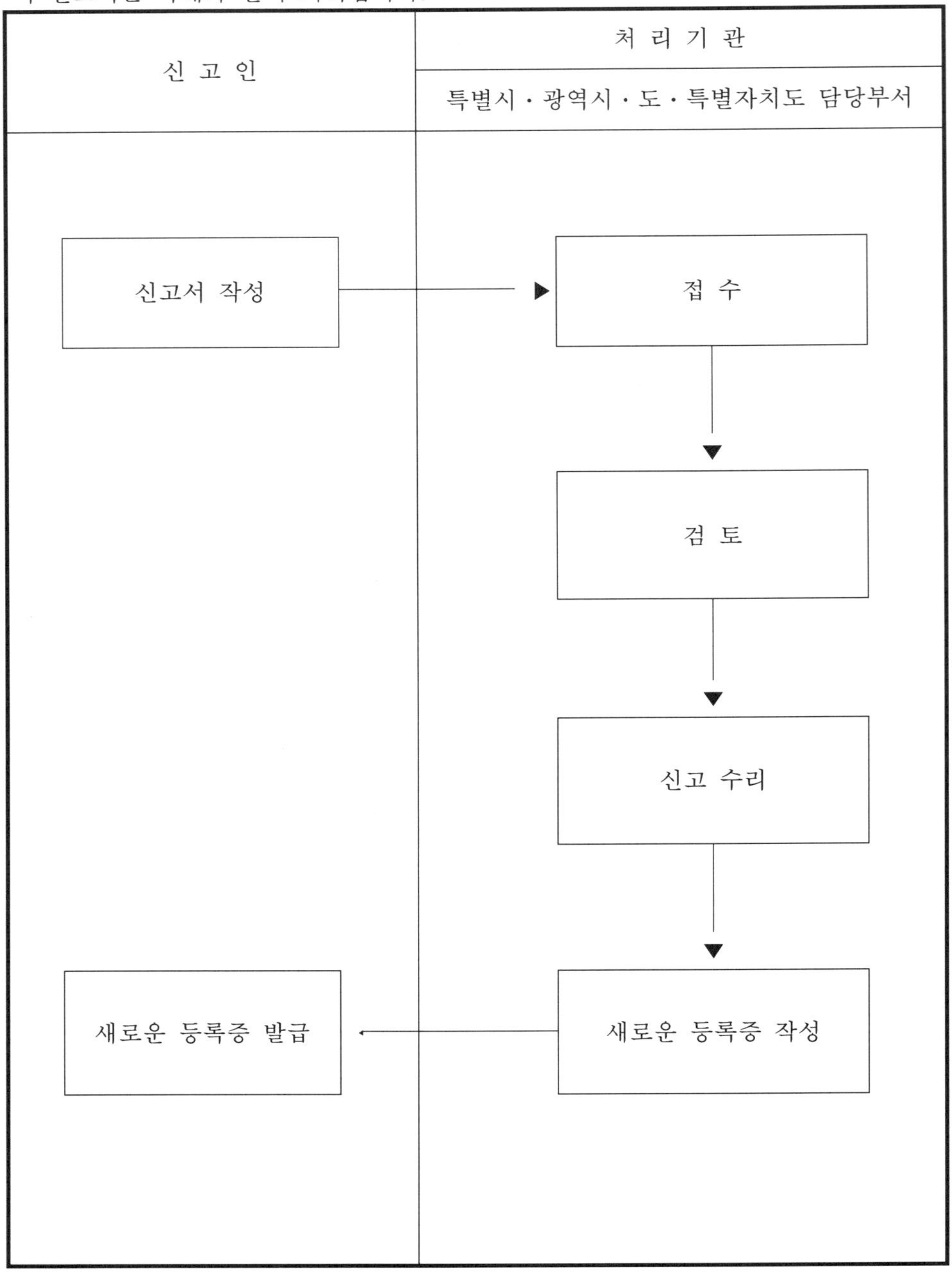

[별지 제6호서식]

청약의 철회 및 계약해제의 권리행사에 필요한 서식			
수신자 인적사항 및 연락처			
성 명	○○○ 회사 대표 귀하		
주 소			
연 락 처			
발신자 인적사항 및 연락처			
성 명			
주민번호 또는 회원번호	주민번호 (-) 또는 회원번호 ( )		
주 소			
연 락 처			
발신자의 계약 및 납입금 관련 사항			
상 품 명			
계 약 연 월 일		계약서를 받은 날	
계 약 금 액			
납 입 금 액			
청약철회 및 계약해제 사유			

위와 같이 청약의 철회(계약의 해제)를 요청합니다.

년 월 일

성 명 : (서명 또는 인)

210㎜×297㎜(신문용지 54g/㎡(재활용품))

[별지 제7호서식]

예치금 지급요청서				처리기간 즉 시
신청인	성 명		주민등록번호	
	주 소	(전화:)		
선수금을 예치한 선불식 할부거래업체 명				
요 청 사 유		□ 선불식 할부거래업자의 폐업 □ 선불식 할부거래업자의 등록 말소 또는 등록 취소	□ 선불식 할부거래업자의 당좌거래 정지 □ 선불식 할부거래업자의 파산선고 또는 회생절차개시 결정	
예 치 금		₩ (금 원 정)		
소비자피해보상 증서(지급의무자 발급) 번호				
예치금을 송부받을 은행명 및 계좌번호				

「할부거래에 관한 법률」 제27조제4항·제5항, 같은 법 시행령 제16조제1항제2호 및 같은 법 시행규칙 제11조제2항제1호에 따라 위와 같이 예치금을 지급해 줄 것을 요청합니다.

년 월 일

신청인: (서명 또는 인)

예치기관의 장
귀하
지점장

구비서류	수수료
1. 신청인의 자격을 증명하는 서류 2. 예치금 지급 요청 사유를 증명할 수 있는 서류	없음

210㎜×297㎜(신문용지 54g/㎡(재활용품))

[별지 제8호서식]

<table>
<tr><td colspan="5" rowspan="2">예치금 반환요청서</td><td>처리기간</td></tr>
<tr><td>일반(즉시)
분쟁발생시(30일)</td></tr>
<tr><td rowspan="3">신청인</td><td>법 인 명</td><td></td><td>선불식 할부거래업
등 록 번 호</td><td colspan="2"></td></tr>
<tr><td>소 재 지</td><td colspan="4">(전화:)</td></tr>
<tr><td>대표자(성명)</td><td></td><td>대 표 자 의
주 민 등 록 번 호</td><td colspan="2"></td></tr>
<tr><td colspan="2">요 청 사 유</td><td colspan="4">□ 선불식 할부계약 종료 □ 소비자피해보상보험계약등의 종류 변경</td></tr>
<tr><td colspan="2">예 치 금</td><td colspan="4">₩ (금 원 정)</td></tr>
<tr><td colspan="2">소비자피해보상 증서
(지급의무자 발급)
번 호 / 예 치 일</td><td colspan="4">/</td></tr>
<tr><td colspan="2">예치금을 송부받을
은행명 및 계좌번호</td><td colspan="4"></td></tr>
<tr><td colspan="6">「할부거래에 관한 법률」 제27조제5항, 같은 법 시행규칙 제11조제2항제3호에 따라 위와 같이 예치금을 반환해 줄 것을 요청합니다.

년 월 일

신청인: (서명 또는 인)

예치기관의 장
귀하
지점장</td></tr>
<tr><td colspan="5">구비서류
1. 신청인의 자격을 증명하는 서류
2. 예치금 반환 요청 사유를 증명할 수 있는 서류</td><td>수수료

없음</td></tr>
</table>

210㎜×297㎜(신문용지 54g/㎡(재활용품))

[별지 제9호서식]

<table>
<tr><th colspan="3">소비자피해보상 증서(선불식 할부거래업자 발급)</th></tr>
<tr><td>증 서 번 호</td><td colspan="2"></td></tr>
<tr><td rowspan="4">선 불 식
할부거래업자</td><td>선불식 할부거래업
등 록 번 호</td><td></td></tr>
<tr><td>상 호</td><td></td></tr>
<tr><td>소 재 지</td><td>(전화번호:)</td></tr>
<tr><td>대 표 자 (성 명)</td><td></td></tr>
<tr><td>지 급 의 무 자</td><td colspan="2"></td></tr>
<tr><td>피보험자 또는
수 혜 자</td><td colspan="2"></td></tr>
<tr><td>소비자피해보상
보험계약등의
종 류</td><td colspan="2">□ 보험 □ 채무지급보증
□ 예치 □ 공제계약</td></tr>
<tr><td>소비자피해보상
보험계약등의
계 약 기 간</td><td colspan="2">년 월 일부터 년 월 일까지(일간)</td></tr>
<tr><td>소 비 자 피 해
보상금 지급사유</td><td colspan="2">「할부거래에 관한 법률」 제27조제4항 각 호에 해당하는 사실이 발생한 경우</td></tr>
<tr><td>소비자피해보상
금 액</td><td colspan="2">(선불식 할부거래업자가 소비자로부터 선불식 할부계약과 관련되는 재화등의 대금으로서 미리 수령한 금액－ 선불식 할부거래업자가 소비자에게 공급한 재화등의 가액)× 100분의 ○</td></tr>
<tr><td colspan="3">「할부거래에 관한 법률」 제27조제1항에 따라 위와 같이 소비자피해보상보험계약등을 체결하였음을 확인하고, 같은 법 제27조제6항 및 같은 법 시행규칙 제12조제1항에 따라 이 증서를 발급합니다.

년 월 일

회 사 명
대표이사 ㊞</td></tr>
</table>

210mm×297mm(보존용지(1종) 120g/㎡)

[별지 제10호서식] (앞 쪽)

<table>
<tr><th colspan="3">소비자피해보상 증서(지급의무자 발급)</th></tr>
<tr><td>증 서 번 호</td><td colspan="2"></td></tr>
<tr><td rowspan="3">지 급 의 무 자</td><td>상 호</td><td></td></tr>
<tr><td>소 재 지</td><td>(전화번호:)</td></tr>
<tr><td>대표자(성명)</td><td></td></tr>
<tr><td>선 불 식
할부거래업자명</td><td colspan="2"></td></tr>
<tr><td>피보험자 또는
수 혜 자</td><td colspan="2"></td></tr>
<tr><td>소비자피해보상
보험계약등의
종 류</td><td colspan="2">□ 보험 □ 채무지급보증
□ 예치 □ 공제 계약</td></tr>
<tr><td>소비자피해보상
보험계약등의
계 약 기 간</td><td colspan="2">년 월 일부터 년 월 일까지(일간)</td></tr>
<tr><td>소 비 자 피 해
보상금 지급사유</td><td colspan="2">「할부거래에 관한 법률」 제27조제4항 각 호에 해당하는 사실이 발생한 경우</td></tr>
<tr><td>소 비 자 피 해
보 상 금 액</td><td colspan="2">(선불식 할부거래업자가 소비자로부터 선불식 할부계약과 관련되는 재화등의 대금으로서 미리 수령한 금액- 선불식 할부거래업자가 소비자에게 공급한 재화등의 가액)× 100분의 ○</td></tr>
<tr><td colspan="3">「할부거래에 관한 법률」 제27조제1항에 따라 위와 같이 소비자피해보상보험계약등을 체결하였음을 확인하고, 같은 법 제27조제6항 및 같은 법 시행규칙 제12조제2항에 따라 이 증서를 발급합니다.

년 월 일

회 사 명
대표이사 ㊞</td></tr>
</table>

210mm×297mm(보존용지(1종) 120g/㎡)

(뒤 쪽)

소비자피해보상금 지급절차

1. 소비자피해보상금 지급을 청구하려는 경우에는 지급의무자에게 다음의 서류를 제출해야 합니다.

   가. 소비자피해보상금 지급신청서

   나. 소비자피해보상 증서

   다. 「할부거래에 관한 법률」 제27조제4항 각 호의 어느 하나에 해당하는 사유가 발생한 사실을 증명하는 서류

2. 소비자피해보상금 지급의무자는 「할부거래에 관한 법률」 제27조제4항 각 호의 어느 하나에 해당하는 지급사유가 발생하였는지를 검토하여 해당 소비자에게 피해보상금을 지급합니다.

[별지 제11호서식]

(앞 쪽)

사업자단체등록신청서				처리기간 15일
신청인	설 립 목 적			
	명 칭 (단 체 명)			
	주된 사무소 주소	지부의 주소를 포함한다 (전화번호:)		
	홈 페 이 지 주 소			
	대 표 자 (성 명)	서명 또는 인	주민등록번호	
	대 표 자 주 소	(전화번호:)		
	전 자 우 편 주 소			
	설 립 연 월 일			
	회 원 현 황	회원의 수(지부의 수를 포함한다)		
	사 업 내 용			
	기 타			

「할부거래에 관한 법률」 제45조, 같은 법 시행령 제32조 및 같은 법 시행규칙 제13조에 따라 위와 같이 등록을 신청합니다.

년 월 일

신청인 : (서명 또는 인)

※ 위 신청인과 동일인이 아닌 경우에만 적습니다.

공 정 거 래 위 원 회 귀하

구비서류	수수료
1. 정관 2. 인력·재정 상황 및 재원 확보방안에 관한 자료 각 1부 3. 주요 설비의 목록 및 성능에 관한 자료 각 1부	없 음

210㎜×297㎜(신문용지 54g/㎡(재활용품))

(뒤 쪽)

이 신청서는 아래와 같이 처리됩니다.

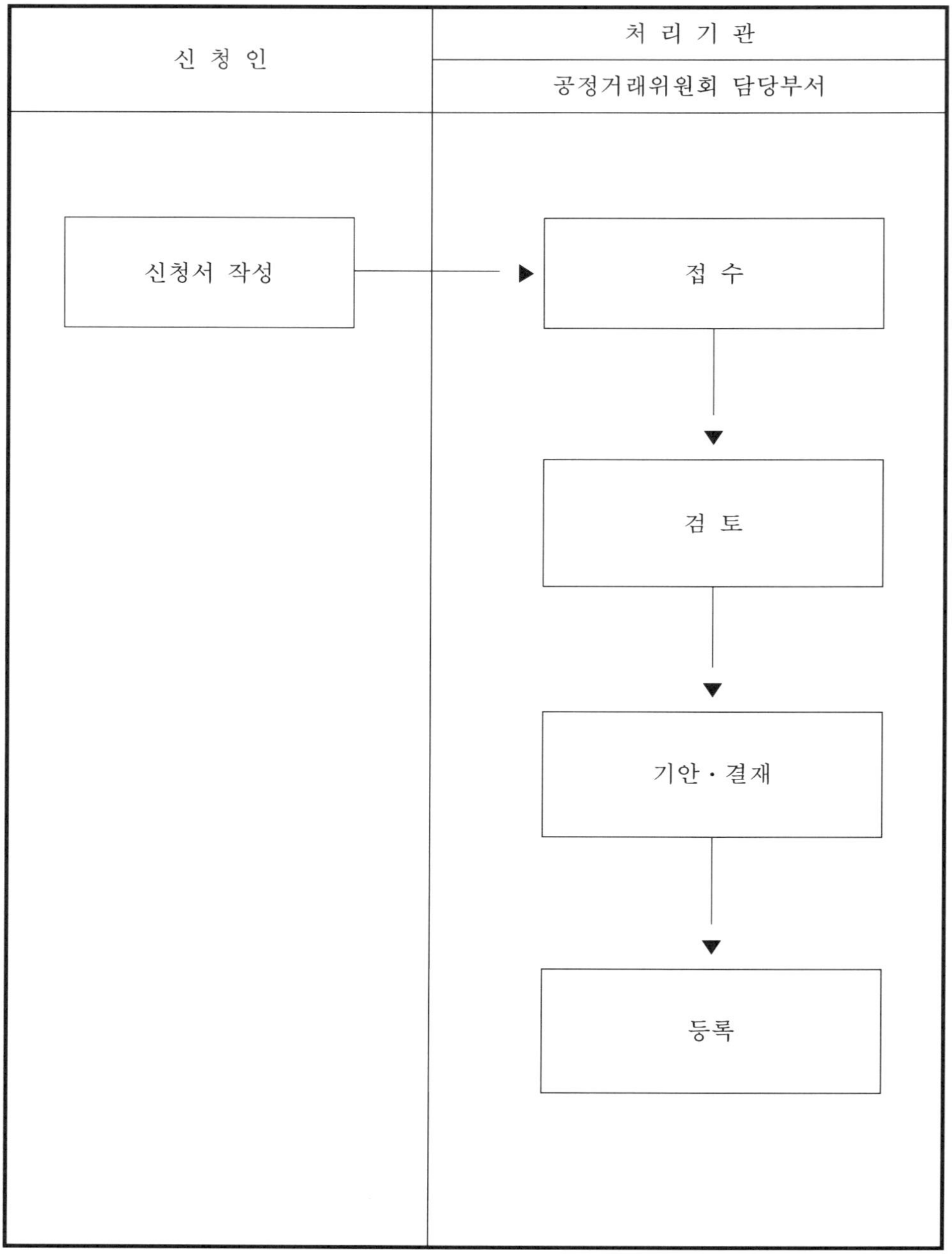

사항색인

[ㄱ]

가맹점 65
가분물 24
가압류 67
간접할부계약 6, 24
감금 57
강요 57
강요행위 57
개별약정 25
개인 112
개인의 대리 112
거래기록 등의 열람의무 56
거래질서법적 5
거짓의 자료 63
건강식품 24
건설기계 21
결혼 34
경고 110
경미 110
계약금 4, 17
계약금비율과 지급기간 121
계약의 해제 120
계약체결 전의 정보제공 14
계약해제 26, 27, 50
계약해제의 절차 54
고객 79
고지 19
고지사항 122
공무원의제 12
공익사업 75
공정거래사건 107
공정거래위원회 10, 42, 91, 97, 98, 99, 101, 104
공정거래위원회에 이의신청 106
공정거래위원회에 집행정지 107
공정거래위원회의 감독 74
공정거래위원회의 고시 69, 93
공정거래위원회의 사건처리절차 108
공정거래위원회의 심의·의결 12
공정거래위원회의 처분에 불복 106
공제규정 75
공제금납부 81
공제사업 75
공제조합 69, 74
공제조합과의 공제계약 66, 69, 77
공제조합설립 필요성 77
공제조합에 대한 감독 76
공제조합의 사업 75
공제조합의 성격 75
공제조합의 정관 75
공제조합제도 77
과다한 위약금의 청구 53
과징금 97, 101
과징금납부명령 107
과징금부과기준 102
과징금부과시 101
과징금부과의 절차 103
과태료 48, 52, 54, 104
과태료부과 114
과태료부과절차 106

과태료부과처분에 대한 불복 106
과태료의 부과기준 104
과태료징수절차 106
관할세무서 44
광산물 8
교육사업 75
구성요건 112
구청장 97, 104
국민은행 67
국외 110
군수 97, 104
궤도를 운행하는 차량 21
귀가 57
금융회사 67
금지명령 110
금치산 42
기간산정 106
기만적 방법 57
기만적인 방법 58
기본과징금 102
기산점 46
기한 전 지급 26, 30
기한이익의 상실 26, 29

[ㄴ]

냉각기간 20
냉동기 21
농림수산식품부장관 7
농산물 8
농업 7
농협중앙회 67

[ㄷ]

다단계판매 23, 40
다단계판매업 77
다수피해자 109
당좌거래의 정지처분 65
대금환급의무 23
대리점 40
대면거래 88
대표이사 46
대표자 40
도서 22
도피 110
독일 5
독일의 할부매매법 19
독점규제 및 공정거래에 관한 법률 12
동산 7
두레문화 36
등록 111
등록의 말소 65
등록의 취소 44
등록취소 44

[ㄹ]

리스(lease) 6

[ㅁ]

매도인 4, 5, 16
매수인 4, 5, 25
매출액 89
명의대여 65
모집위탁 65
목적물 28
무효 25
미국 5, 78
미등록 111
미등록 선불식 할부거래영업 111
미성년자 42
민법 27
민법상 조합 75
민사소송법 10

[ㅂ]

반복 99
반원 96

반장 96
반환비용 23
방문 23
방문판매 등에 관한 법률 40, 77
방문판매 40, 77
방문판매법 11
방문판매원 34
방송 40
법률관계 23
법률행위의 취소 20
법위반행위의 조사 95
법인 110, 112
법인의 대표자 112
변제 25
병 24
병과규정 112
보일러 21
보조 74
보증계약 90
보험계약 67
보험업법 8, 67, 75
보험에 관한 법률 67
보험의 원리 84
본인의 허락 63
부과과징금 103
부도 110
부동산 7, 8
분쟁 25, 61
불공정계약조항법 5
불공정한 일반 할부계약 26
불공정한 할부계약 8
불법행위 90
불복 106
불특정다수인 34
비대면적 23
비밀엄수 13
비영리사단법인 40, 75
비적극적 23

[ㅅ]

사건처리절차 흐름도 108
사망 109, 110
사무소 74
사무의 위탁 11
사업자단체의 등록 10
사업자피해예방 86
사용 112
사전수뢰 96
사전심사 109
사정변경 20
사후수뢰 96
상계 67
상법상 회사 40
상부상조정신 36
상조공제조합 81
상조공제조합의 기능 83
상조공제조합의 기대효과 85
상조공제조합의 운영방안 88
상조공제조합의 효율성 및 안전성 80
상조보증공제조합 69
상조산업의 개념 116
상조서비스 34, 38
상조서비스의 대금 38
상조서비스회사 81
상조업 34, 36
상조업에 대한 신뢰도 86
상조업의 발전 85
상조판매 88
상조회사 34
상품반환의무 23
상품이 멸실 21
상호 40, 65
상호사용금지 65
서비스이행불능 83
서울고등법원 107
선박 21

선불식 할부거래 34, 37, 38, 45
선불식 할부거래업 10, 42, 45
선불식 할부거래업자 35, 40, 91
선불식 할부거래업자의 계약해제 54
선불식 할부거래업자의 대금환급의무 51
선불식 할부거래업자의 부당행위 93
선불식 할부거래업자의 신고 45
선불식 할부거래업자의 영업상 의무 56
선불식 할부거래업자의 의무 73
선불식 할부거래업자의 지위승계 47
선불식 할부거래에 관한 약관 49
선불식 할부거래의 방식 48
선불식 할부계약의 청약철회 50
선수금 63
선수금보전 69
선수금보전금액 70
선수금보전금액비율의 유예기간 70
선수금보전의무 70
선수금보전의무의 소급적용 70
설립등기 74
설비 60
소급적용 39
소비대차계약 7
소비생활 7
소비자 7
소비자권익보호 91
소비자기본법 95
소비자보호 39, 84
소비자보호법 5
소비자보호제도 119
소비자분쟁의 신속해결 86
소비자신용법 5
소비자신용보호법 5
소비자에 관한 정보 63
소비자의 계약해제 52
소비자의 권익 75
소비자의 기한이익상실 9
소비자의 항변권 9
소비자피해보상금의 지급사유 72
소비자피해보상보험계약 등의 종류 56
소비자피해보상보험계약 등의 체결의무 56
소비자피해보상보험계약 41, 71
소비자피해보상증서 74
소비자피해분쟁조정의 요청 94
소비자피해사건 자율처리 109
소비자피해예방 75
소비자피해의 사전예방적 역할 85
소유권유보 120
소재불명 110
손해배상 26
손해배상액의 예정 28
손해배상청구금액 27
수뢰 96
수뢰후 부정처사 96
수산물 8
수의 39
수표 33
수혜자 71
시·도지사 40, 45, 97, 104
시용상품 22
시장 97, 104
시장감시 88
시장친화적 자율정화시스템 79
시정권고 97
시정명령 47, 64
시정조치 97, 98
시효 96
신고사건 109
신규등록 42
신뢰회복 79
신문 40
신문공표 107
신용제공자 18, 32, 33
신용제공형 할부거래 6
신용카드 22

신용카드가맹점 18
신용카드회원 18
신탁계좌 78
신한은행 67
실제연간요율 9
심사절차 109
심의과정 110

[ㅇ]

알선수재 96
압류 67
앰플 24
약관 18, 49
약관규제법 18
약사법 8
양도 64
양벌규정 112
양수 64
어업 7
어음 33
업무계획 84
업무관련성 113
여신전문금융업법 16
영업소 40
영업재개 47
영업정지 48
영업정지명령 99
영업정지명령에 대한 불복 100
영업정지명령의 기준 99
영업중단 110
예산 및 결산보고 77
예치계약 67
예치금지급요청서 68
예치기관 68
예치기관과의 예치계약 66, 67
5영업일 33
외국계 회사 46
외국인사업자 110
욕설 57
용역 3, 7
우리은행 67
우선적 조사권 95
우체국예금 67
원양산업발전법 7
원양어업자 8
위약금 23
위탁대상자 11
위탁사무 12
위험부담 26, 28
위협 57
유사한 표지 62
유추적용 55
유한회사 40, 42
융자 76
은행 65, 67
은행법 67
의무적 조정과징금 102
이사장 75
이사회 75
이의신청 106
인가 69
인도지역 49
인력 60
인신모독 57
일반 할부거래 14
일본 상조회의 소비자보호 123
일본 5
일본의 상조산업 116
일본의 상조회의 발전과정 118
일본의 장례식 116
일시적 폐업 110
임산물 8
임원 75
임원추천위원회 76
임의적 조정과징금 102
임의적 취소 44

임직원에 대한 징계 77
입증 51
입증책임 114

[ㅈ]

자기의 명의 65
자동이체 33
자동차 21
자료제출 92
자본금 41, 46, 77
자본시장과 금융투자업에 관한 법률 8
자산총액 35
자산현황 35
자유업 36
자율분쟁조정위원회 95
자율정화사업 75
자율처리 109
잔금 4
잠재적 우려 79
장례 34, 37, 65
재결 106
재판매가격 24
재화 3
재화등 3
재화등의 배송 63
전기냉방기 21
전속관할 10, 13, 107
전자거래 23
전자거래기본법 18
전자문서 18
전자서명법 68
전자우편주소 40
전화권유 23
전화번호 40
점유 28
정보공개 91
정보공개의 대상 93
정보공개의 절차 92
정보통신망이용촉진 및 정보보호 등에 관한 법률 68
정부 74
제3자뇌물공여 96
제재사항 123
조사의 중지 110
조합원 75
종결처리 110
종교단체 40
종업원 112
죄형법정주의 113
주무관청 84
주민등록번호 40
주소 40
주식회사 40, 77
주주총회 46
중개계약 65
중도금 4
증권 8
지배주주 43
지연배상금 25, 51
직권말소 44
직권조사 12, 95
직권취소 44
직무 13
직원 76
직접판매협회 11
직접할부계약 3, 6
집행정지신청의 제기 107

[ㅊ]

창립총회 74
채무를 변제 33
채무불이행 20
채무자 회생 및 파산에 관한 법률 72, 110
채무지급보증계약 66, 67
철회권 18
철회권유보사항 122

청약의 철회 9
청약의 철회효과 9
청약철회 20, 50
청약철회가 제한 51
청약철회권리 20
청약철회권의 포기약정 25, 52
청약철회기간 50
청약철회방해 58
청약철회의 요건 51
청약철회의사표시 20
체신관서 67
총리령 45
총회 76
최고 54
최고한도 27
축산물 8
축산업 7
출연 74
출자 76
출자금 74, 75
출판 75
충동구매 14
취소 65

[ㅌ]

타인 65
토지나 건물의 매매 4
통계법 8
통신판매 23
통지의무 96
특약 19

[ㅍ]

파산 110
파산선고 42, 44, 65, 72
판매수량 49
판매일시 49
판매조건 49
판매지역 49
편면적 강행규정 8
폐업 109, 110
폐업신고 44
포 24
표준약관 53
표지 62
피보험자 71
피해구제 74
필요적 기재사항 19
필요적 취소 44

[ㅎ]

하나은행 67
하자담보책임 121
한국상조공제조합 69
한국소비자원 95
한국표준산업분류표 8
한정치산자 42
할부가격 14, 22
할부거래 23
할부거래법 3, 36
할부거래법의 목적 5
할부거래업자 등의 손해배상청구금액 9
할부거래업자 32
할부거래에 관한 법률 3
할부거래의 기능 4
할부거래의 방식 14
할부거래의 연혁 3
할부거래의 의의 3
할부거래의 특징 4
할부계약 3
할부계약서 50
할부계약해제 9, 26
할부금의 반환 33
할부대금채권의 소멸시효 9, 30
할부매매법 5
할부수수료 9

할부수수료의 실제연간요율 14
할부수수료의 실제연간요율의 계산방법 15
할부판매제도 119
합동조사 95
합명회사 40
합자회사 40
항공기 21
항변권 18, 26, 31
항변권의 행사요건 31
항변권행사의 효과 32
해산 76, 109, 110
해약거부 81
해약환불금액 83
해임요구권 77
행사불이행 81
행사이행 81
행정기관 106
행정소송 107
행정심판 106
행정심판법 106
행정처분 13, 47
허위과장광고 79
현금가격 14
형법 58
형사처벌 61, 63, 111, 114
혼례 37, 65
홍보 75
홍보관 39
화장품 24
환급금대지급 81
환불보증금공탁제도 77
회계조사권 76
회사의 영업일 41
회생절차개시결정 65, 72
회원 65
효력 30
후불식 상조 38
후불식 할부거래 38
훼손 21
휴업기간 25, 54
휴·폐업 47

[저자약력]

김 홍 석
숭실대학교 대학원 법학박사(상법)
법무부, 수산청, 외무부, 주제네바대표부, 경제기획원, 국무총리행정조정실
공정거래위원회 조사국, 기획관리관실, 하도급국
공정거래위원회 위원장 비서실 비서관(과장)
공정거래위원회 대전지방사무소 소장
대통령직속 중소기업특별위원회 정책과장
공정거래위원회 기획조정관실 기획재정담당관, 소비자정책국 특수거래과장
현재 선문대학교 법과대학 교수
선문대학교 총장보좌역/시설관리본부장/법학연구소장
공정거래위원회 「경쟁제한적법령심사자문네트워크」 자문위원/대전지방공정거래협의회 자문위원
녹색소비자연대전국협의회 이사
한국소비생활연구원 자문위원 등
〈주요저서 및 논문〉
알기쉬운 상조업과 할부거래법(공저)
알기쉬운 공정거래법(공저)
하도급법(공저)
다단계판매와 방문판매법에 관한 해설(공저)
현대법학의 이해(공저) 외
다단계판매조직의 성립요건에 관한 소고
방문판매법상 소비자피해보상보험제도에 관한 고찰
방문판매법상 다단계판매의 개념정의와 개정방향에 관한 연구
방문판매법상 공제조합의 법적 성격과 제도개선방안
상조업에서의 소비자피해예방을 위한 공제조합의 설립필요성과 운영방안
홍보관 등 특설판매업에서의 소비자보호방안에 관한 연구 외 다수

한 경 수
사법시험 제43회 합격(사법연수원 제33기)
법무법인 해마루, 시민 변호사, 숲과나무 법률사무소 변호사
현재 직접판매공제조합, 한국특수판매공제조합, 한국특설판매상공인협회 및 전국상조공제조합 등 고문변호사
법무법인 위민 변호사
〈주요저서 및 논문〉
알기쉬운 상조업과 할부거래법(공저)
알기쉬운 공정거래법(공저)
다단계판매와 방문판매법에 관한 해설(공저)
방문판매법상 다단계판매의 개념정의와 개정방향에 관한 연구
홍보관 등 특설판매업에서의 소비자보호방안에 관한 연구

알기쉬운 상조업과 할부거래법

초판 1쇄 인쇄 2010년 11월 10일
초판 1쇄 발행 2010년 11월 15일

저 자 김홍석 · 한경수
발행인 현근택
발행처 화산미디어
주 소 경기도 고양시 덕양구 행신동 1088 서정마을 501-301
신 고 2009년 2월 16일/제395-2009-000012호
전 화 031-973-6929
팩 스 031-972-6930
블로그 blog.daum.net/kthyun1
홈페이지 page.paran.com/yoko67

정 가 25,000원
ISBN 978-89-94705-03-3(93360)